# 职业病诊断法律制度研究

胡世杰 著

·广州·

**版权所有　翻印必究**

### 图书在版编目（CIP）数据

职业病诊断法律制度研究/胡世杰著．—广州：中山大学出版社，2022.9

ISBN 978 - 7 - 306 - 07562 - 8

Ⅰ．①职… Ⅱ．①胡… Ⅲ．①职业病防治—研究—中国 Ⅳ．①D922.164

中国版本图书馆 CIP 数据核字（2022）第 172893 号

| | |
|---|---|
| 出 版 人： | 王天琪 |
| 策划编辑： | 曾育林 |
| 责任编辑： | 潘惠虹 |
| 封面设计： | 林绵华 |
| 责任校对： | 靳晓虹 |
| 责任技编： | 靳晓虹 |

出版发行：中山大学出版社
电　　话：编辑部 020 - 84110283，84113349，84111997，84110779，84110776
　　　　　发行部 020 - 84111998，84111981，84111160
地　　址：广州市新港西路 135 号
邮　　编：510275　　　传　真：020 - 84036565
网　　址：http://www.zsup.com.cn　　E-mail：zdcbs@mail.sysu.edu.cn
印 刷 者：广东虎彩云印刷有限公司
规　　格：787mm×1092mm　1/16　17.75 印张　298 千字
版次印次：2022 年 9 月第 1 版　2023 年 12 月第 2 次印刷
定　　价：68.00 元

如发现本书因印装质量影响阅读，请与出版社发行部联系调换

# 自　序

2002年5月1日,《中华人民共和国职业病防治法》(简称《职业病防治法》)正式施行。这不仅标志着我国职业病防治工作正式步入法制化建设轨道,也标志着在新的历史时期下我国新的职业病诊断与鉴定工作制度进入全面贯彻实施阶段。新的职业病诊断与鉴定工作制度,无论在工作程序上,还是在实际的诊断思维上,较之前都有了根本性的改变。因此在实践工作中,如何建立新的工作模式,形成新的工作理念,以适合法律法规的新要求,无论对于职业病诊断与鉴定组织还是对于诊断医师和鉴定要求来说,都是新的挑战。

职业病诊断是保障劳动者职业健康及其相关权益的关键性工作,诊断结论关乎用人单位和劳动者双方合法权益的保护与实现,体现的是社会公平正义。程序是看得见的正义,如何理解、执行与运用程序,这对职业病诊断机构及其工作人员提出了新的要求。职业病诊断是归因诊断,而且是推定因果关系的归因诊断,这就要求职业病诊断医师与鉴定专家在工作中,不仅需要依据医学专业客观思考,更需要综合职业医学与法学思维进行自由心证,综合进行推定因果关系判定。在实践工作中,一方面,工作人员往往有追求客观事实的医学专业思维习惯,但如果材料缺失就会影响专家对归因诊断法律规则的适用;另一方面,随着制度的贯彻实施,保障劳动者健康权益理念的进一步深入,工作人员有可能过度侧重法律规则的应用,甚至违背职业医学常识进行诊断的事件也偶有发生。对相关部门、用人单位和劳动者而言,职业病诊断是职业医学和法学学科的交叉应用,专业差异性大、综合性强,大家对工作的全面理解存在一定难度,这也间接造成了诊断难、解决难等问题的发生,甚至重复信访、诉讼等现象也时有发生。因此,制度的有效实施和准确适用还有待进一步观察。

笔者参与职业病诊断管理工作二十余年,多年来,持续关注职业病诊断工作难点、热点问题，专注于业界与社会存在的疑惑，脚踏实地、认真治学，兼从职业医学与法学角度，对职业病诊断制度的相关问题进行理论分析与研究。对于关注的问题，笔者从法理角度阐述法律原则，从法律程序角度讲述工作流程，从职业医学角度论述诊断思维的自由心证，试图综合不同学科的知识，准确阐述职业病诊断制度的基本原理，规范工作程序，推动科学归因诊断。这些研究是理论与实务的结合，既运用证据法学、侵权法学等法学理论指导实际问题的解决，也注重探索学理与判例分析应用，相信对实务应用和相关理论的深入研讨会有一定的借鉴作用，更希冀能对相关部门科学立法、诊断医师准确适法有所帮助，以期更好地架构起医法与医患之间的桥梁，推动制度的完善和有效实施，更好地保障劳动者的职业健康及其相关权益。

时光荏苒，光阴似箭。今年适逢《职业病防治法》施行20周年，为进一步推动职业病诊断工作制度的完善、适用与研究，笔者结合工作实践，对之前发表在期刊和公众号上的文章进行梳理、修订、分类，并进行一些补充，结集成册。结合工作实践，本书内容分为总论、职业病诊断与鉴定门槛、职业病诊断与鉴定程序、职业病诊断的逻辑思维，以及一些重要概念的解释等。在撰写本书的过程中，笔者结合最新的研究理论和实践发展，查阅典籍，反复进行推敲琢磨，提炼出比较鲜明的观点。因此，本书不是简单的论文集锦，而是对原有论文成果的升华与超越。

无论是法律制度，法律观点还是笔者的价值判断、医学认识、思维逻辑，都在不断地修正和完善。法律是相对稳定的，但法律也在不断进步；社会在不断发展，人们对于医学也会有新的认识。执行法律不是操作机械，不能固守文字表面的内容，还要考虑法条背后的精神，需要与工作实际结合，与医学认识同步，与社会发展同声。本书的出版是将个人观点拿出来与同业人员进行分享和交流，希望用人单位、劳动者、法律工作者等社会各界人士，特别是职业病诊断医师和鉴定专家，可以结合工作去理解、检验和批判本书。书中的一些观点和理论，如若能给读者带来一些启发，并对诸位工作有所裨益，那是再喜悦不过的事情！

广东省职业病防治院的黄永顺、黄瑞妍、李晓艺、彭慧茹等同事在工作之余为本书做了大量的校对工作，在此表示诚挚谢意；中山大学出版社的编校人员为本书的出版尽心尽力，心念之余，在此致谢！而本人学植未深，不当之处定然不少，敬请诸位读者惠赐教正，不胜感荷。

胡世杰

二〇二二年春

# 目　　录

## 第一章　总论：我国职业病诊断制度介绍 ………………… 1
- 第一节　职业病诊断法律制度历史发展 ……………………… 2
- 第二节　我国职业病诊断与鉴定制度性质试析 …………… 18
- 第三节　职业病诊断可诉性分析 ……………………………… 24
- 第四节　职业病诊断鉴定可诉性分析 ………………………… 27

## 第二章　职业病诊断与鉴定门槛 ……………………………… 32
- 第一节　劳动关系问题探析 …………………………………… 32
- 第二节　职业病诊断机构所在地 ……………………………… 41
- 第三节　职业病再诊断新的证据 ……………………………… 45
- 第四节　职业病诊断鉴定受理范围 …………………………… 48

## 第三章　职业病诊断与鉴定程序 ……………………………… 52
- 第一节　通知与告知 …………………………………………… 52
- 第二节　履行程序的形式要求 ………………………………… 55
- 第三节　职业病诊断与鉴定结论的形式 ……………………… 58
- 第四节　实体从旧，程序从新 ………………………………… 60
- 第五节　职业病诊断现场调查 ………………………………… 62
- 第六节　文书送达 ……………………………………………… 66

## 第四章　职业病诊断的逻辑思维 ……………………………… 70
- 第一节　职业病归因诊断原则 ………………………………… 70
- 第二节　职业病诊断与鉴定法律适用 ………………………… 81
- 第三节　职业病诊断与鉴定举证责任 ………………………… 96
- 第四节　职业病诊断举证倒置规则适用的困境与优化
  ——兼评《职业病诊断与鉴定管理办法》(2021 年)
  第二十八条 …………………………………………… 101

第五节　职业病诊断证据材料分析与采用……………………112
　　第六节　职业病诊断标准溯及力探讨…………………………121

**第五章　职业病诊断相关概念辨析**……………………………………133
　　第一节　疑似职业病………………………………………………133
　　第二节　观察对象…………………………………………………146

**第六章　职业病工伤待遇**………………………………………………154
　　第一节　我国工伤保险制度赔偿责任探析……………………154
　　第二节　离职后诊断职业病工伤责任分析……………………162
　　第三节　退休人员职业病工伤认定……………………………167
　　第四节　职业病民事赔偿探讨…………………………………174

**第七章　职业病诊断法律制度评析**……………………………………189
　　第一节　《职业病防治法》（2011年）诊断制度修正评析　…189
　　第二节　职业病诊断制度修订漫谈……………………………198
　　第三节　规章的公布与生效……………………………………203
　　第四节　部门规章修订的是与非………………………………206
　　第五节　程序的优化与现实的选择
　　　　　　——评《职业病诊断与鉴定管理办法》（2021年）
　　　　　　　在效率上的提升………………………………………209
　　第六节　漫谈《职业病防治法》修法　………………………216
　　第七节　修改《职业病防治法》的基本遵循原则　……………219
　　第八节　科学修订《职业病防治法》的技术路径　……………224

**结束篇**……………………………………………………………………230

**附　录**……………………………………………………………………232
　　一、中华人民共和国职业病防治法（2018年修正）……………232
　　二、职业病诊断与鉴定管理办法…………………………………251
　　三、部分职业病诊断与鉴定相关批复文件………………………262

# 第一章　总论：我国职业病诊断制度介绍

职业病诊断与鉴定工作关系着劳动者的职业健康与相关权益保障。新中国成立以来，党和国家高度重视职业病防治工作，从20世纪50年代起，国家开始进行职业病诊断制度建设。2001年10月27日，《职业病防治法》经第九届全国人民代表大会常务委员会第二十四次会议审议通过，作为职业病防治工作之一的职业病诊断工作开始步入法制建设轨道。2021年1月4日，国家卫生健康委员会对《职业病诊断与鉴定管理办法》进行了第3次修订并颁布实施，这是新时期对以往职业病诊断与鉴定工作的总结和提升，相关法律法规得到了进一步的完善。

职业病诊断（diagnosis of occupational disease）专业内容涉及临床医学、职业医学（occupational medicine）、职业卫生（occupational health），甚至法学等诸多领域的知识，关联学科多，有一定的复杂性。在实践工作中，由于职业病诊断与当事人权益密切关联，对劳动者及其家庭生活影响大，矛盾冲突大，解决难度大。为了提高职业病诊断机构及其专业技术人员的业务能力，要加强管理，切实保障劳动者和用人单位的合法权益。一直以来，管理部门通过完善立法、提升基层业务能力等不断规范、加强相关工作。但是，由于工作与制度仍处于发展阶段且学科内容综合性强，在实践中，无论是立法，还是执行，不合理、不合规的现象在一定程度上仍然存在。而与其他医学学科相比，业内关注度和参与程度不高，在一定程度上制约了本学科发展与制度完善。

本章主要对《职业病诊断与鉴定管理办法》及相关制度进行梳理、总结，主要内容包括职业病诊断法律制度历史发展、我国职业病诊断与鉴定制度性质试析、职业病诊断可诉性分析、职业病诊断鉴定可诉性分析，以及常见问题与诉讼案例分析。

职业病诊断法律制度研究

# 第一节 职业病诊断法律制度历史发展

## 一、职业病诊断制度的建立

早在1957年,原卫生部下发了《卫生部关于试行〈职业病范围和职业病患者处理办法的规定〉的通知》(卫防齐字〔1957〕第145号,1957年2月28日)。文件规定了职业中毒(occupational poisoning)、尘肺(pneumoconiosis)、职业性难听、职业性皮肤病等14种职业病(occupational disease),这也是我国第一次确定的职业病名单;文件还对职业病病人的处理原则进行规定,包括五个方面。

(1) 职业病由负责治疗的医师确定。

(2) 职业病的确定由本单位医疗机构或指定医疗机构负责治疗的医师负责。

(3) 负责治疗的医师不能确定时,提交本单位医务劳动鉴定委员会。

(4) 对职业病鉴定存在争议时按《医务劳动鉴定委员会组织试行条例》的规定处理。

(5) 确定职业病诊断的基本原则以及鉴别诊断的要求,即文件第五条规定,"患者临床症状虽与某种职业病相似,如果致病原因与职业条件无关或实难确定时,不能列为职业病"。

该文件第五条规定,表面上与现行《职业病防治法》(2018年)第四十六条第三款规定"没有证据否定职业病危害因素与病人临床表现之间的必然联系的,应当诊断为职业病"意思相反。而事实上,这正是"当时而立法,因事而制礼"的体现,适宜的法律因社会条件的变化而变化。在当时,社会上企业的模式单一——都是国营单位。用人单位加强防护、保护劳动者的健康、配合职业病诊断调查等工作的主动性、积极性和自觉性相对更高,职业病诊断是顺理成章的工作。相对来说,处于社会主义市场经济下,现阶段的社会情形更为复杂。继续沿用旧规定,继续根据没有证据(evidence)便不能进行职业病诊断的制度运作,无异于刻舟求剑,容易让用人单位以违法的行为〔不依法检测、不履行职业健康监护（occupational health surveillance）义务〕去获得另一个不当的利益（劳动者患上职业病却无法得到诊断，用人单位由此可免除赔偿责任），社会正义无从谈起。

1984年3月19日，在原有制度的基础上，原卫生部发布了《职业病诊断管理办法》（〔84〕卫防字第16号），从1984年5月1日起执行。1987年11月5日，原卫生部、原劳动人事部、财政部和中华全国总工会联合发布了《关于职业病范围和职业病患者处理办法的规定》（〔87〕卫防字第60号），从1988年1月1日起施行。该规定的修订确定了铅及其化合物中毒（不包括四乙基铅）、汞及其化合物中毒、锰及其化合物中毒、镉及其化合物中毒等51种职业中毒。而现行职业病诊断制度中的不少内容，在该规定中都可以找到踪迹。比如该规定的第四条规定，凡被确诊患有职业病的职工，职业病诊断机构应发给《职业病诊断证明书》（certificate of diagnosis for occupational disease），享受国家规定的工伤保险（work-related injury insurance）或职业病待遇（compensation of occupational disease）。第七条规定，从事有害作业的职工，因按规定接受职业性健康检查所占用的生产、工作时间，应按正常出勤处理；若职业病防治机构（诊断组）认为需要住院做进一步检查时，不论其最后是否被诊断为职业病，在此期间可享受职业病待遇。第八条规定，职工到新单位后，新发现的职业病不论与现工作有无关系，其职业病待遇由新单位负责。之前按照有关规定已作出处理的不再改变，等等。

该文件第四条尚规定，职业病诊断按照《职业病诊断管理办法》及其有关规定执行。其时，《职业病诊断管理办法》包括两个方面的内容。

（1）职业病诊断实行以当地为主和以职业病防治机构或职业病诊断组的集体诊断。

（2）职业病的诊断应根据患者的职业史（occupational history）、既往史、现场劳动卫生学调查、临床症状及相应的理化检查结果进行综合分析后，方可作出诊断。

《职业病诊断管理办法》将职业病诊断机构分为三种类型：设区的市级以上职业病防治机构、指定的医疗卫生机构、经批准的企业职业病防治机构。这在当时，既尊重了职业病防治机构的专业特点，又有效解决了诊断区域覆盖的问题。而要求以集体诊断模式进行职业病诊断，既有助于解决多专业学科综合造成的矛盾，减少个人诊断在专业上的欠缺，提升诊断的专业性和准确性，同时也有助于防范单名医师职业病诊断产生的腐败风险，具有一定的积极意义。

2001年10月27日，《职业病防治法》颁布并于次年5月1日起施行。2002年3月28日，原卫生部发布了《职业病诊断与鉴定管理办法》（中华人民共和国卫生部令第24号）。该管理办法对职业病诊断与鉴定工作作出较大调整，包括三个方面。

（1）一次诊断、两级鉴定。劳动者或用人单位对职业病诊断有异议的，不能重复进行诊断，但可以向设区的市级卫生行政部门申请首次鉴定。对首次鉴定结论仍有异议的，可向省级卫生行政部门申请最终鉴定。

（2）设立职业病诊断机构行政许可制度。医疗卫生机构开展职业病诊断工作须取得省级卫生行政部门的资格许可；职业病诊断机构依法独立行使诊断权，出具的职业病诊断证明书法律地位相同。

（3）设立职业病诊断医师资格。执业医师（medical practitioner）从事职业病诊断工作需要取得省级卫生行政部门颁布的资格证书。同时规定，职业病诊断由三名以上职业病诊断医师集体完成。

特别要强调的是，《职业病防治法》（2001年）第四十二条规定，"没有证据否定职业病危害因素与病人临床表现之间的必然联系的，在排除其他致病因素后，应当诊断为职业病"，这对职业病诊断与鉴定工作中当事人双方举证责任作出了明确的、颠覆性的规定，改变了对劳动者提请职业病诊断便应提供诊断所需材料的习惯性理解。

制度实施过程中，原卫生部修订颁布了系列职业病诊断标准（diagnostic criteria of occupational disease）；针对职业病诊断与鉴定过程中存在的问题，出台了近20个规范性补充文件，这些文件内容包括职业病诊断机构所在地理解、职业病诊断鉴定（appraisal of diagnosis for occupational disease）专家库的设置、外聘参与诊断的职业病诊断医师签名问题、职业病诊断与鉴定工作性质，以及对职业病诊断标准适用的解释等，这些构成了整个职业病诊断与鉴定的法律体系。

## 二、现行职业病诊断制度的分类与应用

按照法的渊源进行分类，职业病诊断制度的正式渊源可分为如下四个层面。

1. 法律

严格意义上，职业病诊断制度的正式渊源可以追溯到《中华人民共和国宪法》，比如第四十二条规定，"中华人民共和国公民有劳动的权利和义务。国家通过各种途径，创造劳动就业条件，加强劳动保护，改善劳动条件，并在发展生产的基础上，提高劳动报酬和福利待遇"。从实用角度来看，职业病诊断制度上位阶法律渊源是基本法律以外的其他法律，即由全国人大常委会特别制定和修改的规范性法律文件，这主要指《职业病防治法》等。

2. 行政法规

由国务院依照宪法规定的权限和法定程序制定和修改的规范性法律文件，主要包括《使用有毒物品作业场所劳动保护条例》《尘肺病防治条例》等。

3. 部门规章

由国务院卫生健康行政部门等根据法律和行政法规制定的规范性文件，主要包括《职业病诊断与鉴定管理办法》《工作场所职业卫生管理规定》《用人单位职业健康监护监督管理办法》等。

4. 其他规范性文件

包括职业病诊断标准、其他职业卫生标准（occupational health standards）以及国务院所属的相关部委制定的部门规章之外的规范性补充文件。

外部调整劳动关系、工伤保险等法律关系的规范性文件也与职业病诊断制度相关，这些规定包括法律层面的《中华人民共和国劳动法》《中华人民共和国劳动合同法》《中华人民共和国劳动争议调解仲裁法》《中华人民共和国社会保险法》，国务院条例《工伤保险条例》，以及《劳动人事争议仲裁办案规则》等。

此外，规范职业病诊断与鉴定工作还有一些非正式的法律渊源，包括国家相关政策、法理、习惯，甚至国际劳工组织的诊断指南等，都可

以是诊断与鉴定工作的参考内容。在实践工作当中,这些内容与职业医学理论一样,同属诊断与鉴定工作不可或缺的内容。

职业病诊断中,法律规定适用若发生冲突时该如何选择的问题,《中华人民共和国立法法》(2015年)(简称《立法法》)对此有所规定,基本可概括为:上位法优于下位法,新法优于旧法,特殊法优于普通法。

但有一类情形,《立法法》未有明确规定。《职业病防治法》自颁布以来,已历经了2011年、2016年、2017年和2018年四次修正,《职业病诊断与鉴定管理办法》也分别在2013年和2021年进行了两次修改。在《职业病防治法》《职业病诊断与鉴定管理办法》修订之前出台的相关规范性补充文件是否继续有效?这一问题可以参考2004年最高人民法院《关于审理行政案件适用法律规范问题的座谈会纪要》(法〔2004〕96号),其相关内容也是一种法理性的表述:

"法律、行政法规或者地方性法规修改后,其实施性规定未被明文废止,地方性人民法院在适用时应当区分下列情形:实施性规定与修改后的法律、行政法规或者地方性法规相抵触的,不予适用;因法律、行政法规或者地方性法规的修改,相应的实施性规定丧失依据而不能单独施行的,不予适用;实施性规定与修改后的法律、行政法规或者地方性法规不相抵触的,可以适用。"

职业病诊断鉴定规范性补充文件更多是属于第三种情形,比如对噪声作业(work exposed to noise)工龄计算解释〔《国家卫生计生委关于职业性噪声聋诊断鉴定中噪声作业史判定问题的批复》(国卫法制函〔2017〕426号)〕、诊断机构所在地解释〔《卫生部关于职业病诊断鉴定有关问题的批复》(卫监督发〔2005〕293号)〕、职业病诊断鉴定专家库设立〔《卫生部关于职业病诊断鉴定专家库有关问题的批复》(卫监督发〔2004〕215号)〕等,这些规定的上位法规则依然保留,与修改后的法律、行政法规和部门规章也不相抵触,所以这些规范性文件依然有效。

但有些规范性文件的解释对象已不存在,或与上位法规定相冲突,就不能再予适用。例如,2004年《卫生部关于职业病诊断鉴定有关问题的批复》(卫监督发〔2004〕261号)在对广东省卫生厅的答复中提出,"《职业性听力损伤诊断标准》(GBZ 49—2002)中的听力损伤分级是依据噪声所致听力损伤程度确定的，职业性轻度、中度、重度听力损伤及噪声聋均为职业病"，因为上位诊断标准作出根本性的修订，所以此答复便再无使用的依据与现实意义。

## 三、职业病诊断制度的修订完善

2009年，河南的张海超"开胸验肺"的尘肺病事件引起了社会热议。事件发生后，职业病诊断与鉴定制度修订被列入修法议事日程。2010年10月，国家对职业病防治部门的监督管理职能作出了调整。根据《中央机构编制委员会办公室关于职业卫生监管部门职责分工的通知》（中央编办发〔2010〕104号）规定，原卫生部负责提供技术研究与标准制定、职业病诊断与鉴定、职业病报告管理、职业健康风险评估等工作，除对医疗卫生机构的放射性危害控制的监督管理之外，不再对用人单位进行监督管理；对用人单位的监督管理权交由原国家安全生产监督管理总局负责，职业卫生监管职能调整也就尘埃落定。

2011年12月31日，《职业病防治法》第一次修正，此次修正把国家层面的部门监管职能调整写进了法律并扩展至各个行政层级。此外，对于职业病诊断与鉴定制度的调整和完善也是修正的主要内容。根据修正后的《职业病防治法》对职业病诊断作出的相关规定，2013年2月19日，原卫生部修订发布了《职业病诊断与鉴定管理办法》（卫生部令第91号，2013年4月10日起施行）。此次修订的职业病诊断制度，较前有了更多的程序性变化和明确的实体意义规定。

首先，扩大了劳动者在提请诊断时对诊断机构的选择范围。劳动者可以在用人单位所在地、本人居住地、户籍所在地的职业病诊断机构进行职业病诊断。2001年出台的《职业病防治法》（第四十条）对这一问题的规定是，"劳动者可以在用人单位所在地或者本人居住地依法承担职业病诊断的医疗卫生机构进行职业病诊断"。但《职业病诊断与鉴定管理办法》（2002年）在第十条中增加了一款，"本办法所称居住地是指劳动者的经常居住地"，而"经常居住地"是一个法律概念，最高人民法院1988年4月2日印发的《关于贯彻执行〈中华人民共和国民法通则〉若干问题的意见（试行）》的通知〔法（办）发〔1988〕6号〕第九条规定，"公民离开住所地最后连续居住一年以上的地方，为

职业病诊断法律制度研究

经常居住地。但住医院治病的除外。公民由其户籍所在地迁出后至迁入另一地之前,无经常居住地的,仍以其原户籍所在地为住所"。最高人民法院新近发布的《关于适用〈中华人民共和国民事诉讼法〉的解释》(2022年4月1日发布,2022年4月10日实施)第四条对此也作如是规定,"公民的经常居住地是指公民离开住所地至起诉时已连续居住一年以上的地方,但公民住院就医的地方除外"。劳动者外出务工,在某地居住一年以上,这也是较为常见的现象。这样,劳动者回原户籍进行职业病诊断便没有法律依据,与最初立法宣传并不一致。于是,为方便劳动者职业病诊断与鉴定,该次修法时对劳动者可以提请诊断的地区,增加了"户籍所在地",把原立法设想与宣传的路径予以疏通。

其次,取消了职业病诊断受理门槛。只要是"用人单位的劳动者",所在地的诊断机构便不得拒绝劳动者提出的职业病诊断要求。制度不仅取消了受理门槛,而且受当时立法环境、社会对职业病诊断工作认识(认为诊断申请难、门槛高)的影响,连进入诊断启动程序的"申请"二字都不再使用,新修订的部门规章对此表述为"劳动者提出职业病诊断要求""职业病诊断机构不得拒绝",配套文件印发工作表格使用的"职业病诊断登记表"中,也刻意回避了"申请"二字。"申请"并不是行政专用词语,"向上级或相关单位说明理由,提出请求",这用在职业病诊断中,与劳动者向职业病诊断机构要求诊断的情形,意思相应,表述简练,也与习惯相一致。

再次,简化了职业病诊断鉴定的申请手续。当事人只要提供身份证明,提供原职业病诊断证明书或首次职业病鉴定书即可申请鉴定,鉴定时需要的材料可由鉴定组织向原诊断机构或首次鉴定组织调取即可。

最后,取消了职业病鉴定书(appraisal certificate of occupational disease)中鉴定专家的签名。修订的目的是避免鉴定专家在参加鉴定并签名后,受到当事人干扰纠缠。取消专家签名对于提高鉴定专家参与鉴定工作的积极性有一定现实意义。但若将无专家签名的职业病鉴定书视为司法程序上的证据,则与法理或司法惯例有所差异。职业病鉴定书的作用是当事人在下一阶段办理工伤赔偿或工伤社保补偿的法律文书,当工伤赔付发生纠纷,进入司法诉讼阶段时,从司法习惯分析,鉴定人在鉴定书上签名是通常做法,以便庭审时法庭质询鉴定专家。

此外,该次修订出现较大变动的是,针对职业病诊断难、鉴定难等问题，设计了具体的处理方式，包括告知当事人提请劳动仲裁（arbitration），提请职业卫生监管部门对工作场所（workplace）危害争议进行判定等。

《职业病防治法》（2011年）第五十条规定，"职业病诊断、鉴定过程中，在确认劳动者职业史、职业病危害接触史时，当事人对劳动关系、工种、工作岗位或者在岗时间有争议的，可以向当地的劳动人事争议仲裁委员会申请仲裁"。告知当事人提请劳动仲裁，是根据政府部门分工职责，细化规则，规定诊断机构指引当事人循法办事。特别要说明的是，在该处修订中，《职业病防治法》增加了特殊规定，即对仲裁结论不服，劳动者与用人单位的权利并不相同。"劳动者对仲裁裁决不服的，可以依法向人民法院提起诉讼。用人单位对仲裁裁决不服的，可以在职业病诊断、鉴定程序结束之日起十五日内依法向人民法院提起诉讼"，这也等同用人单位对仲裁结论不服的，仲裁结论并未生效，但诊断机构可以依据未生效的仲裁书先进行职业病诊断。

提请职业卫生监管部门对工作场所职业病危害存在的争议进行判定实无必要，除非用人单位已经不存在，需要向监管部门调取历史资料和监督档案作为证据使用。因为在诊断过程中，行政部门并无现场调查的专业能力，或只能委托诊断机构、职业卫生技术机构进行调查后分析判定，除了督促用人单位举证外并无其他意义。设定了"无证据否定的，应当诊断为职业病"的规则，实质上便不存在诊断时进入企业难的问题，无论何种诉讼或裁决，在胜诉意义上，举证的后果责任意义远大于举证的行为责任。在其时，修订制度增设监管部门根据职业病诊断机构和鉴定组织的提请，进行现场调查并对职业病危害进行判定的规定，更多考虑的是部门分工，认为相关部门在承担监督职责的同时，便有责任协助职业病诊断与鉴定工作的顺利完成，除此并无更多的实质意义。

## 四、现行职业病诊断制度修订的特点

2018年《国务院机构改革方案》提出，"将……国家安全生产监督管理总局的职业安全健康监督管理职责整合，组建国家卫生健康委员会"。监管职能再次调整之后，2018年12月29日，《职业病防治法》第四次修正。2021年1月14日，国家卫生健康委员会公布了新修订的

《职业病诊断与鉴定管理办法》，新规定自公布之日起施行。

《职业病诊断与鉴定管理办法》（2021年）的修订有其特定的社会背景和历史意义。自2013年《职业病诊断与鉴定管理办法》修订实施以来，制度在明确各方职责、规范工作开展、保障劳动者职业病诊断权利、发挥社会法扶助社会弱势群体的法律功能等方面，发挥了重要作用，积累了丰富经验。但实践中仍存在一些问题，比如工作时限、文书送达与权利告知等方面并未受到重视，证据材料的使用与归因诊断不规范等，这些问题在一定程度上普遍存在，也是诊断与鉴定工作亟待解决的问题。

随着社会发展与变化，职业健康工作进入新时期，坚持以人民为中心的发展思想，新时代卫生健康的工作理念，都对职业病诊断工作提出了新的要求。2016年，党中央、国务院发布的《"健康中国2030"规划纲要》强调，要"立足全人群和全生命周期两个着力点"，强化对生命不同阶段主要健康问题及主要影响因素的有效干预。我国劳动就业人口数量庞大，劳动者职业健康保护问题也是提升人民群众健康获得感、幸福感和生活质量重要的基础性问题。劳动者的生命安全和身体健康，是人民群众最直接、最现实的利益。2019年，《健康中国行动（2019—2030年）》发布，职业健康保护行动是其中系列行动举措之一。这对与劳动者职业健康权益直接相关的职业病诊断工作，必然提出了更高要求。

此外，为深化"简政放权、放管结合、优化服务"行政体制改革要求，2018年修订的《职业病防治法》取消了对职业病诊断机构的资质审批。法律精神要落地实施，这也对《职业病诊断与鉴定管理办法》的修订提出了新的时代要求。2021年修订的《职业病诊断与鉴定管理办法》，对上述问题一一作出了回应。

2021年修订的《职业病诊断与鉴定管理办法》（共六章六十三条）延续了原部门规章的体例和结构，内容依然包括"总则""诊断机构""诊断""鉴定""监督管理""法律责任"，共六章。此次修订的特点，可以归纳为三个方面：一是便捷性。通过完善诊断工作时限规定，推动工作高效开展。二是合法性。与《职业病防治法》的修订相适应，推动法律制度的落地实施。三是规范性。通过规范表述，统一概念和法律术语，体现更高的立法质量，有利于法律的统一和实施。

## （一）便捷性

《职业病诊断与鉴定管理办法》（2021年）在时限规定方面，既保留了当事人申请鉴定的时效制度、明确了当事人双方举证时限，又更新、修订、明确了职业病诊断结论的作出、送达、报告等工作时限的规定。

一是新增设定职业病诊断的工作时限。规章的第二十条新增规定，"材料齐全情况下，诊断机构应当在收齐材料之日起三十日内作出诊断结论"。由于诊断过程受监管部门现场调查判定、医学观察等实际情形的限制，设定诊断全程工作时限不具有科学性，也不具有可操作性，但规定材料齐全后的工作时限具有相当的合理性。这里，对规则的适用要注意的是，时限的起算点是"材料齐全后"。

二是新增设定诊断文书送达时限。《职业病诊断证明书》在"出具之日起十五日内"送达相关法律主体，包括劳动者和用人单位。对《职业病诊断证明书》送达时限的规定，保证了双方当事人得以及时异议与救济的权利，也避免了因送达延迟问题，影响鉴定申请时效的界定、当事人合法权益的及时保障、社会生产的有序性和社会生活的稳定性。

三是修订原诊断与鉴定过程时限的规定，推动工作效率的提高。在鉴定环节明确材料补充时限。在第四十四条规定，当事人申请鉴定时，受理鉴定资料不全的，办事机构"应当当场或者在五个工作日内一次性告知当事人补充"，改变原时限不明确的"应当书面通知当事人补充"的规定。

四是明确诊断机构或首次鉴定组织配合鉴定材料调取时间。在向原诊断或鉴定机构调阅材料方面，机构提交材料的时间由原来的十五日，修改为"接到通知之日起十日内提交"。

五是修订综合鉴定的工作时限。有关组织鉴定的工作时限，修改为"应当在受理鉴定申请之日起四十日内组织鉴定、形成鉴定结论，并出具职业病诊断鉴定书"，大大缩减了原规定"受理鉴定申请之日起六十日内组织鉴定、形成鉴定结论，并在鉴定结论形成后十五日内出具职业病鉴定书"所耗费的时间，直接把之前的七十五日工作时限缩减为四十日。

六是修订明确职业病诊断鉴定书送达时限。在第四十八条将原"形成鉴定结论后十五日内出具文书、二十日内送达"的规定，修改为"出具职业病诊断鉴定书后，应当于出具之日十日内送达当事人"，明确了具体的送达时间。

此外，为明确工作时限，在第四十五条鉴定环节中增加了对医学检查工作的时限规定，"医学检查应当在三十日内完成"。但第四十五条第四款也规定，医学检查不计算在职业病鉴定工作四十日的期限内。

为提高职业病诊断鉴定工作效率，《职业病诊断与鉴定管理办法》（2021年）在第四十六条将原"鉴定结论应当经专家组三分之二以上成员通过"变更为"半数以上成员通过"。三分之二以上成员通过也即五名专家至少要有四人意见一致，这样召开一次鉴定会讨论不一定会有鉴定结果。规定半数以上成员通过即可，即召开鉴定讨论会议，只要进行表决就会有鉴定结果，这在技术层面上确保了职业病诊断鉴定工作效率的提升。

第四十八条新增规定，鉴定机构"在出具鉴定书后的十日内将鉴定书等有关信息告知原职业病诊断机构或者首次鉴定办事机构，并通过职业病及健康危害因素监测信息系统报告职业病鉴定相关信息"。在第四十九条新增规定，鉴定结论与原诊断或首次鉴定不一致的，"职业病鉴定办事机构应当在出具职业病诊断鉴定书后十日内向相关卫生健康主管部门报告"，以"十日"代替原"及时"的规定，有利于信息的及时互通、信息报告和工作质量控制，增加了工作的可操作性。

"迟来的正义非正义"，《职业病诊断与鉴定管理办法》（2021年）在程序上、细节上多处明确时限规定，或者缩短时限，体现了便捷为民的诊断原则。工作时限的明确与缩减，不但提高了工作效率，而且增添了正义的价值，为劳动者职业健康权益的及时保障、社会正常生产和生活秩序的及时恢复，提供了法律保障。

（二）合法性

新修订的《职业病诊断与鉴定管理办法》（2021年）较为明显地体现了合法性原则。

遵循法律规定，继续贯彻"放管结合"改革精神。取消职业病诊断机构行政许可，加强后续监督管理，确保职业病工作质量。《职业病防治法》（2018年）取消了对职业病诊断机构资质的行政审批，《职业病诊断与鉴定管理办法》（2021年）体现了持续深化"放管服"改革，坚持放管结合，加强事中事后监管的管理和立法思维。根据上位法，《职业病诊断与鉴定管理办法》（2021年）取消机构资质审批的规定，在第二章将诊断机构原来的资质管理，变更为备案管理，具体如下：

新增备案登记规定（第七条），"医疗卫生机构开展职业病诊断工作，应当在开展之日起十五个工作日内向省级卫生健康主管部门备案"。在第十条对变更备案程序进行规定，"当备案信息发生变化时，应当自信息发生变化之日起十个工作日内向省级卫生健康主管部门提交变更信息"。

新增歇业报告规定（第三十一条），"职业病诊断机构拟不再开展诊断工作的，应当在拟停止工作的十五个工作日之前告知省级卫生健康主管部门和所在地的县级卫生健康主管部门"。此外，在第八条对备案的条件、第九条对备案的材料要求，都作出了规定。

为加强对职业病诊断机构质量管理，制度新增加强对职业病诊断机构及其工作人员资格管理的规定。在第十六条增加了对诊断医师培训的规定，"省级卫生健康主管部门应当依据本办法的规定和国家卫生健康委制定的职业病诊断医师培训大纲，制定本行政区域职业病诊断医师培训考核办法并组织实施"。

继续延续职业病诊断资格管理制度设计，淡化集体诊断规定。《职业病防治法》（2017年）取消了三名以上职业病诊断医师进行集体诊断规定，《职业病诊断与鉴定管理办法》（2021年）取消了原第三十条规定的"三名以上单数职业病诊断医师进行集体诊断"，循法作出规定，"职业病诊断证明书应当由参与诊断的取得职业病诊断资格的执业医师签署"，体现了法律保留职业病诊断医师资格的规定，但未对参与诊断医师人数进行强制性规定，不再强调集体诊断。当然，也没有排除或限制集体诊断。为强调并保证职业病诊断的工作质量，《职业病诊断与鉴定管理办法》（2021年）新增加了诊断机构对诊断证明书进行审核的工作要求，要求职业病诊断机构应当对职业病诊断医师签署的职业病诊断证明书进行审核，确认诊断的依据与结论符合有关法律法规、标准的要求。

对职业病诊断鉴定专家范围进行了扩充。结合实际工作的需要,新增"法律"相关专业。这里需要注意的是,职业病诊断制度对鉴定专家一直没有要求其必须是职业病诊断医师,但高级职称是前提条件。

增加了加强职业病诊断机构质量管理规定。在第十八条新增规定,"省级卫生健康主管部门应当加强本行政区域内诊断机构的质量控制管理工作,组织开展职业病诊断机构质量控制评估"。第五章第五十一条第四点、第五点,配套增加要求诊断机构在工作过程中加强质量管理、配合监管等法律义务,这体现了加强事中事后管理,对机构管理实现完整、闭环管理的制度设计。第六章第五十四条,根据《职业病防治法》规定和部门立法的权限,新增规定机构违反备案管理的法律责任,即机构未按照规定备案的,责令改正,给予警告,可以并处三万元以下罚款。

增加了明确无效职业病诊断情形的规定(第五十五条)。对"超出诊疗项目登记范围从事诊断""不按照《职业病防治法》规定履行法定职责""出具虚假证明文件"等情形增加"作出的职业病诊断无效"的定性判定,既明确了机构违法诊断的法律后果,也为无效诊断造成的社会纠纷提供明确判断依据。这里要注意,第五十五条规定"无效诊断"的是"超出诊疗项目登记范围从事职业病诊断",第五十四条违法的情形是"未按照规定备案开展职业病诊断"。为加强内部质量管理,在第三十二条增加诊断机构在诊断结束之日起十五日内进行信息系统报告的规定,明确报告主体、报告对象、报告时限和报告途径。

(三)规范性

相较于之前,修订后的《职业病诊断与鉴定管理办法》(2021年)用语规范、表述准确、逻辑清楚,体现了更高的立法质量。例如,将原表述的"职业病鉴定"依法变更为"职业病诊断鉴定",避免与法律规定的法院组织的"职业病鉴定"相混淆。在《职业病防治法》(2011年)中,表述为"职业病鉴定"的仅见于第五十四条——法院组织的"鉴定",而其他与卫生行政部门组织相关的鉴定共有10处,均使用"职业病诊断鉴定"。同时,也将原办法规定的"鉴定专家组"变更为

"诊断鉴定委员会"。这些都体现了法律规定和法律术语表述的严肃性、统一性和规范性。

《职业病诊断与鉴定管理办法》（2021年）第二十一条"职业病诊断需要以下资料"，删除了原第五款"与诊断有关的其他资料"的兜底条款，体现了法律规定的可操作性和确定性。第四十条将"由申请鉴定的当事人抽取专家"变更为"当事人抽取鉴定专家"，保障法律赋予当事人权利的实现。由"当事人"抽取专家，"当事人"不仅包括"申请鉴定的当事人"，也包括另一方"当事人"，这既是《职业病防治法》赋予的权利，也体现了立法的合法性与规范性原则。

在完善配套规定、增加可操作性方面，突出强调了用人单位职业病诊断相应的法律义务。根据《职业病防治法》相关条款，《职业病诊断与鉴定管理办法》（2021年）在总则第六条明确规定，用人单位应当履行职业病的诊断与鉴定相关义务，包括及时安排职业病病人与疑似职业病病人进行诊治，如实提供诊断与鉴定所需资料，承担诊断与鉴定费用和疑似职业病病人在诊断、医学观察期间的费用等方面的义务。

为强调用人单位妥善安排诊治、承担诊断与鉴定费用，以及按照规定进行职业病报告的法定义务，《职业病诊断与鉴定管理办法》（2021年）在"法律责任"一章重申了《职业病防治法》规定的相应法律责任内容，细化并明确了"拒不提供职业病诊断、鉴定所需资料"的法律责任，并明确了用人单位在职业病诊断与鉴定中的举证行为责任。

## 五、职业病诊断医师资格许可

有关职业病诊断医师资格问题，学界和业界曾经有过不同的理解。而不同的理解恰好隐含不同的工作思路，从政策出台与法律修订来看，国家这方面的政策也在不断调整。

2016年1月22日，国务院发布《关于取消一批职业资格许可和认定事项的决定》（国发〔2016〕5号），将"尘肺诊断医师资格、职业中毒诊断医师资格、物理因素职业病诊断医师资格、全国职业性放射病诊断医师资格"这四项职业资格整合为"职业病诊断医师职业资格"。2017年9月12日，人力资源社会保障部（简称"人社部"）印发了《关于公布国家职业资格目录的通知》（人社部发〔2017〕68号），公布的国家职业资格目录中，无"职业病诊断医师资格"。

但在2017年11月修正后的《职业病防治法》，仅删除了"承担职业病诊断的医疗卫生机构在进行职业病诊断时，应当组织三名以上取得职业病诊断资格的执业医师集体诊断"，同时将"职业病诊断证明书应当由参与诊断的医师共同签署，并经承担职业病诊断的医疗卫生机构审核盖章"修改为"职业病诊断证明书应当由参与诊断的取得职业病诊断资格的执业医师签署，并经承担职业病诊断的医疗卫生机构审核盖章"。从之后修订的法律来看，这实际上就是保留了职业病诊断医师资格。

这里有几个细节值得关注。人社部发布《关于公布国家职业资格目录的通知》在前（2017年9月12日），目录中未见"职业病诊断医师资格"；修订保留"职业病诊断医师资格"的《职业病防治法》时间在后（2017年11月4日）。《关于公布国家职业资格目录的通知》还有一句表述，"目录接受社会监督，保持相对稳定，实行动态调整"。无论是从新法优于旧法，还是从上位法高于下位法，或是文件内容的表述来看，都不能直接理解为取消了"职业病诊断医师资格"。

此后，2021年1月12日，人社部在官网上公布的《关于对〈国家职业资格目录（专业技术人员职业资格）〉进行公示的公告》中，"职业病诊断医师资格"出现在目录中。2021年11月23日，人社部官网发布了《人力资源社会保障部关于公布〈国家职业资格目录（2021年版）〉的公告》，在2021年版《国家职业资格目录》中，我们看到了正式公布的"职业病诊断医师"资格。

职业病诊断医师的工作有其社会和专业意义。由专业的职业病诊断医师从事职业病诊断和职业健康检查（occupational medical examination）工作，可及时发现劳动者职业健康损伤，及时诊断职业病病人，有效地保障劳动者职业健康及相关权益，为职业病工伤保险理赔提供科学、规范、客观的医学和法律依据，并推动用人单位主动履行职业病防治法律义务。

一直以来，职业病诊断均为卫生部门的职责。1956年10月5日，原卫生部、原劳动部发出《关于实行"职业中毒和职业病报告试行办法"的联合通知》[（56）卫防齐字第873号，（56）中劳护字第0183号]，根据文件"最初进行诊断的厂矿医疗机构或其指定医疗机构"规定，职业病诊断机构限定于一定范围内的医疗卫生机构，但对机构的诊断医师未作出特别规定。1984年3月19日，为加强职业病诊断管理工作、提高诊断水平、保障职工健康，原卫生部发布了《职业病诊断管理办法》。根据该办法，职业病诊断执行以当地为主、以职业病防治机构或职业病诊断组的集体诊断为准的原则。国家、省（自治区、直辖市）和市（地、州、盟）级职业病防治机构或由上述级别的卫生行政部门指定的医疗卫生单位，负责本地区的职业病诊断；国务院各工业交通部门（总公司），省（自治区、直辖市）各工业交通厅（局）、公司和各大型厂矿企业所属的职业病防治机构，经所在地卫生行政部门批准，分别负责本部门在该地区的直属企业和本企业的职业病诊断。职业病诊断（工作组）由当地卫生行政领导和从事劳动卫生、职业病、X线以及有关临床学科有经验的专业人员组成。之后，随着《执业医师法》的颁布施行，诊断工作由上述机构取得执业医师资格的医师执行。

2001年10月27日公布的《职业病防治法》开始对职业病诊断医师设定资格管理。依照法律规定，原卫生部在2002年3月28日讨论通过的《职业病诊断与鉴定管理办法》中作出规定，职业病诊断机构在进行职业病诊断时，应当组织三名以上取得职业病诊断资格的执业医师进行集体诊断。职业病诊断医师资格开始作为独立设置的行政许可事项存在。

今天，将职业病诊断医师纳入《国家职业资格目录》，法律上保留职业病诊断医师资格，有其必要性和可行性。

第一，临床医师无法完全替代职业病诊断医师工作。职业病诊断需要多学科支持，需要临床学科、公共卫生知识，甚至相关法律知识。两者诊断追求的结果与逻辑思维也有明显不同，临床诊断追求的是客观事实，职业病诊断追求法律事实，更加强调以医学为基础的法律思维。

第二，职业病诊断涉及劳动者人身健康和生命财产安全，涉及用人单位公共安全，根据《人力资源社会保障部办公厅关于做好水平评价类技能人员职业资格退出目录有关工作的通知》（人社厅发〔2020〕80号），对与公共安全、人身健康、生命财产安全等密切相关的水平评价类技能人员职业资格，应依法将其调整为准入类职业资格。

第三，将职业病诊断医师纳入《国家职业资格目录》，设置资格许可，便于对该类人员进行专门考核，可推动职业病诊断专业能力的提高，最终保证职业病诊断和职业健康检查工作的科学性、客观性和合法性，从而准确判定劳动者所患的疾病是否为职业病，劳动者的健康损伤是否由用人单位承担，是否由工伤保险基金赔付，避免职业病诊断、职业健康检查过程中的误诊漏诊。

第四，职业病诊断是与工伤保险直接相关的重要工作内容，具有重大的社会经济意义，科学、准确、规范的职业病诊断工作可保障劳动者合法权益、推动用人单位落实法律责任，在保障社会公平正义的同时，可有效避免或降低工伤保险基金的安全风险。

第五，从依法治国角度讲，现行《职业病防治法》明确规定，从事职业病诊断的医师应取得省级卫生行政部门颁发的职业病诊断资格证书，职业病诊断医师的培训考核及资格认定是法律明文要求的。

此外，我国的职业病诊断医师制度已经实施近20年，政府、社会、用人单位、劳动者对于现行制度下职业病诊断医师出具的诊断结论普遍认同，社会接受程度高。在近20年的实施过程中，全国已形成一套成熟可行的职业病诊断医师培训、考核、管理工作经验，并已培养出一大批符合要求且具有职业病诊断医师资格证的职业病诊断医师。

将职业病诊断医师纳入国家职业资格目录，可以通过加强培训、考核和管理，提高从事职业病诊断医师工作水平，保障1000余万家存在职业病危害用人单位的合法权益，保障2亿劳动者人身健康和合法权益；更可以避免因滥诊、漏诊、误诊等不规范诊断导致的工伤保险基金风险，充分发挥工伤保险体系的重大社会经济意义，维护经济社会和谐稳定。

## 第二节　我国职业病诊断与鉴定制度性质试析①

随着社会各界法律意识的不断提高，职业病诊断与鉴定作为劳动者申请工伤补偿或者参照工伤赔偿的前置程序，在职业健康损害维权活动中发挥着越来越重要的作用。从社会、经济、法律等方面和职业病学科的发展趋势来看，职业病诊断与鉴定工作的开展将会更加广泛。如何正

---

① 根据胡世杰《我国职业病诊断与鉴定制度性质试析》改编，原载《中国职业医学》2008年第1期，第49-50页。

确理解职业病诊断与鉴定制度性质,对于正确地应用相关法律法规、指导职业病诊断与鉴定工作的顺利开展、更好地保障劳动者的健康权益有着重要意义。但迄今为止,对于有关职业病诊断与鉴定制度性质问题,尚未见较深层次的研究报道。相反,受传统思想或专业习惯的影响,社会上对此问题存在一定程度的错误认识,影响实际工作的正常开展,有必要对其进行探讨。

## 一、两种传统的职业病诊断与鉴定工作思维模式及其局限性

从实际工作和文献资料来看,当前对职业病诊断与鉴定制度性质仍缺乏深入系统的研究,传统的思维习惯对诊断与鉴定工作的理解与应用主要倾向于以下两种模式。

### (一)疾病诊断模式

持这种思维模式者认为,职业病诊断与鉴定实质就是对劳动者所患疾病的判断,是对劳动者临床症状与职业病危害因素之间关系的一种辩证思考,其结论应当完全基于对疾病的准确诊断而作出。由于疾病诊断所追求的是一种客观真实,因而持这种思维模式的专家认为,在职业病诊断或鉴定所需的资料不齐全时,不应下结论,甚至当诊断所需资料不全时不应受理诊断申请。这种思维由于不能正确理解职业病诊断与鉴定举证责任倒置(reversal of burden of proof)的规则设定,因而在诊断资料(证据)的采信上较为被动,不敢利用举证责任倒置规则。在实际操作中,当用人单位不配合诊断鉴定,既不愿提供职业史证明,也不提供职业病危害因素监测评价资料时,容易出现专家不敢利用举证责任倒置规则的情况。此时,哪怕劳动者因职业病致死,专家也不敢作出明确的职业病诊断结论。在用人单位不愿提供劳动者职业史情况下,建议劳动者依据《职业病防治法》(2001年)第五十三条规定直接起诉用人单位。

## (二) 行政行为模式

把职业病诊断活动当作行政行为看待的情形并不多见,但把职业病鉴定当作行政行为的观点仍在一定程度上存在。持这种观点者认为:首先,当事人对职业病诊断结论有异议时,行政机关是解决争议的政府受理机构;其次,职业病诊断鉴定工作要在卫生行政部门组织下进行;最后,参加鉴定的专家为临时组成,因而对外承担责任只能是组织鉴定的具有法人资格的卫生行政部门。实际工作中也出现过认为"劳动者对市级(直辖市为区级)职业病诊断鉴定委员会鉴定结论不服,可以向省级卫生行政部门申请再鉴定,也可以向人民法院提起诉讼,诉讼对象是市(直辖市为区)卫生行政部门。对省级职业病诊断鉴定委员会鉴定不服,因省级鉴定为最终鉴定,只能向人民法院起诉省级卫生行政部门"的推论。

## 二、正确理解职业病诊断与鉴定制度性质

职业病诊断与鉴定制度应是以医学科学为基础,以解决职业健康权益责任纠纷为最终目的的准仲裁制度。上述两种思维,虽然有一定的合理之处,但都只是从某一个方面去考虑分析,对其本质难以作出合乎立法目的、科学、合理的诠释。笔者通过对职业病诊断与鉴定工作目的、诊断与鉴定原则和制度规定等方面进行分析和理解,对我国职业病诊断与鉴定制度性质谈点粗浅的看法。

### (一) 职业病诊断与鉴定的目的

从职业病诊断与鉴定的目的来看,职业病诊断与鉴定的最终目的是对当事人职业健康权益责任的裁决。劳动者认为其在职业活动中因接触职业病危害因素对身体造成损害而申请职业病诊断。职业病诊断的目的是确认劳动者的病患是否由职业病危害因素所引起,确认工作场所职业病危害因素与劳动者的健康损害是否存在因果关系,最终裁决劳动者的病患该由劳动者本人还是由用人单位承担责任。这一特点在一些曾患职

业病，但已经治愈的劳动者，为获取治疗费用、误工费等经济赔偿而申请职业病诊断的案例中尤为明显。

（二）职业病诊断与鉴定结论的承认与执行

从其结论的承认与执行角度来看，职业病诊断与鉴定具备法定的权威性和强制性。首先是劳动保障行政部门在进行工伤认定时，对申请人提供的符合国家规定的职业病诊断证明书或者职业病诊断鉴定书不再进行调查核实。当职业病诊断证明书或者职业病诊断鉴定书不符合国家规定的格式和要求时，劳动保障行政部门也仅是要求出具证据部门重新提供。其次是当事人对职业病诊断结论有异议时，只能按照职业病诊断鉴定的有关规定申请鉴定。在没有新的证据资料时，不应重新申请诊断。由此看出，职业病诊断与鉴定结论，与可以多次申请的医疗事故鉴定性质明显不同，更与一般疾病的诊断证明有着本质的区别。

（三）职业病诊断与鉴定的基本原则

从职业病诊断与鉴定的基本原则看，职业病诊断与鉴定是以医学为基础的追求法律真实的准仲裁活动。职业病诊断与鉴定有综合分析、归因诊断（责任推定）、集体诊断和专家判定、科学公正、及时便民等原则，这些原则集中体现了职业病诊断与鉴定工作追求法律真实的仲裁特征。

1. 归因诊断（责任推定）与及时便民原则

此原则体现了职业病诊断与鉴定工作追求的结果是一种法律真实。《职业病防治法》（2018年）第四十六条规定，"没有证据否定职业病危害因素与病人临床表现之间的必然联系的，在排除其他致病因素后，应当诊断为职业病"。这就是推定归因诊断原则。

对该原则首先可以理解为，由于现代科学发展水平对职业病危害仍有许多未知领域，虽然某些职业病危害因素与劳动者健康损害可能有关，但因其必然联系未被证明或列入诊断标准，客观上可能难以明确诊断。在没有足够证据否定劳动者所接触的职业危害因素与健康损害之间的必然联系时，为保护劳动者健康权益，在综合分析的基础上，排除了其他致病因素后，应当诊断为职业病。但是，既然科学发展仍未达到应有的水平，按此原则作出的结论就可能并非肯定的客观真实，而只能是一种为保障劳动者合法权益、依法得出的法律真实。这与追求客观真实的医学诊断有着本质差别。

同样，要遵循及时便民的原则，职业病诊断鉴定工作也只能做到追求法律的真实。在职业病诊断上，可能由于历史资料的残缺，或者是用人单位为逃避责任故意隐瞒资料、掩盖危害性而使追求疾病诊断的客观真实因证据不足而难以实现。有时，要达到客观真实，可能需要相当长时间的调查与研究。"迟来的正义非正义"，对于等待赔偿治疗救命的劳动者来说，时间就等同于生命。从保证社会公平正义、保障劳动健康权益的角度出发，及时便民理所应当作为职业病的诊断与鉴定的一个重要原则。因而，职业病诊断与鉴定也只能采用这种有利于诊断医生掌握和实际操作、有利于促进正义实现的追求法律真实的方法。

2. 集体诊断和专家判定原则

该原则体现了职业病诊断鉴定工作的专业技术性而非具体行政行为性。行政机关的具体行政行为是指国家行政机关和行政机关工作人员、法律法规授权的组织、行政机关委托的组织或者个人在行政管理活动中行使职权，针对特定的公民、法人，或者其他组织，就特定的具体事项，作出的有关该公民、法人或者其他组织权利义务的单方行为。而职业病鉴定虽是由行政部门组织，但实质是由专家集体对当事人责任纠纷进行裁决的一种活动，与具体行政行为存在主体不同、结论形成不同、行为目的不同等本质差异。由于鉴定活动不是行政行为，如果当事人对鉴定的结论不服，鉴定专家或组织鉴定的行政部门不可能作为被告而提起行政诉讼。实际上，在具体行政法规的规定中也没有把职业病鉴定技术行为纳入行政诉讼受理范围。当然，作为民事诉讼对象也不可能，《职业病防治法》有明确规定，对市级鉴定不服的，当事人可向省级卫生行政部门申请最终鉴定。《民事诉讼法》（2021年）第一百二十七条规定，"人民法院依照法律规定，应当由其他机关处理的争议，告知原告向有关机关申请解决"，因而，对职业病诊断行为、鉴定结论直接提起诉讼在法律上不可能得以实现。

3. 举证责任倒置原则

从制度规则设计看，职业病诊断与鉴定属于举证责任倒置的准仲裁活动。2001年颁布的《职业病防治法》第四十八条规定,"职业病诊断、鉴定需要用人单位提供有关职业卫生和健康监护等资料时,用人单位应当如实提供",这是对用人单位承担提供诊断材料责任的强制性规定。第四十九条规定,"用人单位应当及时安排对疑似职业病病人进行诊断",这是对用人单位主动配合诊断工作的明确要求。2003年12月23日,原卫生部发布《卫生部关于进一步加强职业病诊断鉴定管理工作的通知》。根据该通知,"职业病诊断与鉴定需要用人单位提供有关职业卫生和健康监护等资料时,用人单位应当如实提供,用人单位不提供或者不如实提供的,卫生行政部门可视其为未按照规定建立健全职业卫生档案和劳动者健康监护档案或者未按照规定安排职业病人、疑似职业病人进行诊治,依据《职业病防治法》第六十三条第(二)项、第六十四条第(四)项、第六十五条第(六)项规定情形处理"。《职业病防治法》(2018年)第四十七条同样有强制性规定,这是对用人单位举证行为责任的具体规定,"用人单位不提供或者不如实提供诊断所需资料的,职业病诊断与鉴定机构应当根据当事人提供的自述材料、相关人员证明材料,卫生监督机构或取得资质的职业卫生技术服务机构提供的有关材料,按照《职业病防治法》第四十二条的规定作出诊断或鉴定结论"。从这些法规的规定来看,职业病诊断与鉴定工作可理解为一种举证倒置的仲裁活动。

综上所述,从职业病诊断与鉴定工作的目的、基本原则、制度规则的设计和诊断与鉴定结论的执行等方面来看,我国职业病诊断与鉴定制度在性质上既不是行政部门的行政行为,也不是医疗卫生机构传统的疾病诊断行为,它是一种以职业医学知识为基础,以解决劳动者职业健康权益责任纠纷为目的,实行举证责任倒置的准仲裁制度。

**参考文献**

[1] 邵迪初,梅允森. 浅议职业病诊断机构的调查取证权[J]. 海峡预防医学杂志,2005,11(5):69-70.

[2] 王祖兵. 职业病诊断与鉴定若干问题探讨[J]. 中国工业医学杂志,2004,17(2):135-136.

[3] 社会保障部. 工伤认定办法[EB/OL]. (2005-08-04)[2006-10-15]. http://www.gov.cn/banshi/2005-08-04/content_20280.htm.

［4］食品安全综合协调与卫生监督局. 卫生部关于进一步加强职业病诊断鉴定管理工作的通知［EB/OL］.（2003 - 12 - 31）［2006 - 10 - 15］. http://www.nhc.gov.cn/cms - search/xxgk/getManuscriptXxgk.htm?id = 37586.

［5］中华人民共和国职业病防治法［EB/OL］.（2005 - 08 - 31）［2006 - 10 - 15］. http://www.gov.cn/banshi/2005 - 08/31/content_74648.htm.

## 第三节　职业病诊断可诉性分析

假若职业病诊断被职业病鉴定确认有错，或者若干年后发现当时的职业病诊断结论可能存在错误，因此得不到工伤保险赔偿（补偿），或者赔偿（补偿）额度减少，由此承受了经济损失，是否可以诉讼向职业病诊断机构或诊断医师提起赔偿请求？我们来看《苏某某、益阳市疾病预防控制中心医疗损害责任纠纷二审民事裁定书》［（2021）湘09民终273号］所载的职业病诊断案例。

2009年4月17日，原告（苏某某）经被告（益阳市疾病预防控制中心）职业病诊断为煤工尘肺一期。之后，用人单位根据被告的职业病诊断结论，依法向原告计付了相应职业病工伤赔偿。

2018年，湖南省出台有关尘肺病患者免费治疗政策，苏某某前往该省职业病防治院治疗。在治疗检查过程中，医院发现苏某某实际病情与当初诊断的情况不相符合。于是，2018年12月，苏某某重新向原诊断机构益阳市疾病预防控制中心申请职业病诊断，该次职业病诊断结果为职业性煤工尘肺三期。

苏某某认为，他在被诊断为煤工尘肺一期到三期期间，早已于2009年脱离粉尘作业，并接受长期治疗，不存在恶化的可能性。为此，苏某某到益阳市疾病预防控制中心复印当初病历资料并调取X光片，随后提交到湖南省疾病预防控制中心进行"检测"。根据裁定书记载，该病例经专家初步检查，认为2009年档案资料所呈现的患者各种状况，基本满足煤工尘肺二期表现，甚至有可能构成三期。故此，苏某某认为当年益阳市疾病预防控制中心的职业病诊断存在错误，且因其过错，导致苏某某经济损失，认为益阳市疾病预防控制中心对此应承担赔偿责任，故向法院提起民事诉讼。

一审法院经审理认为，本案双方当事人争议的焦点是，苏某某的起

# 第一章　总论：我国职业病诊断制度介绍

诉是否属于人民法院受理民事诉讼的范围。根据原告苏某某的诉讼请求及依据的事实理由，苏某某对职业病诊断存有异议。益阳市疾病预防控制中心依据相关行政规范对苏某某进行职业病诊断，并作出苏某某"一期煤工尘肺"的诊断结论。苏某某若有异议，可以依法向疾病预防控制中心所在地卫生行政部门申请鉴定。因此，职业病诊断结论产生的纠纷不属于平等民事主体之间的民事纠纷，因而，苏某某对职业病诊断结论存在异议而提起的诉讼不属于法院民事诉讼的受案范围。

苏某对一审裁定有异议而提起上诉，二审法院最终对一审的裁定予以维持。

法院裁定的结果是，一般情况下，法院对劳动者认为因职业病诊断错误导致经济损失而提出的赔偿请求不予支持。法院判决依据，可见《中华人民共和国民事诉讼法》（简称《民事诉讼法》）（2021年）第一百二十七条，"人民法院对下列起诉，分别情形，予以处理：……（三）依照法律规定，应当由其他机关处理的争议，告知原告向有关机关申请解决"。而《职业病防治法》（2018年）第五十二条第一款规定，"当事人对职业病诊断有异议的，可以向作出诊断的医疗卫生机构所在地地方人民政府卫生行政部门申请鉴定"；第三款规定，"当事人对设区的市级职业病诊断鉴定委员会的鉴定结论不服的，可以向省、自治区、直辖市人民政府卫生行政部门申请再鉴定"。

职业病诊断制度对相关权利救济的设计也是符合情理的。职业病诊断制度如同司法诉讼制度，法院的一审存在错误完全是有可能的，有些甚至是无法避免的。否则，职业病诊断制度也就无须设置诊断、鉴定、再鉴定三级程序。正如法院一审未必绝对完全正确，所以设置二审、终审，此外尚有再审制度、法院的自我纠错机制。

导致职业病诊断错误，或者职业病诊断结论被鉴定否定的原因多种多样。比如，原诊断医师对工作场所危害判定有争议，在最终的认定中出现与客观不相符的错误，如认定工作场所噪声是否超标、是否属高温作业（work under heat stress），由于缺乏直接证据，结论的认定与专家专业理论水平直接相关。在鉴定过程中，专家经过讨论，否决了原诊断推论，这本身就是纠错的机制与过程；或者当事人在诊断过程没有提供有关主要证据，作出诊断结论之后，在鉴定过程中却提出了新的证据，导致诊断过程确认的事实重新认定，也导致诊断结论被鉴定推翻；又或

职业病诊断法律制度研究

者，原职业病诊断正确，但被首次职业病诊断鉴定推翻，而首次鉴定又被最终省级鉴定推翻，这种情形下，诊断机构与诊断医师更不需要承担责任。这些情形，只要职业病诊断医师不是主观故意，没有严重过失和错误，职业病诊断机构和诊断医师便不承担赔偿责任。

参考司法责任制度，存在某些情形如主观故意或重大过失，是要追究相应责任的。《最高人民法院关于完善人民法院司法责任制的若干意见》（法发〔2015〕13号）第二十五条规定，"法官在审判工作中，故意违反法律法规的，或者因重大过失导致裁判错误并造成严重后果的，依法应当承担违法审判责任。法官有违反职业道德准则和纪律规定，接受案件当事人及相关人员的请客送礼、与律师进行不正当交往等违纪违法行为，依照法律及有关纪律规定另行处理"。有关"重大过失"的界定，在该意见第二十六条也有规定，如"遗漏主要证据、重要情节导致裁判错误并造成严重后果"等。

该意见第二十八条也列出"不作为错案"进行责任追究的情形，如"（1）对法律、法规、规章、司法解释具体条文的理解和认识不一致，在专业认知范围内能够予以合理说明的；（2）对案件基本事实的判断存在争议或者疑问，根据证据规则能够予以合理说明的；（3）当事人放弃或者部分放弃权利主张的；（4）因当事人过错或者客观原因致使案件事实认定发生变化的；（5）因出现新证据而改变裁判的"；等等。

在职业病诊断制度中，有关职业病诊断责任追究未见有可直接适用规则，倒是卫生监督责任制度有类似规定。《卫生部办公厅关于印发〈卫生监督执法过错责任追究办法（试行）〉的通知》（卫办监督发〔2006〕218号）第六条规定，"卫生行政部门及其执法人员在卫生行政执法活动中，故意违反法律法规规定或存在重大过失，有下列情形之一的，应当追究卫生监督执法过错责任"，这些情形包括"认定事实不清、主要证据不足，导致行政行为有过错""违反法定程序""不履行法定职责"等。

该办法第八条反而可以直接与职业病诊断责任产生关联，"检验、鉴定人提供虚假、错误检验或鉴定报告，造成行政行为过错的，依据有关规定追究检验、鉴定机构及其有关人员的责任"。对这种责任的认定，前段论及的司法责任制制度在法理上、情理上有着重要指导与借鉴意义。

由以上分析可以看出，正常的职业病诊断程序，要追究医师责任并无法律依据，但这并不等同职业病诊断医师或鉴定专家可以随意进行职业病诊断与鉴定。存在主观故意或有重大过失，造成严重后果，甚至接受请客送礼受贿，有不正当交易情况的，当事人不仅需要承担行政责任，后果严重的，甚至涉嫌受贿犯罪，须追究刑事责任。《职业病防治法》（2018 年）第八十条规定，"出具虚假证明文件""构成犯罪的，依法追究刑事责任"。

## 第四节　职业病诊断鉴定可诉性分析

对职业病诊断结论有异议直接提起民事诉讼不可行，如若对职业病诊断鉴定结论有异议，是否可以提起诉讼？有关问题，最高人民法院对胡某某与广东省卫生和计划生育委员会（简称"广东省卫生计生委"）职业病鉴定纠纷案的审理〔（2015）行监字第 101 号〕有值得学习和借鉴的意义。

胡某某，因怀疑所患疾病再生障碍性贫血与其所从事的职业有关，于 2008 年向深圳市职业病防治院申请职业病诊断，2009 年 1 月被诊断为"不能诊断为职业性苯中毒"。胡某某对诊断结论有异议，历经市级、省级两级鉴定，均维持原职业病诊断结论。

因对最终鉴定结论不服，胡某某以广东省卫生计生委为被告提起行政诉讼。一审、二审法院均认为职业病诊断鉴定属于技术行为，不是行政行为，不能提起诉讼，胡某某诉讼请求被两级法院裁定驳回。随后胡某某提起再审申请。

胡某某在再审申请中基于以下三个观点请求法院撤销一审、二审裁定，认为两审法院认定错误：（一）卫生行政部门组织针对申请人的职业病诊断进行鉴定。职业病诊断鉴定是卫生行政部门常设办事机构的法定职能，是替代行使行政权力的行为。（二）职业病诊断鉴定属于仲裁行为。法律没有明确规定职业病诊断鉴定不可以提出诉讼。（三）职业病诊断鉴定委员会在收集鉴定材料时，违反《职业病防治法》相关规定，职业病诊断鉴定委员会作出的违法行为应当由广东省卫生计生委承担。

最高人民法院审理认为，案件争议的焦点是职业病诊断鉴定是否属于可诉的行政行为。对此，最高人民法院从职业病诊断鉴定主体和行为性质等方面进行综合考量。

1. 关于职业病诊断鉴定的主体问题

《职业病防治法》（2001年）第四十六条规定，"职业病诊断鉴定委员会由相关专业专家组成。省、自治区、直辖市人民政府卫生行政部门设立相关专家库，需要对职业病争议作出诊断鉴定时，由当事人或者当事人委托有关卫生行政部门以随机抽取的方式确定参加诊断鉴定委员会的专家"。《职业病诊断与鉴定管理办法》（2002年）第二十一条规定，"职业病诊断鉴定委员会承担职业病诊断争议的鉴定工作。职业病诊断鉴定委员会由卫生行政部门组织"；第二十九条规定，"参加鉴定的专家应当在鉴定书上签字，鉴定书加盖职业病诊断鉴定委员会印章"。根据上述规定，最高人民法院认为，职业病诊断鉴定的法定主体是职业病诊断鉴定委员会，该委员会根据当事人的申请，随机抽取专家临时组成的非常设机构，委员会以自己的名义独立进行鉴定并出具鉴定意见，鉴定结论由鉴定委员会负责。在鉴定活动中，鉴定排斥行政权力的干涉，卫生行政部门亦不能影响或者干扰鉴定委员会的鉴定工作。本案中，职业病诊断鉴定主体应为广东省职业病诊断鉴定委员会，而非作为鉴定组织者和监督者的广东省卫生计生委，故广东省卫生计生委不应对省职业病鉴定委员会的鉴定行为承担责任。

2. 关于职业病诊断鉴定行为的性质问题

《职业病诊断与鉴定管理办法》（2002年）第二十九条规定，"职业病诊断鉴定委员会应当认真审阅有关资料，依照有关规定诊断标准，运用科学原理和专业知识，独立进行鉴定。在事实清楚的基础上，进行综合分析，作出鉴定结论，并制作鉴定书。鉴定结论以鉴定委员会成员的过半数通过。鉴定过程应当如实记载"。据此，最高人民法院认为职业病诊断鉴定活动是鉴定专家依据诊断标准，结合职业病危害接触史、工作场所职业病危害因素检测与评价、临床表现和医学检查结果等资料，根据专门知识、专业技能，利用专门的技术手段或设备对是否为职业病及具体情况进行分析和判断，是一种以医学科学为基础的专业技术活动。职业病诊断鉴定具有独立性、专业性，不具有"在行政管理活动中行使行政职权"的行政行为特性，不属于行政行为。

最高人民法院认为，广东省卫生计生委在此过程中，仅起到对鉴定机构和鉴定人员实行批准或资质管理等作用，包括确定专家、组织开展工作等，该组织、管理行为不应当对鉴定结论产生实质影响。故而，最高人民法院认为，胡某某申请再审，称职业病诊断鉴定是行使行政权力，以及职业病诊断鉴定委员会的行为应由广东省卫生计生委承担责任的理由不能成立，法院不予支持。

关于职业病诊断鉴定结论是否可诉的问题。最高人民法院认为，《职业病防治法》（2001年）第四十五条规定，当事人有异议的，可以向作出诊断的医疗卫生机构所在地地方人民政府卫生行政部门申请鉴定。当事人对设区的市级职业病诊断鉴定委员会的鉴定结论不服的，可以向省级卫生行政部门申请再鉴定。《职业病诊断与鉴定管理办法》（2002年）第十九条规定，"省级职业病诊断鉴定委员会的鉴定为最终鉴定"。

最高人民法院认为，类似的规定《最高人民法院关于对医疗事故争议案件人民法院应否受理的复函》分析，"医疗事故技术鉴定委员会所作的医疗事故鉴定结论，系卫生行政部门认定和处理医疗事故的依据。病员及其亲属如果对医疗事故鉴定结论有异议，可以向上一级医疗事故技术鉴定委员会申请重新鉴定，如因对鉴定结论有异议向人民法院起诉的，人民法院不予受理"。最高法院认为，该复函虽是个案答复，但体现最高人民法院对医疗事故鉴定结论的裁判尺度。职业病诊断鉴定结论在性质、程序、人员、专业性程度等方面与医疗事故鉴定结论均有较高的相似性，可以参照上述复函精神处理。

最后，最高人民法院认为，一审、二审法院以胡某某的请求事项不属于行政审判权限范围为由，裁定驳回胡某某的起诉并无不当。

从最高人民法院对该案的说理分析可以看出，卫生行政部门在鉴定过程中，"仅起到对鉴定机构和鉴定人员实行批准或资质管理等作用，包括确定专家、组织开展工作等"作用，而鉴定结论由专家作出，行政部门的组织与管理行为不对鉴定结论产生实质的影响。因而，鉴定结论不可诉。

最高人民法院对鉴定结论的性质和特征分析到位，合理合法。但法院在分析过程中的个别问题的定性倒是可以商榷。最高人民法院认为，"职业病诊断鉴定主体应为广东省职业病诊断鉴定委员会，而非作为鉴定组织者和监督者的省卫生计生委"。我们试分析相关规定，《职业病防治法》（2001年）第四十五条规定，"当事人对职业病诊断有异议的，可以向作出诊断的医疗卫生机构所在地地方人民政府卫生行政部门申请鉴定。职业病诊断争议由设区的市级以上地方人民政府卫生行政部门根据当事人的申请，组织职业病诊断鉴定委员会进行鉴定。当事人对设区的市级职业病诊断鉴定委员会的鉴定结论不服的，可以向省、自治区、直辖市人民政府卫生行政部门申请再鉴定"。第四十六条规定，"省、自治区、直辖市人民政府卫生行政部门应当设立相关的专家库，需要对职业病争议作出诊断鉴定时，由当事人或者当事人委托有关卫生行政部门从专家库中以随机抽取的方式确定参加诊断鉴定委员会的专家"。《职业病诊断与鉴定管理办法》（2002年）第二十二条规定，"卫生行政部门可以委托办事机构承担职业诊断鉴定的组织和日常性工作"。由此可以看出，诊断鉴定委员会是当事人随机抽取产生组成，职业病鉴定办公室在鉴定过程中发挥组织承办作用，但职业病鉴定办公室是由卫生行政部门委托承担组织职业病鉴定的组织。1989年《中华人民共和国行政诉讼法》（简称《行政诉讼法》）第二十五条第四款规定，"由行政机关委托的组织所作的具体行政行为，委托的行政机关是被告"。因而，根据该规定，鉴定办公室具体行政行为责任后果，应该由委托机关——卫生行政部门承担。不过最高人民法院结论性的表述是这样表达的，"故省卫生计生委不应对省职业病鉴定委员会的鉴定行为承担责任"，这里并没有排斥行政部门作为行政诉讼被告的法律地位。而根据其对鉴定结论的性质分析，认为行政部门"不应对鉴定的行为承担责任"，这里应该是特指鉴定结论，是准确合理的。职业病诊断制度对该问题的制度设计与此也是相一致的，《职业病诊断与鉴定管理办法》（2002年）第十九条规定，"省级职业病诊断鉴定委员会的鉴定为最终鉴定"；《职业病诊断与鉴定管理办法》（2021年）第三十五条也规定，"省级鉴定为最终鉴定"。依据最高人民法院的判例，职业病诊断鉴定结论不可诉。

但省级职业病诊断鉴定为"最终鉴定"是否绝对？这一问题我们可以再行分析。《职业病防治法》（2018年）中出现"职业病诊断鉴定"一词有10处，均称之为卫生健康行政部门组织的鉴定；出现"职业病鉴定"一词仅有1处，即第五十四条规定的"人民法院受理有关案件需要进行职业病鉴定时，应当从省、自治区、直辖市人民政府卫生行政部门依法设立的相关的专家库中选取参加鉴定的专家"。既然法院还能进行职业病鉴定，则说明职业病鉴定结论并非行政保留。

可以作为参照比较的制度是《中华人民共和国仲裁法》（简称《仲裁法》）。根据《仲裁法》（2017年）规定，仲裁一裁终局，这可见第九条规定，"仲裁实行一裁终局的制度。裁决作出后，当事人就同一纠纷再申请仲裁或者向人民法院起诉的，仲裁委员会或者人民法院不予受理"。但特殊情形法院仍会受理，第五十八条规定，"当事人提出证据证明裁决有下列情形之一的，可以向仲裁委员会所在地的中级人民法院申请撤销裁决：（一）没有仲裁协议的；（二）裁决的事项不属于仲裁协议的范围或者仲裁委员会无权仲裁的；（三）仲裁庭的组成或者仲裁的程序违反法定程序的；（四）裁决所根据的证据是伪造的；（五）对方当事人隐瞒了足以影响公正裁决的证据的；（六）仲裁员在仲裁该案时有索贿受贿，徇私舞弊，枉法裁决行为的。人民法院经组成合议庭审查核实裁决有前款规定情形之一的，应当裁定撤销"。

假若当事人一方能证明在职业病诊断鉴定过程中，卫生健康行政部门无权受理，比如不属于诊断机构所在地的市级和省级卫生健康行政部门；或者鉴定办公室抽取鉴定专家、组成鉴定委员会程序违反法律规定，如剥夺当事人抽取专家权利，违法聘请其他专家；或者在诊断与鉴定过程中，对方当事人提供的重要证据属于伪造，如工作场所职业病危害检测评价报告伪造；又或者另一方隐瞒了重要证据，有确切证据证明鉴定专家索贿受贿而罔顾法律与标准违规作出鉴定结论的，法院是否予以受理，并组织鉴定专家进行职业病鉴定？

对这一问题分析讨论的目的在于说明，虽在一般情况下职业病诊断鉴定结论不可诉，但可能并非行政保留。《职业病防治法》（2018年）第五十四条规定的法院职业病鉴定条款是有被激活的可能的，只是未知在实践中，将会在何种状态下被激活。

# 第二章　职业病诊断与鉴定门槛

《职业病防治法》（2018年）第四十三条规定，"承担职业病诊断的医疗卫生机构不得拒绝劳动者进行职业病诊断的要求"。在实践工作中，职业病诊断机构必须确认劳动者是"用人单位的劳动者"，劳动者应当在法律规定的所在地诊断机构提出诊断要求，其提出的诊断要求也不应是重复要求进行职业病诊断，否则便不可能进入职业病诊断程序。而在职业病诊断鉴定环节，当事人是否在规定时限内向鉴定机构提出鉴定申请，异议内容是否符合鉴定受理范围，这些都是进入诊断与鉴定程序之前要考虑的内容。所以说，职业病诊断与鉴定虽无门槛，但也有一定的合理性限制。本章对主要职业病诊断中劳动关系（labor relations）、诊断机构所在地、再诊断的新证据等问题进行分析讨论。

## 第一节　劳动关系问题探析

劳动关系不明确是职业病诊断中最为常见的难点问题。随着时代的发展，人们对职业病诊断工作中劳动关系问题的理解和认识有了很大进步，但在认识上还是存在一些误区，影响实践工作的规范开展。劳动关系问题与医学虽分属不同学科，但对劳动关系的判定，关乎职业病诊断中劳动者职业史的认定，直接影响劳动者职业病诊断程序的展开，最终影响职业病诊断结论的获得，影响劳动者的工伤赔偿，对此有必要进行分析探讨。

### 一、存在问题分析

《职业病防治法》施行后相当长的一段时间，部分职业病诊断医师对诊断工作需要劳动关系存有疑惑，认为劳动关系问题并非医学问题；而近些年又有些矫枉过正，认为只有与用人单位形成劳动关系的当事人才能进入职业病诊断程序。而对劳动关系相关问题的处理，实践工作中个别人员,甚至个别地区机构对部门职责认识不清,越俎代庖,影响劳动者职业史认定的合法性,最终影响劳动者权益的保护。

(一) 认为职业病诊断不需要考虑劳动关系问题

持这一观点者主要受传统思想影响,认为职业病诊断应进行科学的、客观的诊断,这也是临床疾病诊断的主要特征。特别是在现实中,由于劳动者法律意识薄弱,部分用人单位守法意识差,有关劳动合同监管不到位等,造成劳动者与用人单位没有签订劳动合同,证明劳动关系最有效的证据缺失;而早年有些劳动者因年龄、婚姻状况等问题影响应聘,借用他人身份证就业;或者用人单位名称变更、破产、合并等,这些往往导致劳动关系难以确定。

基于上述情形理解,便有职业病诊断医师提出,可以在诊断过程中回避劳动关系问题。如果劳动者的临床表现和实验室检查结果支持作出职业病诊断结论,劳动者虽没有证据证明与用人单位的劳动关系,依然可以作出职业病诊断,但诊断证明书不写明用人单位名称,或注明用人单位名称系劳动者自述,未经证实。如此作出职业病诊断,也有利于劳动者向法院提起诉讼,在诉讼过程中再通过法院调查确定劳动者的用人单位及存在劳动关系与否。

(二) 认为必须存在劳动关系方能进入职业病诊断程序

2011年修正的《职业病防治法》有关劳动者争议处理的表述较之前明确许多,第五十条规定,"职业病诊断、鉴定过程中,在确认劳动者职业史、职业病危害接触史时,当事人对劳动关系、工种、工作岗位或者在岗时间有争议的,可以向当地的劳动人事争议仲裁委员会申请仲裁"。了解劳动关系争议处理是职业病诊断的前提条件;但是,随着对其重要性的认识,劳动关系问题却被机械化地理解和执行,个别人员对此的理解是,在职业病诊断中,劳动者与用人单位存在明确的劳动关系。问题虽强调了、简单化了,但未必正确。

### （三）超越职权处理劳动关系问题

《职业病防治法》规定当事人对劳动关系等存在争议的，可以向当地劳动人事仲裁委员会申请仲裁。但劳动和社会保障部《关于确立劳动关系有关事项的通知》（劳社部发〔2005〕12号）在有关劳动关系确认中提出，"用人单位未与劳动者签订劳动合同，认定双方存在劳动关系时可参照下列凭证：（一）工资支付凭证或记录（职工工资发放花名册）、缴纳各项社会保险费的记录；（二）用人单位向劳动者发放的'工作证''服务证'等能够证明身份的证件；（三）劳动者填写的用人单位招工招聘'登记表''报名表'等招用记录；（四）考勤记录；（五）其他劳动者的证言等"。因而认为，如果劳动者未能提供劳动合同，可以依据上述证据，结合监督部门调查结果，进行劳动关系或职业接触史认定。基于对这一问题理解认识的延伸，个别卫生健康行政部门在职业病诊断调查当中，直接对劳动者与用人单位的劳动关系作出认定。

## 二、职业病诊断中劳动关系问题性质分析

在职业病诊断中，无论是诊断过程病因确定，还是诊断后的工伤赔偿，劳动关系都是无法回避的问题。

从医学诊断角度，职业病诊断需要的是事实，需要的是确认诊断对象是否存在某类职业活动的客观事实，进而判断其健康损害与接触的职业病危害因素之间是否存在因果关系。问题是，客观事实并非轻而易举就可以发现。问题又必须解决，但职业病诊断并不是单纯的医学问题，其最终目的在于确认劳动者健康损害赔偿责任的归属。这样，要想解决社会纠纷，在事实不明的情况下，唯有求助法律事实，借助法律规范、法律逻辑去推理求证所得。当职业病诊断材料缺乏，甚至用人单位拒绝配合举证之时，劳动者只有属于《职业病防治法》规定的该"用人单位的劳动者"，方能明确责任主体。有了责任主体，在健康损害的因果关系认定中，方能依据《职业病防治法》适用举证责任倒置规则，要求用人单位履行举证行为责任，并承担其举证不力的后果，职业病诊断

方可顺利进行。否则，依据民法理论，谁主张谁举证，损害方要证明自身损害后果、对方行为及行为违法性，以及行为与损害后果之间的因果关系并不容易。所以，从归因诊断角度说，劳动关系问题是诊断过程中无法回避的问题。

职业病诊断的目的在于解决疾病问题，更在于解决劳动者职业健康损害赔偿问题。典型例子为，职业性铅中毒患者驱铅治疗结束后才提请进行职业病诊断，其目的在于获得工伤保障。赔偿权利的存在，必然基于某种法律关系。职业病赔偿权利在本质上属于次生权利，基于劳动关系（或其他特定法律关系）受侵害而产生。所以，如果不存在劳动关系或其他特定法律关系，就不可能存在这种损害赔偿权利。

职业病诊断权利是工伤赔偿权利的一部分，基于工伤保险法律关系而存在。没有工伤保险法律关系，劳动者也就不存在职业病诊断、治疗、获得赔偿等权利，用人单位也就不存在相应的保障职业病诊断、工伤认定以及工伤赔偿等义务。再简单点说，没有工伤保险法律关系，用人单位就不存在提供职业病诊断所需材料的义务，诊断过程举证责任倒置也将失去法理基础。即便职业病诊断医师在客观事实缺乏的基础上作出职业病结论，这类"职业病病人"也将因为不存在工伤保险法律关系而无法享受工伤保险待遇，也将因为没有明确被告而无法获得任何赔偿。因此，从权益保障与实现角度考虑，劳动关系问题同样是职业病无法回避的基础性和前置性问题。

## 三、职业病诊断需要考虑劳动关系

职业病诊断需要考虑劳动关系问题。但是，劳动关系并不是职业病诊断的必要条件。个别特殊的不具备劳动关系的情形，同样属于工伤保险法律制度的调整范围；这类劳动者与单位存在的关系虽不属于"劳动关系"，但依然应当进行职业病诊断。

并无法律规定职业病诊断前提为必须"存在劳动关系"，《职业病防治法》（2018年）第二条只是规定，"本法所称职业病，是指企业、事业单位和个体经济组织等用人单位的劳动者在职业活动中，因接触……有害因素而引起的疾病"。这里规定的是"用人单位的劳动者"，并非表述为"存在劳动关系"。比如《职业病防治法》（2018年）第八十六条规定的"劳务派遣用工单位应当履行本法规定的用人单位的义务",虽属劳务派遣用工关系,但同样属于法律调整范围。

用人单位与劳动者的关系,一般是以存在劳动关系的法律形式来表现,但一些非法用工单位的劳动者,虽与单位存在事实劳动关系,但在法律上却只能判定为"雇佣关系",而非"劳动关系"。这些非法用人单位包括无营业执照或未经依法登记、备案的单位以及被依法吊销营业执照或撤销登记、备案的单位。其中,个体小作坊、个体工商户最容易出现这类情形。这类用人单位若发生问题,同样符合《职业病防治法》(2018年)第二条的规定,这些劳动者同样属于"用人单位的劳动者"。

当然,也可能会有人认为这些用人单位是"非法用人单位",并非法律规定的"用人单位"。其实,《职业病防治法》(2018年)第八十六条规定,"本法第二条规定的用人单位以外的单位,产生职业病危害的,其职业病防治活动可以参照本法执行"。对于这些"非法用人单位"的劳动者的职业病问题,其他法律有专门的规定。《使用有毒物品作业场所劳动保护条例》第四十三条规定,"用人单位无营业执照以及被依法吊销营业执照,其劳动者从事使用有毒物品作业患职业病的,应当按照国家有关工伤保险规定的项目和标准,给予劳动者一次性赔偿"。《工伤保险条例》(2010年)第六十六条规定,"无营业执照或者未经依法登记、备案的单位以及被依法吊销营业执照或者撤销登记、备案的单位的职工受到事故伤害或者患职业病的,由该单位向伤残职工或者死亡职工的近亲属给予一次性赔偿,赔偿标准不得低于本条例规定的工伤保险待遇"。《非法用工单位伤亡人员一次性赔偿办法》第二条规定,"本办法所称非法用工单位伤亡人员,是指无营业执照或者未经依法登记、备案的单位以及被依法吊销营业执照或者撤销登记、备案的单位受到事故伤害或者患职业病的职工,或者……"在这些规定中,这些非法用人单位的职工既然患职业病,就理当可以进行职业病诊断。但这类用人单位的劳动者在与单位进行"劳动关系"确认的仲裁或判决中,容易因为单位不具备用工主体资格而被仲裁或判决为"雇佣关系"。

"任何人不得从其违法行为中获利"是法律中的重要原则。从社会公平正义角度出发,给予这类雇佣关系的劳动者进行职业病诊断也是正当的。假如不予诊断，劳动者将失去获得工伤赔偿或参照工伤赔偿的前提条件，这等同于非法用人单位虽有违法行为却因逃避本应承担的相应法律义务而获利。虽然劳动者还能以人身损害赔偿为由向非法用人单位提起赔偿诉讼请求，但是否存在人身损害侵权需要劳动者来举证，举证责任（burden of proof）也不适用举证责任倒置，因此劳动者要证明对方承担侵权责任（tort liability），十分困难。

尚有几种特殊劳务关系（service relations），虽非劳动关系，但按法律规定，劳动者发生职业健康损害的同样也应按工伤处理。既然按工伤处理，劳动者也必然应当进行职业病诊断。《最高人民法院行政审判庭关于离退休人员与现工作单位之间是否构成劳动关系以及工作时间内受伤是否适用〈工伤保险条例〉问题的答复》（〔2007〕行他字第6号）中规定，根据《工伤保险条例》第二条、第六十一条等有关规定，离退休人员受聘于现工作单位，现工作单位已经为其缴纳了工伤保险费，其在受聘期间因工作受到事故伤害的，应当适用《工伤保险条例》的有关规定处理。《最高人民法院行政审判庭关于超过法定退休年龄的进城务工农民因工伤亡的，应否适用〈工伤保险条例〉请示的答复》（〔2010〕行他字第10号）规定，用人单位聘用的超过法定退休年龄的务工农民，在工作时间内、因工作原因伤亡的，应当适用《工伤保险条例》的有关规定进行工伤认定。

根据上述分析，与用人单位存在劳动关系、劳务派遣用工关系、特殊情形的雇佣关系，只要是存在实际劳动用工的，都应当属于《职业病防治法》的调整范围，劳动者若怀疑其健康损伤为工作场所职业病危害因素所致，均可进行职业病诊断。

## 四、判定劳动关系不是医疗卫生机构与卫生健康行政部门的职责

劳动者与用人单位构成劳动关系有三个要件：一是用人单位和劳动者符合法律、法规规定的主体资格；二是用人单位依法制定的各项劳动规章制度适用于劳动者，劳动者受用人单位的劳动管理，从事用人单位安排的有报酬的劳动；三是劳动者提供的劳动是用人单位业务的组成部分。在如何认定劳动关系方面，原劳动和社会保障部《关于确立劳动

关系有关事项的通知》（劳社部发〔2005〕12号）规定了认定劳动关系时可参照的凭证。但政府部门权由法定、权依法使，法定职责必须为、法无授权不可为，《关于确立劳动关系有关事项的通知》（劳社部发〔2005〕12号）规定权力行使部门并非卫生健康行政部门，这有如《中华人民共和国刑法》虽然对故意杀人罪有明确规定，公安部门即便对犯罪嫌疑人抓了现行，也只能称其为疑犯，而不能直接依法作出有罪判定，这是职能分工、部门职权所决定。

同理，劳动者与用人单位因劳动关系发生争议，根据法律规定，相关纠纷只能交由人社部门、劳动人事仲裁委员会处理，或依法提请法院裁决。无论是职业病诊断机构，还是卫生健康行政部门都无权处理。不能因为劳动关系认定为职业病诊断所需要的前置条件，便在诊断过程一并予以处理；如果这一逻辑合理的话，工伤部门便可在工伤认定的时候，把职业病诊断一并处理。更何况，在确认劳动关系纠纷案件，特别是涉及非典型用工关系案件时，裁判思维、认定标准、审查要点归纳等均已超出职业病诊断机构的业务能力，对劳动关系直接进行认定并据此诊断，既违反法律程序规定，也不具备专业实质处理能力。

## 五、合适处理程序与特殊规定的理解适用

承认存在事实劳动用工的证明，是提请职业病诊断时最好的证明材料。但是，在劳资双方当事人中，劳动者始终处于弱势地位，在劳动合同签订方面往往也受到不平等对待。一些用人单位不与劳动者签订劳动合同，又或者劳动者自身受传统观念影响不希望与用人单位签订合同等原因，造成劳动者提请职业病诊断时缺乏直接的劳动用工关系证明。那么，职业病诊断过程中，对劳动关系问题将做何处理？我们的建议是回归职业病定义本身，按照《职业病防治法》（2018年）第二条规定，只要属于"用人单位的劳动者"即可，只要存在事实劳动关系即可，包括明确的"劳动关系"。何谓事实劳动关系？即单位与劳动者之间至少存在行政隶属关系，双方有管理与被管理关系，劳动者受单位制度的约束，在提供服务时受单位监督、管理和支配，有强烈的人身依附关系。当然，在操作上，作为职业病诊断医师，认定用人单位出具的劳动用工关系证明书，认准劳动人事仲裁裁决书或法院判决书确认的内容即

可。程序上可按如下处理。

## （一）劳动者提交与用人单位存在劳动用工关系证据材料

先由劳动者提交与用人单位存在劳动用工关系的初步证据材料，相关理论在前文"职业病诊断中劳动关系问题性质分析"中已有论述。劳动者在提请职业病诊断时，提交劳动用工关系证据材料，其意义与医疗纠纷诉讼案件处理有些类似。医疗纠纷诉讼也属举证责任倒置模式，但患者向人民法院提起诉讼时，应当提交曾到该医疗机构就诊的证据，以此证明其与医疗机构之间存在医患关系。同时，患者还应当提交受到损害的证据。至于其所受的损害与医院医疗行为之间是否存在因果关系属于举证倒置的范围。这在《最高人民法院关于审理医疗损害责任纠纷案件适用法律若干问题的解释》（2020年修正）第四条中有规定，"患者依据民法典第一千二百一十八条规定主张医疗机构承担赔偿责任的，应当提交到该医疗机构就诊、受到损害的证据。患者无法提交医疗机构或者其医务人员有过错、诊疗行为与损害之间具有因果关系的证据，依法提出医疗损害鉴定申请的，人民法院应予准许。医疗机构主张不承担责任的，应当就民法典第一千二百二十四条第一款规定情形等抗辩事由承担举证证明责任"。

## （二）用人单位质证

职业病诊断机构应当将劳动者述称及相关证据交由用人单位质证。用人单位对劳动者初步提供材料和述称无不同意见的材料，应当视为可采用的劳动关系证据材料，这属于用人单位自认材料。

自认是证据之王，用人单位愿意承认与劳动者存在劳动关系或事实劳动关系，也就不存在纠纷。当事人对于己不利的事实表示承认的，另一方当事人无须举证证明，这可见《最高人民法院关于适用〈中华人民共和国民事诉讼法〉的解释》（法释〔2022〕11号）（以下简称《民诉法解释》）第九十二条第一款规定，"一方当事人在法庭审理中，或者在起诉状、答辩状、代理词等书面材料中，对于己不利的事实明确表示承认的，另一方当事人无需举证证明"。《最高人民法院关于民事诉讼证据的若干规定》（2019 年修正）第八十九条也规定，"当事人在诉讼过程中认可的证据，人民法院应当予以确认。但法律、司法解释另有规定的除外。当事人对认可的证据反悔的，参照《最高人民法院关于适用〈中华人民共和国民事诉讼法〉的解释》第二百二十九条的规定处理"。这里的规定即第六十三条规定的"人民法院应当责令其说明理由，并结合当事人的诉讼能力、证据和案件的具体情况进行审查认定"。

当然，自认也不是完全照单全收。《民诉法解释》第九十二条另有规定，"对于涉及身份关系、国家利益、社会公共利益等应当由人民法院依职权调查的事实，不适用前款自认的规定。自认的事实与查明的事实不符的，人民法院不予确认"。

（三）争议处理

用人单位在质证后，对劳动者提出的劳动用工关系有异议的，诊断机构应当告知劳动者申请劳动仲裁。《职业病防治法》（2018 年）第四十九条规定，"职业病诊断、鉴定过程中，在确认劳动者职业史、职业病危害接触史时，当事人对劳动关系、工种、工作岗位或者在岗时间有争议的，可以向当地的劳动人事争议仲裁委员会申请仲裁"。最终，诊断机构根据仲裁文书或者法院判决书确认的劳动关系或认定的用工事实进行职业病诊断。

容易被忽略的是，仲裁与法院的调解书并不能作为诊断的证据使用，因为调解是为解决争端而采取的息事宁人的做法，双方当事人可能对事实各作让步，也因为不是确定的事实，不应作为下一个仲裁或判决活动的证据使用。

对仲裁结果的使用，要注意《职业病防治法》（2018 年）有特殊规定。第四十九条规定，"用人单位对仲裁裁决不服的，可以在职业病诊断、鉴定程序结束之日起十五日内依法向人民法院提起诉讼"。由此，若仲裁结论对用人单位不利，用人单位拟向法院提起诉讼，一般情形，该仲裁结论并未生效，不应当作证据使用。但由于《职业病防治法》的特殊规定，若劳动者据此进行职业病诊断，虽然仲裁结论未生效，诊断机构仍应将其作为诊断材料使用。

## 第二节 职业病诊断机构所在地

职业病诊断受地域限制，这也是职业病诊断与临床疾病诊断不同的一个特征。《职业病防治法》（2018年）第四十四条规定，"劳动者可以在用人单位所在地、本人户籍所在地或者经常居住地依法承担职业病诊断的医疗卫生机构进行职业病诊断"。原卫生部对诊断机构所在地也有解释，但实践中对"所在地"的理解却存在争议。本节通过案例分析，讨论职业病诊断机构所在地的问题。

在《广东中迅新型材料有限公司与南宁市卫生健康委员会卫生行政管理（卫生）一审行政判决书》（〔2019〕桂7102行初428号）所载案件中，原告广东中迅新型材料有限公司（简称"广东中迅公司"）诉称，广西壮族自治区工人医院（简称"广西工人医院"）违法接受原告原职工祝某某等人的职业病诊断申请。2019年4月1日，广东中迅公司向被告（南宁市卫生健康委员会）提交《关于请求履行法定职责的申请书》及有关附件材料，请求南宁市卫生健康委员会对广西工人医院违法诊断的行为进行查处，责令该医院改正违法行为，撤销其违法作出的受理决定或职业病诊断证明。

2019年5月7日，南宁市卫生健康委员会发出《调查报告》；2019年7月15日，南宁市卫生健康委员会发出《答复函》。《调查报告》《答复函》均认为，广西工人医院有权受理祝某某等四人的职业病诊断申请。

但广东中迅公司认为，原卫生部曾于2007年发布《关于如何确定职业病诊断机构权限范围的批复》（卫监督发〔2007〕36号），根据批复规定，我国职业病诊断实行严格的属地原则和级别原则。从属地原则上看，有权受理劳动者提出职业病诊断申请的法定机构为用人单位所在地、劳动者经常居住地以及劳动者户籍所在地的职业病诊断机构；从级别原则上看，需按县（区）—市—省的原则由低往高选择职业病诊断机构。异地诊断和跨级别诊断是禁止的。

广东中迅公司认为，该公司是位于广东省鹤山市的企业，祝某某等四人在原告处工作多年，经常居住地为鹤山市。同时，祝某某等四人的身份信息显示其户籍所在地为广西梧州市。根据属地原则和级别原则，结合广东和广西两地公布的职业病诊断机构名单，祝某某等四人的职业病诊断应由江门市职业病防治所或梧州市工人医院负责，其他机构越级、跨地区对祝某某等四人进行职业病诊断均是非法的。因此，广东中迅公司认为位于南宁市的广西工人医院无权对祝某某等四人进行职业病诊断，不能受理祝某某等四人的职业病就诊申请。

根据判决书显示，在答辩中，南宁市卫生健康委员会认为，36号批复仅是原卫生部内设的监督部门基于自身对法律及部门规章理解而作出的法律适用意见，仅具有内部指导意义，效力层级极低，在没有明确法律或行政法规依据的前提下，其所设定的职业病诊断应按行政区域逐层申请的原则对外对内均不具有强制约束力。

根据双方提交的证据以及争辩意见，一审法院支持了原告广东中迅公司主张的广西工人医院违法受理原告原职工职业病诊断申请的意见，认为南宁市卫生健康委员会作出的《调查报告》《答复函》认定事实不清，适用法律错误，判决予以撤销。

有关职业病诊断所在地问题，笔者梳理了有关法律规定和规范性补充文件。何谓"所在地职业病诊断机构"？原卫生部在2002年答复广东省卫生厅的《卫生部关于职业病诊断与鉴定有关问题的批复》（卫法监发〔2002〕200号）中认为，所在地职业病诊断机构即"用人单位所在地或本人居住地的本县（区）、本县所在市和省（自治区、直辖市）的任何职业病诊断机构"。2005年，原卫生部在答复湖北省卫生厅的《关于职业病诊断鉴定有关问题的批复》（卫监督发〔2005〕293号）中进一步明确提出，"职业病诊断机构是指用人单位所在地或劳动者居住地所在县、及其县所在设区的市、自治州、及其市、州所在省、自治区或直辖市辖区内依法承担职业病诊断的县级、设区的市级和省级的任何医疗卫生机构，但不包括横向跨县（区）、跨设区的市（自治州）或者跨省、自治区、直辖市的职业病诊断机构"。也就是说，以劳动者公司所在地为深圳市宝安区为例，劳动者若考虑向用人单位所在地诊断机构提出诊断要求，可选择的范围可以是行政区域上具有纵向关系的层级机构，包括深圳市宝安区人民医院（假设提及医疗机构均有职业病诊断资质）、深圳市职业病防治院、广东省职业病防治院。但不能选择行政区域横向关系的医疗机构，如不能选择深圳市福田区人民医院、惠州市职业病防治院、湖南省职业病防治院。

如此，根据原卫生部明确的"职业病诊断机构所在地"概念，只要在行政区域上具有纵向关系相应层级所属的诊断机构，劳动者都有权选择，这是《职业病防治法》赋予劳动者的权利。《立法法》(2015年)第八十条规定，"部门规章规定的事项应当属于执行法律或者国务院的行政法规、决定、命令的事项。没有法律或者国务院的行政法规、决定、命令的依据，部门规章不得设定减损公民、法人和其他组织权利或者增加其义务的规范，不得增加本部门的权力或者减少本部门的法定职责"。根据这一规则进行判断，对"所在地诊断机构"选择限定应当首选县级进行诊断的规定，则是违反了上位法规定，减损了公民的权利，应当视同无效。

2016年，广东也发生过类似的案件。《华生电机（广东）有限公司与广东省职业病防治院侵权责任纠纷2016民终17604二审民事裁定书》（〔2016〕粤01民终17604号）所载案例与本节开头案例案情基本无异。在该案中，广东省职业病防治院按照上述逻辑进行了答辩。最终，在该起诉讼案件中，一审和二审法院均认为，华生电机（广东）有限公司提及的《关于如何确定职业病诊断机构权限范围的批复》（卫监督发〔2007〕36号），不属于法律、行政法规。广东省职业病防治院依劳动者要求进行职业病诊断，没有违反法律或行政法规的强制性规定。该公司主张广东省职业病防治院违反地域管辖作出职业病诊断，缺乏法律依据，法院不予支持。

在本节开篇提到的案件中，南宁市卫生健康委员会不服一审判决，向法院提出了上诉。在答辩中，广西工人医院作为第三人辩称：法律并未限制劳动者选择职业病诊断机构的权利，法律层面不存在所谓的"属地原则"。根据《职业病防治法》(2018年)第四十四条可以选择三种地方诊断机构的规定，劳动者可以选择职业病诊断和防治方面更有实力的机构，也可以回避用人单位所在地的机构。提出法律并未禁止劳动者行使选择权，也并未完全限定选择范围，并不存在所谓的"属地原则"。

二审法院在《南宁市卫生健康委员会、广西壮族自治区工人医院卫生行政管理（卫生）二审行政判决书》（〔2020〕桂71行终180号）中判决认为，《职业病防治法》(2018年)第四十四条及《职业病诊断与鉴定管理办法》(2013年)第十九条规定，劳动者可以选择三地的诊断机构进行职业病诊断。该条款是法律赋予劳动者自由选择的权利。不能因为劳动者未在上述三个"所在地"范围内选择职业病诊断机构,而就此责难医院受理行为违法。二审法院认为,职业病诊断是技术行为,不是行政行为,没有行政级别区分,出具的诊断证明书具有同等效力。综上所述,二审法院认为,广西工人医院受理涉案劳动者职业病诊断申请并未违反禁止性法律规定。因此二审撤销了一审行政判决,驳回广东中迅公司的诉讼请求。

在该案件审判中,二审法院判决的逻辑是认定广西工人医院不属于三地(用人单位所在地、劳动者户籍地、经常居住地)之内的职业病诊断机构。实质上,这与职业病诊断机构的选择存在地域限制的规定相悖。于是,广东中迅公司随后提起了再审申请。

最终,广西壮族自治区高级人民法院在《广东中迅新型材料有限公司、南宁市卫生健康委员会、广西壮族自治区工人医院不履行法定职责再审审查与审判监督行政裁定书》(〔2020〕桂行申500号)中裁定认为,《职业病防治法》(2018年)第四十四条及《职业病诊断与鉴定管理办法》(2013年)第十九条规定:"劳动者可以选择用人单位所在地、本人户籍所在地或者经常居住地的职业病诊断机构进行职业病诊断",这是法律赋予劳动者自由选择的权利,并未对劳动者选择职业病诊断机构作出禁止性规定,亦未明确上述三地仅限于县(区)行政区域。

广西壮族自治区高级人民法院认为,虽然《卫生部关于如何确定职业病诊断机构权限范围的批复》(卫监督发〔2007〕36号)规定了"劳动者申请职业病诊断时,应当首选本人居住地或用人单位所在地(以下简称本地)的县(区)行政区域内的职业病诊断机构进行诊断;如本地县(区)行政区域内没有职业病诊断机构,可以选择本地市行政区域内的职业病诊断机构进行诊断;如本地市行政区域内没有职业病诊断机构,可以选择本地省级行政区域内的职业病诊断机构进行诊断",但作为部门规范性文件,其仅对本部门及其管理职权范围内的单位具有强制效力,在没有上位法依据的情况下,不能产生对劳动者权利限制的强制性效力。

结合《立法法》(2015年)第八十条第二款规定内容,我们可以看出,广西壮族自治区高级人民法院的判决说理充分,依据合法,这对我们在确定职业病诊断机构所在地问题上，有很好的借鉴作用。

## 第三节　职业病再诊断新的证据

原卫生部 2003 年《关于对异地职业病诊断有关问题的批复》（卫法监发〔2003〕298 号）中，对再次进行职业病诊断有明确限制性规定，"某一诊断机构已作出职业病诊断的，在没有新的证据资料时，其他诊断机构不再进行重复诊断"。因此，掌握"新的证据"（new evidence）也是要求重新进行职业病诊断的必要条件。实践中，再诊断的"新的证据"也是较为常见且较难把握的问题，有必要深入分析讨论。

《职业病诊断与鉴定管理办法》（2021 年）第六十二条对职业病诊断的"证据"进行了定义，但对"新的证据"未有明确规定。按照证据的性质，"新的证据"可以分为两类：第一类是当事人在职业病诊断过程未提出，而在鉴定程序中新提出的证据；第二类是指原职业病诊断与鉴定程序中未提出，在职业病诊断或鉴定结论生效后，当事人提请进行新一轮职业病诊断时新提出的证明材料。本节讨论的是第二类"新的证据"问题，也是能否进行职业病再诊断的关键性问题。

且看案例分析《符某某与广东省卫生健康委员会、劳动和社会保障行政管理（劳动、社会保障）一案行政一审判决书》（〔2020〕粤 71 行初 38 号）。2019 年 1 月 18 日，原告符某某经佛山市职业病诊断鉴定委员会认定，构成职业性轻度噪声聋。2019 年 6 月，经佛山市第五人民医院检查，临床诊断为双耳重度耳聋。原告认为，自身健康损害严重性与佛山市职业病诊断鉴定委员会的结论不符，遂向广东省职业病防治院申请"鉴定"（未告知原诊断与鉴定情况）。2019 年 11 月 4 日及 6 日，原告在广东省职业病防治院进行健康体检，体检结论为：建议提请职业病诊断。11 月 6 日，广东省职业病防治院接收了原告职业病诊断材料。

2019 年 11 月 7 日，广东省职业病防治院向原告所在公司致函，要求提供职业病诊断有关材料，但其所在公司认为符某某已进行过职业病诊断，拒绝提供有关材料。同月 19 日，广东省职业病防治院向符某某复函，表示不能进行重复职业病诊断。2019 年 12 月 6 日，符某某向广东省卫生健康委鉴定办公室申请职业病鉴定。广东省卫生健康委鉴定办

职业病诊断法律制度研究

公室以"超过规定的法定期限"为由,作出不予受理的决定。

诉讼中,原告符某某认为,首先,广东省职业病防治院 11 月 19 日向原告发出不予重新诊断的复函,表明其对原告的职业病申请已经受理,并作出实体性判断,且其结论是违法的;其次,被告(广东省卫生健康委)作为行政机关,基于诚实信用原则和信赖保护原则,应当继续就实体性问题进行职业病诊断与鉴定。原告认为,以期限问题予以驳回,违背了诚实信用原则和信赖保护原则,所以,请求人民法院撤销被告(广东省卫生健康委)作出的不予受理告知书,对其进行职业病诊断。

广东省卫生健康委在答辩中称:首先,原告(符某某)职业病鉴定申请超过了法定期限不予受理符合法律规定。原告此前已在佛山进行诊断,认为其"不能诊断为职业性噪声聋",原告对此有异议并提出了鉴定申请。2019 年 1 月 18 日,佛山市职业病诊断鉴定委员会鉴定其为:职业性轻度噪声聋。在送达原告的《职业病诊断鉴定书》中也告知了其申请省级鉴定的权利。其次,原告故意隐瞒事实,到广东省职业病防治院要求进行职业病诊断时,申明其没有因本次健康损害曾在其他职业病诊断机构进行诊断。广东省职业病防治院在按照诊断程序向原告就职单位发函要求提供材料后,方得知其已经进行过职业病诊断与鉴定,据此告知原告不能重复进行职业病诊断是合法的。

在案情过程中,2019 年 11 月 19 日,广东省职业病防治院在《关于符某某职业病诊断有关问题的复函》中认为,"……目前资料所见,佛山市职业病诊断鉴定委员会已于 2019 年 1 月 18 日作出鉴定并出具职业病鉴定书,鉴定结论为'职业性轻度噪声聋'。根据《卫生部关于对异地职业病诊断有关问题的批复》(卫法监发〔2003〕298 号)有关规定,经初步判断,目前您提交的资料不足以推翻原职业病诊断鉴定结论,不属于'新的证据',不能重新进行职业病诊断"。

在该案中,人民法院最终判决认为,被告(广东省卫生健康委)不予受理原告(符某某)的申请并告知原告,事实清楚,适用法律法规正确,处理并无不当。

对于案件判决,劳动者提出鉴定申请,但超过了鉴定申请时限,职业病鉴定办公室不予受理,这不难理解。重点需要分析的是第二个问题:什么是职业病再诊断"新的证据"?

职业病诊断制度中，完整的程序采用的是职业病诊断、市级鉴定、省级再鉴定的模式，其过程也如同司法诉讼中的一审、二审程序。在职业病诊断与鉴定结论生效后，再提出职业病诊断要求，便如同诉讼程序一审生效或二审、终审后提出再审申请。那么在原职业病诊断与鉴定工作已经完成、结论生效后，再次提请职业病诊断的"新的证据"，其证据的性质便如同诉讼程序中"再审"的"新的证据"。

再审程序中"新的证据"，必须具备"形式"上的新和"实体"上的新双重属性。

无论民事诉讼法、刑事诉讼法，还是行政诉讼法，都要求"实体"上的新必须"足以推翻原判决、裁定"。比如民事诉讼再审程序"新的证据"，要求"足以推翻原判决裁定"；刑事诉讼再审程序"新的证据"，要求"证明原判决裁定认定的事实确有错误，可能影响定罪量刑"；行政诉讼再审程序"新的证据"，同样要求"足以推翻原判决、裁定"。

《民诉法解释》（2022年修正）对"新的证据""形式"上的新也有规定。第三百八十六条规定，"再审申请人证明其提交的新的证据符合下列情形之一的，可以认定逾期提供证据的理由成立：（一）在原审庭审结束前已经存在，因客观原因于庭审结束后才发现的；（二）在原审庭审结束前已经发现，但因客观原因无法取得或者在规定的期限内不能提供的；（三）在原审庭审结束后形成，无法据此另行提起诉讼的"。根据上述法律规定与精神，职业病再诊断"新的证据"必须具备两个要件：①在"形式"上，提交的新证据材料或为新产生，或为之前未予提交但不存在基于提交一方当事人的责任；②在"实体"上，经初步判断，能够推翻原有的职业病诊断或鉴定生效结论。

《职业病诊断与鉴定管理办法》（2021年）第六十二条规定，"本办法所称'证据'，包括疾病的证据、接触职业病危害因素的证据，以及用于判定疾病与接触职业病危害因素之间因果关系的证据"。这里对"证据"的定义不能等同于再诊断的"新的证据"。如何给职业病再诊断中"新的证据"下定义，法律制度未有明确规定。参考相关法律规定，结合职业病诊断工作专业特点，建议可以这样定义："原职业病诊断与鉴定过程中未发现或不存在，或者原职业病诊断与鉴定过程未提交但不能归责于提交一方当事人，且经初步判断足以变更原职业病诊断与鉴定结论的新的疾病或者接触职业病危害因素的证据材料。"

对"新的证据"的识别,实践工作中有一种情形需要留意。"证据"反映的是事实问题,不包括作为评判尺度使用的裁决标准。在职业病诊断中,"证据"表现为《职业病诊断与鉴定管理办法》(2021年)第六十二条规定的形式,即有关联性的证明疾病的材料,证明接触工作场所危害因素的材料。这里特别要明确的是,作为反映事实的"证据"并不包括职业病诊断标准的变更与修改。比如《职业性噪声聋的诊断》在2014年进行了修改,之前已进行职业病诊断,其结论为"观察对象"(subject under medical surveillance),若根据新的诊断标准再行评判,部分可以判定为职业性轻度噪声聋。劳动者若以此为据,并作为"新的证据",要求进行职业病再诊断,职业病诊断机构也不应予以接受。因为,这里所谓"新的证据",只是诊断标准的改变,其相关内容是裁判的尺度,而非事实,因而不是证据,当然也就不是"新的证据"。

## 第四节　职业病诊断鉴定受理范围

职业病诊断鉴定是当事人职业病诊断权利的救济途径。一旦救济程序启动,劳动者和用人单位双方当事人将继续付出成本,卫生健康行政部门也必将耗费有限的行政管理资源。所以,有权利就需要有限制、有条件,权利才不至于被滥用。程序上,超过时限申请鉴定,鉴定申请不予受理,大家对此都较易理解;实体上,职业病诊断鉴定受理的范围有哪些,则是实践中容易发生争议的地方。

《职业病诊断与鉴定管理办法》(2013年)第三十六条规定,"当事人对职业病诊断机构作出的职业病诊断结论有异议的,可以在接到职业病诊断证明书之日起30日内,向职业病诊断机构所在地设区的市级卫生行政部门申请鉴定"。但《职业病防治法》(2018年)第五十二条规定的异议范围比这广得多,"当事人对职业病诊断有异议的,可以向作出诊断的医疗卫生机构所在地地方人民政府卫生行政部门申请鉴定",这里规定的异议范围是"职业病诊断",而并不是《职业病诊断与鉴定管理办法》(2013年)规定的范围偏小的"职业病诊断结论"。比如,当事人若对职业病诊断结论之外的问题——"用人单位"的表述有异议,是否属于职业病诊断鉴定的受理范围?

先看案例《湖北省汉川市远大耐火材料有限公司与湖北省宜昌市卫生和计划生育委员会不履行职业病鉴定法定职责纠纷二审行政裁定案》(〔2014〕鄂宜昌中行终字第00072号)。该案二审上诉人(原审起诉人)是湖北省汉川市远大耐火材料有限公司,被上诉人是湖北省宜昌市卫生和计划生育委员会(简称"宜昌市卫生计生委")。

在原审中,原审起诉人请求责令宜昌市卫生计生委履行职业病鉴定法定职责。其理由是,2014年3月31日,宜昌市疾病预防控制中心依刘某某的申请,作出关于刘某某的《职业病诊断证明书》,诊断结论为矽肺三期,其中载明2007年1月至2011年12月的工作单位为起诉人。

2014年5月30日,原审起诉人获悉后向宜昌市卫生计生委发出《关于对刘某某职业病诊断用人单位进行更改的鉴定申请》(简称《鉴定申请》),要求宜昌市卫生计生委更改刘某某《职业病诊断证明书》中的用人单位,但宜昌市卫生计生委一直未对此给予书面答复。原审起诉人认为宜昌市卫生计生委违反了《职业病防治法》相关规定,提起行政诉讼。

原审法院经审查认为,起诉人2014年5月30日向宜昌市卫生计生委提出《鉴定申请》,要求对《职业病诊断证明书》中的用人单位进行更改。法院经审查,认为该申请并非要求市卫生计生委履行职业病鉴定法定职责,所以认定起诉人的起诉无事实根据,不符合《行政诉讼法》规定的起诉条件。据此裁定不予受理。

在二审程序中,二审法院认为,依据《职业病诊断与鉴定管理办法》(2013年)第三十六条规定,"当事人对职业病诊断机构作出的职业病诊断结论有异议的,可以在接到职业病诊断证明书之日起30日内,向职业病诊断机构所在地设区的市级卫生行政部门申请鉴定"。当事人对"诊断结论"有异议的,方可向卫生行政部门申请鉴定。但上诉人向宜昌市卫生计生委提出的申请是更改用人单位,而非对"诊断结论"有异议。因而认为上诉人向宜昌市卫生计生委申请的事项不属于其法定职责。同时,宜昌市卫生计生委在2014年6月27日作出的《回复》中,也明确告知上诉人若对与刘某某的劳动关系有异议,可依据《职业病防治法》(2011年)第五十条的规定向劳动人事争议仲裁委员会申请仲裁。因此,二审法院对上诉人上诉理由不予采信,裁定驳回上诉。

此案在再审程序（〔2015〕鄂宜昌中行监字00010号）中，宜昌市中级人民法院依然认为，"只有对'诊断结论有异议'才能向卫生行政部门申请鉴定"，并驳回上诉人的再审申请。

该案涉及问题，也即首次职业病诊断鉴定异议的范围问题，可以从法律规则的适用角度进行分析。虽然《职业病诊断与鉴定管理办法》（2002年、2013年）规定，当事人对职业病诊断机构的职业病诊断结论有异议的，才可以申请鉴定。但是《职业病防治法》的规定却是，"当事人对职业病诊断有异议的，可以申请鉴定"。"职业病诊断"与"职业病诊断结论"两者范围明显不同，《职业病诊断证明书》中用人单位表述、职业史确认与描述、诊断过程中的程序问题等都可以被理解为"职业病诊断"中的问题。从这一角度理解，部门规章规定的鉴定范围，窄于《职业病防治法》中的规定。

部门规章立法必须遵循《立法法》规定。《立法法》（2015年）第八十条规定，"部门规章不得设定减损公民、法人和其他组织权利或者增加其义务的规范，不得增加本部门的权力或者减少本部门的法定职责"。据此可以看出，《职业病诊断与鉴定管理办法》相关规定减损了上位法授予当事人的权利，违反了《立法法》规定。在下位法与上位法发生冲突、下位法缺乏立法依据时，只能适用上位法。

有关行政审判规则规定，《行政诉讼法》（2017年修正）第六十三条（2014年修订本同条款）规定，"人民法院审理行政案件，参照规章"。当规章违反《立法法》相关规定时，当事人可建议法院不予以适用，审判时根据法律法规执行。

反观2011年重庆渝中区法院对同一问题则作出不同判决。该案案情为，重庆顺兴公司向重庆渝中区卫生局申请鉴定，要求将《职业病诊断证明书》中劳动者金某某的最后用人单位变更为吉祥能源有限责任公司。渝中区卫生局对此未予答复，顺兴公司以渝中区卫生局行政不作为为由，向渝中区人民政府提起行政复议。复议申请被区政府驳回。顺兴公司遂向渝中区人民法院提起行政诉讼。

对该案，法院审理后认为，职业病诊断不能仅局限于临床病理进行诊断，还应当结合职业史、职业病危害接触史等多方面综合分析。顺兴公司请求鉴定，作出诊断的医疗机构所在地卫生行政部门应当受理。对于顺兴公司提出变更用人单位的请求，也应纳入鉴定内容。但实体是否支持，则应结合劳动者的职业史、职业病危害接触史、工作场所职业病危害等因素综合判断。

经审理法院认为，顺兴公司申请对金某某的职业病诊断进行鉴定的请求，属于被告重庆市渝中区卫生局的法定职责，判决责令渝中区卫生局在判决生效后六十日内对金某某的职业病诊断进行鉴定。

《职业病防治法》对首次鉴定的范围规定是明确的，在部门规章的新近修订中，根据合法性原则和《立法法》相关规定，对首次职业病鉴定受理范围作了相应修改。修改后的《职业病诊断与鉴定管理办法》（2021年）第三十四条规定，"当事人对职业病诊断机构作出的职业病诊断有异议的，可以在接到职业病诊断证明书之日起三十日内，向作出诊断的职业病诊断机构所在地设区的市级卫生健康主管部门申请鉴定"。这里删掉了原第三十六条规定"职业病诊断结论"中"结论"两字，体现了新规章修订遵循的合法性原则。

# 第三章　职业病诊断与鉴定程序

职业病诊断与鉴定结论直接影响用人单位和劳动者双方的权益，但受专业性强的特点影响，特别是受传统职业病诊断工作思维影响，诊断与鉴定工作不易取得当事人的理解。信赖根植于正义，而程序是看得见的正义，职业病诊断与鉴定需要在程序设置上予以重视，科学设置、合理设置，并在执行层面严格落实，最大可能地取得当事人的信赖，取信于民。

程序有其基本要求，比如回避制度，充分听取当事人陈述申辩，给予双方同等的举证、质证、辩论的机会，职业病诊断制度对此均有设置。问题在于，受医学专业特点和重实体轻程序（procedure）的传统习惯的影响，诊断与鉴定工作容易忽略程序性工作，这也是实践工作要注意的地方。本章主要通过案例分析，对诊断与鉴定过程的通知、告知、文书送达等问题进行分析讨论。

## 第一节　通知与告知

在职业病诊断与鉴定过程中，告知当事人权利，通知当事人进行质证、补充材料，诊断制度对此都有明确规定，这些规定也是诊断与鉴定工作顺利完成的前提。但对于追求客观实体公正为习惯的医疗卫生技术人员来说，重实体轻程序较为常见，然而，程序缺失可能导致权利保障失据，甚至导致实体结论依法无据，一旦发生纠纷，职业病诊断机构和鉴定组织也将处于不利地位。笔者就一起行政诉讼案件来分析相关问题。

根据《重庆武陵富润矿业有限公司与重庆市疾病预防控制中心其他行政行为二审行政裁定书》（〔2018〕渝05行终142号）所载，重庆武陵富润矿业有限公司向法院提出三个问题。

首先，重庆市疾病预防控制中心在职业病诊断时，没有按照《职业病诊断与鉴定管理办法》（2013年）第二十四条规定，"书面通知劳动者所在的用人单位提供其掌握的本办法第二十一条规定的职业病诊断资料",导致该公司对劳动者杨某某申请职业病诊断以及重庆市疾病预防控制中心进行职业病诊断的事实毫不知情。

其次,该公司认为与劳动者在劳动关系存续时间及工作岗位等方面存在异议。重庆市疾病预防控制中心未按照《职业病诊断与鉴定管理办法》规定告知公司申请劳动仲裁。在职业病诊断中,杨某某自称于2007年3月进入该公司耐子岩矿山工作,连续八年均为井下采矿的出渣作业;公司则称,杨某某于2014年11月1日到其处工作十八天后,未办理任何手续便自行离职。

此外,该公司认为,重庆市疾病预防控制中心作出《职业病诊断证明书》后,没有向其送达。

该公司提出的这些问题,多数职业病诊断法律制度都有明确规定。《职业病诊断与鉴定管理办法》(2013年)第二十四条规定,"职业病诊断机构进行职业病诊断时,应当书面通知劳动者所在的用人单位提供其掌握的本办法第二十一条规定的职业病诊断资料"。对于告知当事人提请劳动仲裁,职业病诊断制度也有相关规定。《职业病诊断与鉴定管理办法》(2013年)第二十三条规定,"在确认劳动者职业史、职业病危害接触史时,当事人对劳动关系、工种、工作岗位或者在岗时间有争议的,职业病诊断机构应当告知当事人依法向用人单位所在地的劳动人事争议仲裁委员会申请仲裁"。

对于《职业病诊断证明书》如何送达,2018年没有明确规定,但对《职业病鉴定书》的送达有明确规定。《职业病诊断与鉴定管理办法》(2013年)第四十九条规定,"职业病鉴定书应当于鉴定结论作出之日起20日内由职业病鉴定办事机构送达当事人"。《职业病诊断证明书》送达在2018年虽无相关规定,但这实质上很重要,因为首次申请职业病诊断鉴定的时限是三十日,起算点应在"送达之日起"。《职业病诊断证明书》的送达如此重要,现行《职业病诊断与鉴定管理办法》(2021年)对这一问题已做了明确规定。

对上述这一案件,二审法院审理后认为:职业病诊断是技术行为,不属于行政行为,故不属于人民法院行政诉讼的受案范围。上诉人对职业病诊断有异议的,《职业病防治法》有明确规定,应当向作出诊断的医疗卫生机构所在地地方人民政府卫生行政部门申请鉴定,寻求救济,而非向人民法院提起诉讼。

从诉讼艺术角度分析，无论是行政诉讼还是民事诉讼，公司以此提起诉讼并不明智。从行政诉讼角度分析，职业病诊断机构既非行政机关，也非法律授权行使行政行为的组织，职业病诊断工作更非行政行为，并非《行政诉讼法》规定的受案范围。从民事诉讼角度分析，对职业病诊断有异议不是民事诉讼的受案范围。《民事诉讼法》（2017年）第一百二十七条规定，"人民法院对下列起诉，分别情形，予以处理：……（三）依照法律规定，应当由其他机关处理的争议，告知原告向有关机关申请解决"。而根据《职业病防治法》规定，当事人对职业病诊断有异议的，可以向作出诊断的诊断机构所在地地级以上市卫生行政部门申请鉴定。

在实践工作中，职业病诊断过程程序性违法问题，常见于书面通知、质证、劳动关系存在争议时告知和处理方式等环节。对这些问题，职业病诊断机构若工作未能到位，多数会给后续的职业病诊断鉴定工作造成两难窘境。补程序耗费时间，而鉴定工作又有时限规定；置之不理，程序性问题可能还隐藏着实体性问题；驳回重新诊断，职业病诊断制度又没有作出如此设定。

当然，有些程序违法，如仅是工作时效超时问题，包括补充通知提交材料调查时间过长、文书送达迟缓等，补正后并未造成直接实质性影响（如《职业病诊断证明书》或《职业病鉴定书》的送达）。此类情形，职业病诊断机构或鉴定组织虽违法，但其补正后，后续鉴定程序中确认原程序违法，或由上级予以责令整改后，就本项程序性问题而言，也没有实质内容可改。在职业病诊断鉴定过程中，若当事人就此类问题不断提出要求，鉴定机构直接作出鉴定即可。类似法律制度可借鉴参考《行政诉讼法》（2017年）第七十四条规定，"行政行为有下列情形之一的，人民法院判决确认违法，但不撤销行政行为：……（二）行政行为程序轻微违法，但对原告权利不产生实际影响的"。

但有些工作表面上虽是程序问题，职业病诊断环节若未予处理，则可能影响实体权利。对于这些问题，由于职业病诊断制度没有发回"重审"（重新诊断）的规定，只能在鉴定程序中予以补充，这就给鉴定环节增加了处理难度。比如劳动关系的确认、劳动者对用人单位提交的工作场所职业病危害检测报告有异议的质证等。对这种程序的补救，既影响时效,也影响当事人实体权利。

本节分析的案例中,用人单位提出的三个问题,职业病诊断机构的确难以作出完美答复。人民法院对该案不进行判决,只是因为诉讼的主体与案由等不适原因,并不代表职业病诊断机构处理方式正确。如若用人单位先向卫生健康行政部门投诉,再因对行政部门的处理结果不满意,进而以行政部门作为被告提起行政诉讼,结果就大不一样了,对此笔者将在下文的案例中再进行探讨分析。

## 第二节　履行程序的形式要求

相对于社会实体正义而言,一切法律上的规定都是形式正义,不论其是实体法规定的权利和义务内容,还是程序法规定的程序规则。这种形式正义就是法治的内容,通过实现形式正义,即用法治的方式实现社会正义。这其中,遵守程序规则便是法治的基本要求,也是实现社会实体正义的最基本要求。职业病诊断制度中,同样有明确的程序规则,严格执行程序规则,也是保证职业病诊断与鉴定结论合法正义的基本前提。本节主要通过对职业病诊断过程的"通知"执行方式产生争议的案例进行分析,探讨诊断与鉴定过程依照法定形式执行程序规定的重要性。

《职业病诊断与鉴定管理办法》(2021 年)第二十三条规定,"职业病诊断机构进行职业病诊断时,应当书面通知劳动者所在的用人单位提供本办法第二十一条规定的职业病诊断资料,用人单位应当在接到通知后的十日内如实提供"。本办法 2021 年修订之前也有相同规定。在实践中,诊断机构有时采用当面直接送达方式,更多的是采用邮寄方式。由于"应当""书面通知"属强行性规则,发生纠纷时,若没有证据证明已经履行了"通知",甚至事实上真的没有书面通知,这都会被认定为程序违法。《山东省卫生和计划生育委员会与张某行政案由二审行政判决书》([2019]鲁01行终511号)所载便是这样一个案例。

在这起行政诉讼案例中,一审原告张某(用人单位)认为,案外人徐某某 2013 年 8 月与原告张某所经营的包装厂存在事实劳动关系,该包装厂未依法进行工商行政登记。山东省职业病医院在徐某某(劳动者)职业病诊断过程中,存在不依法通知用人单位的违法情形。

2017年1月17日，张某向山东省卫生和计划生育委员会（简称"山东省卫生计生委"）提交了《关于要求处罚省职业病医院违规出具虚假的申请》及相关材料，要求山东省卫生计生委对山东省职业病医院的违规行为依法进行严肃处理，并对涉及违规人员从重处罚。

山东省卫生计生委经调查后，作出《关于对张某的答复意见》（简称《答复意见》）。《答复意见》认为，职业病诊断机构在进行职业病诊断时，应当由职业病诊断医师独立分析、判断，提出诊断意见，任何单位和个人无权干预。当事人对其存有异议，可在鉴定程序提出。答复的依据为《职业病诊断与鉴定管理办法》（2013年）第十三条规定，职业病诊断机构依法独立行使诊断权，并对其作出的职业病诊断结论负责。

张某不服山东省卫生计生委的答复意见，提起诉讼。

一审法院审理认为，《职业病诊断与鉴定管理办法》（2013年）第二十四条规定，"职业病诊断机构进行职业病诊断时，应当书面通知用人单位提供其掌握的本办法第二十一条规定的职业病诊断资料，用人单位应当在接到通知后的10日内如实提供"。据此，职业病诊断机构进行职业病诊断时，书面通知用人单位是其应履行的法定义务，用人单位在职业病诊断过程中的知情权、参与权亦是其法定的重要权利。在本案中，山东省卫生计生委无证据证明山东省职业病医院在职业病诊断程序中依法通知了原告张某。于是一审判决，撤销山东省卫生计生委的《答复意见》的行政行为。

山东省卫生健康委员会（简称"山东省卫生健康委"，2018年成立，原山东省卫生计生委）不服一审判决决定提起上诉。上诉认为，山东省卫生计生委未发现山东省职业病医院出具虚假《职业病诊断证明书》的情形。对张某的信访投诉也已复函，不存在"并未正面回复原告的请求事项"的情形，因而认为不能由此认定山东省职业病医院出具的《职业病诊断证明书》为虚假证明。

在上诉中，山东省卫生健康委认为，徐某某2013年6月在张某（用人单位）经营的包装厂工作，患病后其同事通知了车间李主任及张某，再由张某将其送往医院进行救治并垫付部分医疗费。山东省职业病医院组织了七位专家进行会诊，综合首诊医院病历等作出职业病诊断。诊断过程中职业史、职业病危害接触史、临床表现等均较为明确，患者其时仍处于生活不能自理的状态。

山东省卫生健康委还认为，根据《职业病防治法》（2018年）第四十七条规定，"用人单位应当如实提供职业病诊断、鉴定所需的劳动者职业史和职业病危害接触史、工作场所职业病危害因素检测结果等资料"，提供劳动者职业史及职业病危害接触史系用人单位的法定义务。张某与徐某某之间存在非法用工关系，且徐某某在工作岗位患热射病的情况下，作为非法用工单位张某并未协助提出职业病诊断申请，未履行其法定义务。

故此，山东省卫生健康委认为，一审法院认定"省卫生计生委无证据证明省职业病医院在职业病诊断程序中依法通知了原告张某"，并据此作出对上诉人的认定是错误的。此外，山东省卫生健康委认为，对山东省职业病医院未通知张某（用人单位）提供相关职业病诊断资料问题，经调查后确认是事实。山东省卫生健康委已以山东省职业病医院违反当时的《职业病诊断与鉴定管理办法》（2013年）第二十四条规定，依据第五十八条规定依法下达了卫生监督意见书，并且约谈了省职业病医院要求予以整改。在给张某的答复意见中，也已将处理结果进行了告知。

山东省卫生健康委提出，职业病诊断机构与上诉人已告知张某（用人单位）如不服职业病诊断，应依法申请职业病鉴定；事实上，张某已向济南市卫生计生委提出鉴定申请。济南市鉴定办公室也已要求张某提供相关材料，但其迟迟未提交。

此案经审理，二审法院依然认为，山东省职业病医院未依照上述规定书面通知张某，剥夺了张某正当的程序权利。二审法院分析确认，"张某是否知悉徐某某患病及申请职业病鉴定，并不免除省职业病医院的书面通知义务"，"《职业病诊断与鉴定管理办法》（2013年）第二十四条规定，职业病诊断机构进行职业病诊断时，应当书面通知劳动者所在的用人单位提供其掌握的本办法第二十一条规定的职业病诊断资料，用人单位应当在接到通知后的十日内如实提供。上诉人所作答复意见根本未对张某对此提出的异议进行回复不当"。

前文笔者分析提出了职业病诊断与鉴定不可诉，但从本节案例的分析可以看出，职业病诊断机构与鉴定组织履行通知和送达等程序，是保障当事人正当程序权利的一项工作。职业病诊断机构或鉴定组织一旦履

职业病诊断法律制度研究

行程序缺失,便是过程程序违法,卫生健康行政部门接到投诉后,应责令依法补正。否则,可能会因行政不作为引致行政诉讼,把本身不可诉的职业病诊断变成了可诉的行政诉讼案件。

## 第三节　职业病诊断与鉴定结论的形式

前面分析,卫生行政部门在职业病诊断与鉴定工作过程中,仅起到对鉴定办事机构和鉴定人员实行批准或资质管理等作用,包括确定专家、组织开展工作等,职业病诊断与鉴定结论由专家作出,卫生行政部门的组织与管理行为不对鉴定结论产生实质影响。因此,职业病诊断与鉴定结论不可诉。但这并不意味着组织行为、工作程序问题也不可诉。正如最高人民法院分析认为,卫生行政部门在职业病诊断与鉴定中起到"确定专家、组织开展工作等"作用,而行政部门的这些组织工作,具有典型的行政行为特征,如法律授权、单方意志性、国家强制力保证实施等。由于这类具体的行政行为,明确列在行政诉讼法的受案范围,因而也就带有明确的可诉性。本节分析一起职业病诊断鉴定引发的行政诉讼案——《曹某某与沈阳市卫生健康委员会撤销行政答复纠纷二审行政判决》([2019]辽01行终1235号)。

曹某某、王某某等4人系冶炼厂职工。2004年10月,王某某等7人(包括上述4人)向沈阳市卫生局提出职业病诊断鉴定申请。2004年11月17日至12月8日,沈阳市卫生局组织职业病诊断鉴定委员会对上述人员进行首次鉴定。2004年12月8日,职业病诊断鉴定委员会出具《关于王某某等7人"砷吸收"诊断鉴定的意见》(简称《鉴定意见》),意见是"鉴于我们的技术能力有限,目前暂无法对王某某等7人进行'砷吸收'诊断的鉴定"。2004年12月21日,沈阳市卫生局向冶炼厂破产清算组出具这份《鉴定意见》。

由于对《鉴定意见》有异议,被鉴定人向辽宁省卫生厅提出职业病再鉴定申请。辽宁省卫生厅对其出具不予受理告知书,理由是:现持有的《关于对王某某等7人"砷吸收"诊断鉴定的意见》并不符合《职业病诊断与鉴定管理办法》(2002年)第二十九条规定的职业病诊断鉴定书应当包括的内容和形式,认为沈阳市卫生局组织的鉴定实际上是一次未完成且没有鉴定结论的鉴定行为。

被鉴定人不服，遂向法院起诉辽宁省卫生厅。2010年12月16日，二审法院沈阳市中级人民法院作出终审行政判决：确认《鉴定意见》不属于设区的市级职业病诊断鉴定委员会的鉴定结论。这也就认定了辽宁省卫生厅对其作出的不予受理告知书并无不当。在后续审理中，法院对该案作出判决：要求沈阳市卫生局在判决发生法律效力后二十日内责令职业病诊断鉴定委员会，就沈阳市卫生局2004年11月17日至12月8日组织的鉴定，为原告曹某某、王某某等四人作出鉴定结论，出具职业病诊断鉴定书，并由沈阳市卫生局发送原告四人。

本案一方面说明了鉴定组织行为的可诉性，另一方面则提出一个新的问题——没有确定性结论的职业病鉴定书是否属于规范的职业病鉴定书？在正常的职业病诊断与鉴定工作程序中，诊断或鉴定结束，假若作出"目前暂无法进行诊断"的诊断或鉴定结论意见是否合适？

《职业病防治法》（2001年）第四十二条规定，"没有证据否定职业病危害因素与病人临床表现之间的必然联系的，在排除其他致病因素后应当诊断为职业病"。《职业病诊断与鉴定管理办法》（2002年）第十五条规定，"职业病诊断证明书应当明确是否患有职业病"，第二十九条对《职业病诊断鉴定书》的要素、内容、格式都有明确的规定，内容必须包含鉴定结论及其依据；结论如果为职业病，应当注明职业病名称、程度（期别）。《职业病诊断与鉴定管理办法》（2021年）同样也有相关规定，鉴定书应当包括鉴定结论及其依据，鉴定为职业病的，还应当注明职业病的名称、程度。显然，职业病诊断或鉴定结束后，若依然作出"暂无法进行诊断"的结论是错误的。

职业病诊断与鉴定是不存在不能作出诊断（鉴定）结论情形的。"没有证据否定职业病危害因素与病人临床表现之间的必然联系的，应当诊断为职业病"。这种规则执行的结果就一定有明确的结论，结论要么为"是"，要么为"否"。

当然，从该条款可以看出，作出的职业病诊断与鉴定结论不一定是客观事实，而是法律事实；结论不是事实推定，而是法律推定。职业病诊断的实质是确定劳动者的疾病与接触职业病危害因素之间是否存在因果关系，"没有证据否定，就应当诊断"，这就是一种推定因果关系。这种因果关系也是一种盖然性因果关系。如果套用诉讼情形，即原告仅证明侵权行为与后果之间存在某种程度因果关联的可能性即可（并非确证)。被告不能否定其因果关系的,即可认定因果关系成立,只要存在优势证据即可。《职业病防治法》(2018年)对此尚有更为详细的应用规则,第四十九条规定,"职业病诊断、鉴定过程中,用人单位不提供工作场所职业病危害因素检测结果等资料的,诊断、鉴定机构应当结合劳动者的临床表现、辅助检查结果和劳动者的职业史、职业病危害接触史,并参考劳动者的自述、安全生产监督管理部门提供的日常监督检查信息等,作出职业病诊断、鉴定结论"。

所以,职业病诊断与鉴定在无法收集证据资料,证据不齐全时,依然应当作出诊断或鉴定结论。职业病诊断与鉴定工作结束,也只有"是"或"不是"职业病,不存在不能作出职业病结论的情形。

## 第四节 实体从旧,程序从新

上节讲到,在曹某某与沈阳市卫生健康委员会职业病鉴定行政诉讼案例([2019]辽01行终1235号)中,法院作出这样的判决:要求沈阳市卫生局在判决发生法律效力后二十日内责令职业病诊断鉴定委员会,就沈阳市卫生局2004年11月17日至12月8日组织的鉴定,为原告曹某某、王某某等4人作出鉴定结论,出具职业病诊断鉴定书,并由沈阳市卫生局发送原告4人。但在新一轮的鉴定过程中,发生了意想不到的纠纷。2013年7月30日,曹某某、王某某等人分别向沈阳市卫生局提出,要求召集原鉴定专家再次进行鉴定。但由于原参加鉴定的5位专家有1人去世,1人退休多年,沈阳市卫生局无法满足曹某某等人的要求,召集组织原专家重新进行鉴定。

据裁判文书记载,2013年6月至12月重新鉴定期间,沈阳市卫生和计划生育委员会(简称"沈阳市卫生计生委")先后4次主动约见曹某某、王某某等4人商量职业病鉴定事宜。在与4人的多次商谈中,沈阳市卫生计生委认为需要依据当时的《职业病防治法》有关规定从专家库中以随机抽取的方式重新确定专家开展鉴定工作,而曹某某等4人却拒绝再次随机抽取专家为其鉴定,要求必须组织当年原鉴定专家为其鉴定。沟通无果后,为履行法院判决要求,沈阳市卫生计生委重新组织专家完成了鉴定工作。

职业病诊断鉴定结论作出后,曹某某等劳动者一方又向法院提起诉讼并提出三项请求。

第一，请求裁定沈阳市卫生计生委委托医学会组织鉴定的行为无效。

第二，请求裁定沈阳市医学会组织的鉴定无效。

第三，要求2004年参加鉴定的专家继续鉴定，不配合重新抽取专家鉴定。

首先，这里分析讨论的第一个问题是，该案中，卫生行政部门委托医学会开展职业病诊断与鉴定工作是否有效。《职业病诊断与鉴定管理办法》（2013年）第三十七条规定，"卫生行政部门可以指定办事机构，具体承担职业病鉴定的组织和日常性工作"。当时的《职业病防治法》（2011年）第四十六条规定，"职业病诊断标准和职业病诊断鉴定办法由国务院卫生行政部门制定"。由此可见，《职业病诊断与鉴定管理办法》的规定未与上位法相冲突，在职责范围内作出的规定，且未违反上位法，当然有效。

其次，曹某某等劳动者2004年申请职业病鉴定，出于特殊原因，在2014年重新再进行鉴定。重新组织的鉴定工作应该依据何时的程序？包括鉴定专家进行表决时，执行的是按照法院裁定时生效规定的三分之二以上专家通过，还是依据鉴定工作开展其时生效规定的过半数专家通过？

类似问题，《最高人民法院关于印发〈关于审理行政案件适用法律规范问题的座谈会纪要〉的通知》（法〔2004〕96号）曾作出确认，其中相关内容这样表述，"三、关于新旧法律规范的适用规则""根据行政审判中的普遍认识和做法，行政相对人的行为发生在新法施行以前，具体行政行为作出在新法施行以后，人民法院审查具体行政行为的合法性时，实体问题适用旧法规定，程序问题适用新法规定"。除外的情形包括："（一）法律、法规或规章另有规定的；（二）适用新法对保护行政相对人的合法权益更为有利的；（三）按照具体行政行为的性质应当适用新法的实体规定的"。

根据上述规定分析，沈阳市卫生计生委要求重新抽取鉴定专家进行鉴定，合乎法律精神。曹某某等提出的继续由原5位专家为其进行鉴定，既不符合当时的《职业病防治法》（2011年）第五十四条和相关法律的规定，也不合理、不现实，根本无法实现。法律不强人所难，即便违法，卫生行政部门行为也不存在有责性。

在该案中，法院裁定认为，"被执行人（卫生行政部门）负有组织鉴定和发送职业病诊断鉴定书的义务，而并非必须亲自鉴定"，"该委托行为合法有效，《职业病鉴定书》的作出及发送具有法律效力"（〔2019〕辽0102执异42号执行裁定书）。

## 第五节　职业病诊断现场调查

根据组织部门不同，职业病诊断与鉴定的现场调查可分为两类，"行政部门组织的调查"和"技术部门组织的调查"。关于现场调查方式，职业病诊断机构与鉴定组织可以自行选择，可以提请行政部门组织调查，或自行组织调查。这可见《职业病诊断与鉴定管理办法》（2021年）第二十六条规定，"职业病诊断机构需要了解工作场所职业病危害因素情况时，可以对工作场所进行现场调查，也可以依法提请卫生健康主管部门组织现场调查"，第四十五条第三款规定，"需要了解被鉴定人的工作场所职业病危害因素情况时，职业病鉴定办事机构根据鉴定委员会的意见可以组织对工作场所进行现场调查，或者依法提请卫生健康主管部门组织现场调查"。但某些特定情形，"应当"提请行政部门组织调查，无其他选择，技术机构不能自行组织调查，这可见第二十五条规定，"劳动者对用人单位提供的工作场所职业病危害因素检测结果等资料有异议，或者因劳动者的用人单位解散、破产，无用人单位提供上述资料的，职业病诊断机构应当依法提请用人单位所在地卫生健康主管部门进行调查"。对该条款规定的这两大类情形，诊断机构采取自行调查即为程序违法。一旦有纠纷，便较为被动。因而，对这两大类情形必须准确把握。

《职业病诊断与鉴定管理办法》（2021年）第二十五条对"应当"提请行政部门组织现场调查或判定的两类情形作了规定。第一类情形是"劳动者对用人单位提供的工作场所职业病危害因素检测结果等资料有异议"的，这一规则应用限定的前提和条件包含以下所有情形：异议权利的主体是"劳动者"，客体——异议的对象，是"检测结果"，而这一检测结果，限定是由"用人单位"所提供。第二大类情形是"用人单位解散、破产，无用人单位提供上述资料的"。凡属于这两大类的，职业病诊断机构或鉴定组织都"应当"提请行政部门组织进行调查，不能自行组织现场调查。

在职业病诊断环节，提请行政部门组织进行现场调查，必然导致诊断工作的中止，这是《职业病诊断与鉴定管理办法》（2021年）第二十五条第三款所规定的，"职业病诊断机构在卫生健康主管部门作出调查结论或者判定前应当中止职业病诊断"。在鉴定环节，无论是行政组织，还是自行组织的现场调查的时间，都不计算在鉴定完成工作时限的四十日内，这是第四十五条规定的，"医学检查和现场调查时间不计算在职业病鉴定规定的期限内"。中止期限不是无限期，根据第四十五条规定，鉴定中的调查，无论是自行组织还是行政组织的调查，完成时限都是三十日。而所有的行政部门组织的现场调查，无论是职业病诊断还是鉴定环节，也都是三十日。

不过，《职业病诊断与鉴定管理办法》（2021年）对职业病诊断环节中诊断机构自行组织进行现场调查并没有明确设定时限。而现场调查的工作时限，实质也将影响整个诊断工作时限的计算。根据《职业病诊断与鉴定管理办法》（2021年）第二十条规定，"材料齐全的情况下，职业病诊断机构应当在收齐材料之日起三十日内作出诊断结论"。从该规定可以看出，作出诊断结论的工作时限是三十日，在"材料齐全的情况下"，从"收齐材料之日起"计算。但只要需要现场调查，只要现场调查还没有结束，也就不存在"材料齐全的情况"。因而，只要调查还未结束，三十日的起算点就还不能确定。当然，由于有行政组织调查三十日内完成的规则参照，诊断机构自行组织的调查如果超过类似调查时限，虽然没有明确违反法律规定，但存在不合理的情形。所以，自行调查同样也要参照三十日的工作时限。

职业病现场调查在法规的适用上有需要重点注意的地方，在技术层面上也需要遵循一定原则。

第一个注意点是，要考虑在什么情况下需要进行现场调查或可以不调查。

首先，法律程序上要求"应当"提请行政部门组织调查的，就非调查不可，非提请行政部门调查不可。这种情形下调查程序上的问题，甚至比调查的结论更为重要。

除此之外的其他情形，职业病诊断与鉴定工作需要的资料以用人单位提供为主。若通常该类工作场所较易出现同类健康损害，或已确切发生过该种职业病的，诊断时用人单位不能提供证据予以否定的，基本上可作出确认的职业病诊断结论，可以不进行现场调查。这样既提高了工作效率，也符合法律规定与精神——没有证据否定的，应当诊断为职业病。

但若职业病诊断医师对此不能确信，也就是未存在专业盖然性情形的，便应当进行现场调查。这种情形，若用人单位不予配合现场调查，也可归类于"不能否定，应当诊断为职业病"情形处理。此外，对拟作出否定性质诊断结论的，如若材料未齐备，也无确切否定证据或医学理论的，最好能进行现场调查，目的在于发现问题、解决疑惑，也便于更好地向不能诊断为职业病的劳动者进行解释。

第二个注意点是，调查前的准备。调查前应事先预判，做好分析假设，做好充足准备。在调查前对工作场所的危害因素、对工作程序都要有所考虑。调查前调查人员必须准备好个人防护用品（personal protective equipment）、取证工具（包括照相机、录像机、录音设备等）。

职业病诊断的目的是寻找工作场所是否存在导致劳动者健康损害的职业病危害因素，判定危害因素与病人临床表现之间是否存在必然的联系。这就得事先了解病人的临床情况，因而在调查之前，最好能够对病例进行了解，包括对病人的诊视。结合病人的情况，进行文献检索，若有含糊问题应向有经验的专家咨询，对引起健康损害的危害因素，可结合对工作的初步信息，事先予以假设。只有熟悉情况、胸有成竹、心有预案，到了现场才能做到临危不乱，才可能确认调查重点，更易发现现场问题。在前往现场调查之前，应先确定好调查的重点问题，包括调查的时间、场所、岗位、人群、可能的危害因素，据此制定好调查方案，包括调查表格、配齐现场的采样设备等。

第三个注意点是，工作现场需要调查的内容。到了工作现场后，对现场大致内容都要了解，包括工作场所存在什么特定职业病危害因素，浓度（强度）如何，是否存在一定的剂量-反应关系（dose-response relationship），同工种工人是否有类似的健康损害表现，了解工作场所的危害因素，除了进行检测采样，还要考虑现场的通风排毒状况如何以及个人防护用品使用状况如何。但慢性病例与急性病例调查考虑的重点会有所不同。对于慢性病例，重点关注工作场所是否有历年检测评价，要考虑采样现场与诊断对象工作环境关联性问题。而对于急性病例，则要特别关注近期是否有某些特殊的变化。篇幅所限，简单列举一些现场调查要考虑的具体内容。

（1）工艺流程。包括生产设备，原材料、添加剂、中间产物、产品、副产品、废弃物等，根据病例情况，甚至环境因素、管理因素等也是应当考虑的问题。

（2）问询对象。包括管理人员和同工种的工人。

（3）关注重点区域与内容。对诊断对象的工作岗位要予以重点关注，在现场应予巡视查看。查阅历年资料，包括职业健康检查资料和工作场所检测报告等，也可以与没有发生健康损害的岗位进行对比。物资仓库是查看的范围，查看的内容包括原材料进出的登记，目的在于发现历史痕迹。其他如排污口、废水、废气、废弃物等也可能是调查内容，其中一些残留废弃物也会是最终诊断证据。

而对于急性病例的调查，重点应多关注工作场所通风排毒设施情况，特别要关注近期一些异常情形如天气原因导致工作场所关门、关窗、关闭通风排尘设施；关注原材料是否发生变化，工作时间是否有变化，是否较之前增加更多的加班时间，防护情况的一些变化，甚至周围环境的变化，以及个人卫生与生活习惯的变化等。

必要时，病例发病过程的复原也是调查的内容，需要掌握其基本发病过程，考虑同工种或同一职业因素的人群，一同居住人群的情况，一同饮食人员的情况，以及其他工人的情况。在疑似职业病的现场调查案例中，曾有因为有机锡混入食用油引起食物中毒的情况。

特别是针对群体性的发病，调查时要考虑做好流行病学的"三间"分布分析，即人间分布（性别、年龄、工龄）分析，时间分布（发病时间：最短、最长、平均潜伏期）分析，空间分布（工作场所、工种、居住情况）分析。通过分析，考虑工作场所毒物（toxic substance）浓度与劳动者接触时间、效应反应关系等，同时考虑其病情与经典文献报道之间的对应性。

现场调查工作结束后，形成调查总结报告。内容可包含标题、导言（调查目的、方法、过程）、病例概况、用人单位概况，以及调查的过程、检验、分析（方法和数据的可靠性）、调查结果、流行病学调查结果。通过病例-对照分析，剂量-反应关系分析、标准对比分析、文献对比分析等,提出调查的结论与建议,相关材料留待职业病诊断医师分析讨论时参考使用。

## 第六节 文书送达

职业病诊断文书的送达是比较容易被忽略的问题。职业病诊断文书包括补充材料通知、劳动用工关系与工作场所检测报告质证通知、《职业病诊断证明书》和《职业病诊断鉴定书》等,都与当事人的权利直接相关,特别是《职业病诊断证明书》与《职业病诊断鉴定书》,更与当事人权利救济相关。但职业病诊断制度对此规定不多,仅有一些送达时限的规定。如《职业病诊断与鉴定管理办法》(2021年)第四十八条对鉴定书送达时限的规定,"职业病鉴定办事机构出具职业病诊断鉴定书后,应当于出具之日起十日内送达当事人";第三十条第五款新增诊断证明书送达时限的规定,"职业病诊断证明书应当于出具之日起十五日内由诊断机构送达劳动者、用人单位及用人单位所在地县级卫生健康主管部门"。有关送达方式、时效计算等问题,《职业病诊断与鉴定管理办法》未进行明确规定,在实践工作中,需要依据或参照相关法律规范进行办理。本节结合相关案例对送达问题进行探讨分析。

文书的送达采用直接送达签收是最好的送达方式,但在实际工作中不易做到,邮寄送达反而是最常见的方式。邮寄送达采用什么方式方予生效,《广州市聚隆通用设备制造有限公司与广州市卫生健康委员会卫生行政管理(卫生)一案行政二审判决书》(〔2020〕粤71行终686号)涉及对此问题的分析。在该案中,2019年6月12日,广州市职业病防治院出具劳动者王某的《职业病诊断证明书》,当日通过"圆通速递"邮寄给广州市聚隆通用设备制造有限公司(简称"聚隆公司"),经网上查询显示聚隆公司于2019年6月14日签收。2019年8月9日,聚隆公司对诊断有异议,向广州市职业病诊断鉴定办公室申请职业病鉴定。由于申请鉴定时间超过三十日,2019年8月13日,广州市职业病诊断鉴定办公室作出不予受理的决定。

聚隆公司在诉讼中,主张其未收到《职业病诊断证明书》,不应受时效限制。理由是根据《中华人民共和国邮政法》(2015年)第五十五条规定,"快递企业不得经营由邮政企业专营的信件寄递业务,不得寄递国家机关公文"。聚隆公司认为，广州市职业病防治院作为市卫健委的直属事业单位，其作为职业病诊断机构履行法律法规赋予的行政职权，应视为国家机关的一部分，出具的职业病诊断证明书具有行政性质，属于国家机关公文。广州市职业病防治院则答辩称：广州市职业病防治院非国家机关，出具的职业病诊断证明书也不是国家机关公文，不属于该条款的适用范围。

案件经过二审审判，二审法院终审认为，广州市职业病防治院非国家机关，其出具的职业病诊断证明书也不是国家机关公文，不属于该条款的适用范围。《中华人民共和国邮政法》及相关法律法规中也没有对医疗机构的快递形式作出强制性规定。

该案的诉讼中，职业病诊断机构胜诉。但在实践工作中，送达工作若能参照法律规定操作则更为规范，可避免不必要的纠纷。虽然《职业病诊断证明书》不是国家机关公文，但相关文书却影响双方当事人的重要权益。《工伤保险条例》（2010年）第十九条规定，"社会保险行政部门受理工伤认定申请后，根据审核需要可以对事故伤害进行调查核实……对依法取得职业病诊断证明书或者职业病诊断鉴定书的，社会保险行政部门不再进行调查核实"。对如此重要文件，还是需要重视，确保工作规范，无可挑剔。

重要文书寄送问题尚可参考一些重要规则与案例。《最高人民法院关于债权人在保证期间以特快专递向保证人发出逾期贷款催收通知书但缺乏保证人对邮件签收或拒收的证据能否认定债权人向保证人主张权利的请示的复函》（〔2003〕民二他字第6号）规定，"债权人通过邮局以特快专递的方式向保证人发出逾期贷款催收通知书，在债权人能够提供特快专递邮件存根及内容的情况下，除非保证人有相反证据推翻债权人所提供的证据，应当认定债权人向保证人主张了权利"。据《中国农业银行股份有限公司丹阳市支行与丹阳珍品八宝酒有限公司金融借款合同纠纷申诉、申请民事裁定书》（〔2015〕民申字第134号）所载，有关农业银行丹阳市支行与丹阳珍品八宝酒有限公司金融借款合同纠纷，最高人民法院民事裁定认为，债权人"通过顺丰公司寄送邮件，其证据为顺丰公司的寄件存根。该证据能够证明债权人已将邮件交邮，但不能证明邮件到达或者应当到达债务人。〔2003〕民二他字第6号规定的邮寄方式是特定的，即通过邮局的特快专递。顺丰公司并非邮局，仅是一般快递公司"。无论债务人当时的营业状态如何，债权人均应提供邮件回执等证据证明邮件已经到达债务人，否则，应认定未有效催收债权，不产生诉讼时效中断的效力。上述案件的文件资料也不属国家机关公文。

邮寄送达何种方式方为生效，国务院办公厅2016年曾向原农业部办公厅发出《关于政府信息公开处理决定送达问题的解释》（国办公开办函〔2016〕235号），在解释中这样表述："一、行政机关作出的信息公开处理决定，是正式的国家公文，应当以权威、规范的方式依法送达申请人。参照有关法律规定，送达方式包括直接送达、委托其他行政机关代为送达和邮寄送达。二、采取邮寄送达方式送达的，根据《邮政法》第五十五条规定，以及我国国家公文邮寄送达实际做法，应当通过邮政企业送达，不得通过不具有国家公文寄递资格的其他快递企业送达。三、采取邮寄送达方式送达的，行政机关可以依照《中华人民共和国政府信息公开条例》及有关规定收取邮寄成本费用，但不得以要求申请人向邮政企业支付邮寄费的方式收取。四、采取直接送达、委托其他行政机关代为送达等方式送达的，以申请人及其法定代理人签收之日当日为期限计算时点。采取邮寄送达方式送达的，以交邮之日当日为期限计算时点"。

根据上述分析，职业病诊断鉴定程序属于行政行为，相关文书寄送适用这些规定。虽然职业病诊断不是行政行为，但《职业病诊断证明书》性质具有较强法律效果，在实践诉讼案例中，有些法院还是将其视为行政行为，所以还是参照行政公文送达方式办理为妥。

《民事诉讼法解释》（2022年修正）有关送达方式也可供实践工作参考，第一百三十一条规定，"人民法院直接送达诉讼文书的，可以通知当事人到人民法院领取。当事人到达人民法院，拒绝签署送达回证的，视为送达。审判人员、书记员应当在送达回证上注明送达情况并签名。人民法院可以在当事人住所地以外向当事人直接送达诉讼文书。当事人拒绝签署送达回证的，采用拍照、录像等方式记录送达过程即视为送达。审判人员、书记员应当在送达回证上注明送达情况并签名"。法院送达可以通知当事人来领取，若当事人拒绝签署送达回证的，也视为送达。这些方法，对于《职业病诊断证明书》《职业病诊断鉴定书》的送达，可以参考使用。

文书寄送需要关注的问题还包括送达期间的起算点与终止点。《中华人民共和国民法典》（简称《民法典》）（2020年）第二百零一条规定，"按照年、月、日计算期间的，开始的当日不计入，自下一日开始计算"。申请鉴定的时效也要从送达的次日起计算。对于到期日的计算，根据《民法典》（2020年）第二百零三条规定，"期间的最后一日是法定休假日的，以法定休假日结束的次日为期间的最后一日。期间的最后一日……有业务时间的，停止业务活动的时间为截止时间"。

送达对象的适格也是容易忽略的问题。《民事诉讼法解释》第一百三十条规定，"向法人或者其他组织送达诉讼文书，应当由法人的法定代表人、该组织的主要负责人或者办公室、收发室、值班室等负责收件的人签收或者盖章"。这里，要准确理解"法定代表人""主要负责人"，通常来说，也就是单位的一把手（也有以单位员工，如办公室主任为法定代表人的），以法人证书或法人营业执照载明的为准。当然，若有法定代表人的委托，代理人也可以代为领取。但要特别注意，相关文书送达未经法定代表人授权的，包括副总经理、部门经理、分厂厂长，若送达方不予承认，并不能产生送达的法律效力。

# 第四章 职业病诊断的逻辑思维

逻辑思维是人们在认识过程中借助概念、判断、推理等思维形式能动地反映客观现实的理性认识过程。在职业病诊断与鉴定工作中，证据材料的缺乏是一种常态，实践工作难以依据完整的证据材料进行客观归因诊断。《职业病防治法》（2018年）规定，"没有证据否定职业病危害因素与病人临床表现之间的必然联系的，应当诊断为职业病"。根据这一规定，职业病诊断便是实行一定程度上举证责任倒置的推定因果关系归因诊断模式。在诊断与鉴定过程中，证据材料的选择判定、法律适用、推定因果关系判定等，是工作的重点和难点问题，也最能体现职业病诊断工作的法律特征与医学专业特征。本章主要对职业病诊断中的归因诊断原则、诊断与鉴定法律适用、证据材料分析与采用、举证责任等问题进行分析探讨。

## 第一节 职业病归因诊断原则[①]

归因诊断作为职业病诊断的重要原则，在我国职业病防治立法中已被确认，在实践中被不同程度地适用并获得普遍认可。但相关理论问题并未引起人们足够的重视，在实践应用中甚至存在偏差，一定程度上影响了职业病诊断制度的有效执行。本节通过对归因诊断原则的基本内涵和适用规则进行分析，试图阐明归因诊断在职业病诊断工作中的特殊地位和具体适用方法，希冀有助于推动归因诊断理论的进一步研究和实践的正确适用。

---

[①] 根据胡世杰《论职业病归因诊断原则》改编，原载《中国职业医学》2014年第1期，第30-35页。

## 一、归因诊断的一般含义

从字义上理解,所谓归因,是指归结原因;归因诊断,也即是归结病因的疾病诊断。陈竺在《关于〈中华人民共和国职业病防治法修正案(草案)〉的说明——2011年6月27日在第十一届全国人民代表大会常务委员会第二十一次会议上》中认为,"职业病诊断是归因诊断,除了依据劳动者的临床表现和辅助检查结果外,还要综合分析劳动者的职业史、职业病危害接触史、工作场所职业病危害因素检测资料等因素"[1]。《职业病防治法》(2018年)和《职业病诊断与鉴定管理办法》(2021年)对上述表述已有明确规定。《职业病防治法》(2018年)第四十六条规定,"职业病诊断,应当综合分析下列因素:(一)病人的职业史;(二)职业病危害接触史和工作场所职业病危害因素情况;(三)临床表现以及辅助检查结果等"。《职业病诊断与鉴定管理办法》(2021年)第二十一条规定,"职业病诊断需要以下资料:(一)劳动者职业史和职业病危害接触史(包括在岗时间、工种、岗位、接触的职业病危害因素名称等);(二)劳动者职业健康检查结果;(三)工作场所职业病危害因素检测结果;(四)职业性放射性疾病诊断还需要个人剂量监测档案等资料"。从以上规定可以看出,职业病诊断需综合相关资料,并依据职业病危害接触史、工作场所职业病危害因素等作出是否为职业病的诊断结论。这种思维过程,也就是在劳动者临床疾病诊断明确之后,须进一步对劳动者所患疾病与工作场所职业病危害因素是否存在因果关系进行归因判断,因工作场所职业病危害因素而引起的疾病判定为职业病,反之,排除职业病。这种对劳动者健康损害与工作场所职业病危害因素之间的因果关系进行综合分析的思维和做法就是职业病的归因诊断。

---

[1] 陈竺:《关于〈中华人民共和国职业病防治法修正案(草案)〉的说明——2011年6月27日在第十一届全国人民代表大会常务委员会第二十一次会议上》,见中国人大网(http://www.npc.gov.cn/zgrdw/huiyi/lfzt/zybfzfxzaca/2012-03/05/content_ 1872350.htm)。

## 二、归因诊断在职业病诊断中的地位及其内在原因

### (一) 归因是职业病诊断的关键环节,无归因即无职业病诊断

《职业病防治法》(2018年)第二条规定,"职业病,是指企业、事业单位和个体经济组织等用人单位的劳动者在职业活动中,因接触粉尘、放射性物质和其他有毒、有害因素而引起的疾病"。根据该定义,职业病是职业病危害因素所致,而不是在职业活动中因接触危害因素所致疾病不构成法律意义上的职业病。职业病的定义对职业病的构成要件做了界定,疾病、病因,两者因果关系缺一不可,即在疾病与工作场所职业病危害因素之间须建立起对应的因果关系。不能归结于工作场所上的临床疾病,就不能称之为职业病;而职业病应能归结于工作场所职业病危害因素这一原因。

在《职业病防治法》(2018年)修法讨论过程中,曾有专家提出把职业病诊断工作一分为二,卫生部门仅进行临床诊断,再由社保部门进行职业病认定。这种把职业病诊断工作分段由不同部门负责的设想,同样清晰地反映出现行职业病诊断工作的特点与步骤,先行临床疾病诊断,再进行归因诊断,明确是否由工作活动中的危害因素所引起。从职业病诊断(或认定)过程可以看出,无归因诊断,即无职业病诊断(或认定)。

### (二) 归因诊断的重要性由职业病侵权归责特点决定

职业病诊断归因重要性由职业病侵权的性质和赔偿归责特点所决定。

1. 职业病赔偿责任归责原则是无过错责任原则

职业病诊断是通过对劳动者的疾病进行临床诊断和归因分析,确认劳动者的疾病是否由职业病危害因素所引起,工作场所职业病危害因素与劳动者的健康损害是否存在因果关系,最终裁定劳动者的健康损害应否由用人单位承担责任的一项活动,也是实现工伤赔偿这一类特殊侵权

行为的归责活动之一。在我国，工伤事故归责适用无过错责任原则。

2. 归责原则有多种类型

《民法典》（2020年）第一千一百六十五条规定，"行为人因过错侵害他人民事权益，应当承担侵权责任。依照法律规定推定行为人有过错，其不能证明自己没有过错的，应当承担侵权责任"；第一千一百六十六条规定，"行为人损害他人民事权益，不论行为人有无过错，法律规定应当承担侵权责任的，依照其规定"。该规则明确了我国侵权损害赔偿责任的归责原则，即过错责任原则、过错推定原则和无过错责任原则。

（1）过错责任原则，就是以过错作为价值判断标准，判断行为人对其造成的损害应否承担侵权责任的归责原则，即加害人是否存在过错是承担民事责任的基础和依据，有过错才承担责任，无过错则无责任，即使侵权行为和损害后果之间存在因果关系。①

（2）过错推定原则是指存在法律特别规定的情形时，从损害事实的本身推定侵权人有过错，并据此确定造成他人损害的行为人的赔偿责任的归责原则。② 医疗伦理损害责任归责即适用该原则。

（3）无过错责任原则是一种特殊归责原则，是指在法律有特别规定的情况下，以已经发生的损害结果为价值判断，与该损害结果有因果关系的行为人，不论其有无过错，都要承担侵权赔偿责任的归责原则。③

无过错责任是工伤事故归责原则，也是伴随社会化大生产迅速发展而确定的归责原则。1838年，普鲁士王国《铁路企业法》首先承认这一原则；1884年，德国《劳工伤害赔偿法》规定的工业事故社会保险制度，真正确立了事故责任的无过错责任制度。在我国台湾地区，"劳工保险条例"规定的劳工职业灾害补偿系最典型的无过失补偿（无过错责任）制度。④

我国工伤事故责任也适用无过错责任原则⑤，并不以过错作为归责

---

① 参见杨立新《侵权责任法》，法律出版社2012年版，第68页。
② 参见杨立新《侵权责任法》，法律出版社2012年版，第71页。
③ 参见杨立新《侵权责任法》，法律出版社2012年版，第74页。
④ 参见王泽鉴《侵权行为》，北京大学出版社2010年版，第23页。
⑤ 参见杨立新《侵权责任法》，法律出版社2012年版，第75页。

要件。《中华人民共和国社会保险法》（2018年）第三十六条规定，"职工因工作原因受到事故伤害或者患职业病，且经工伤认定的，享受工伤保险待遇"；《工伤保险条例》（2010年）第十四条规定，"职工有下列情形之一的，应当认定为工伤：……（四）患职业病的"。而在职业病诊断相关标准及职业病诊断实践中，用人单位过错也不作为诊断职业病的要件，如在诊断职工是否患职业性肿瘤（occupational tumor）（苯所致白血病）时，并不要求用人单位工作场所苯水平超过职业接触限值（occupational exposure limit）；在诊断职工是否患职业性三氯乙烯药疹样皮炎时，无须要求工作场所三氯乙烯水平超过职业接触限值作为诊断要件。即在用人单位没任何过错，相关职业病防治工作不违反国家法律法规与有关国家标准的前提下，仍然可能发生职业病，用人单位仍须按法律要求承担相应的赔偿或补偿责任。

3. 无过错责任归责中，因果关系是关键要素

民法理论认为，侵权损害赔偿责任的构成要件有四个，即损害事实的客观存在、损害行为的违法性、违法行为与损害事实之间的因果关系、行为人的过错。构成一般侵权的，四要件缺一不可。而在无过错责任原则情况下，可以不具备过错的要件，但依然必备三个要件，即侵权行为、客观损害后果、行为与后果之间存在因果关系。此三要件中，行为与后果均为客观事实，可用证据直接或间接予以证明，或按相关举证责任规定和原则进行判断。而因果关系仅是一种客观联系，是一种以行为和后果客观事实为基础、综合分析两要件而得出的逻辑思维结果。当损害结果和行为之间具有因果关系时，侵权责任即为构成，因而因果关系判断实为关键。

职业病诊断分析过程中，三要件存在的形式和地位与上述原则相一致。其中，客观损害后果即为劳动者人身损害事实，为客观存在，可以以临床健康检查和疾病诊断结果作为证据；侵权方行为即用人单位的行为，可以是用人单位的作为或不作为，包括提供何种工作场所、如何采取防护措施、提供何种防护用品，以及对工作场所监测评价、用工管理等行为，其最终表现为工作场所是否存在相应职业病危害因素以及浓度（强度）如何，其证据的获得可以根据现场调查、双方提供的证据或按举证责任进行证明得出。但此两者均为基础资料，最终需进行因果关系判断，即综合分析相关证据资料，分析职业病危害因素与劳动者健康损

伤之间是否存在因果关系，疾病是否由职业病危害因素所导致，疾病与职业病危害因素具有因果关系时则构成职业病。因而，其因果关系的认定是最终作出职业病诊断的直接依据，在三要件中最为重要。

## 三、职业病的因果关系判断适用推定因果关系规则

### （一）认定因果关系的规则

关于因果关系认定，有盖然性因果关系说（captive causality）、疫学因果关系说（epidemiological causality）、概率因果关系说（probabilistic causality）等理论。杨立新认为，确定行为和后果的因果关系，应区别不同情况，分别遵循下列四种规则。一是直接原因规则。最常见的直接原因是一因一果的因果关系类型。二是相当因果关系规则。仅于现实情形发生某种结果，尚不能就认为有因果关系的，须依社会的一般认知，亦认为能发生同一结果，才能认为有因果关系。三是法律原因规则。法律上的原因也叫近因，是导致后果的主要原因或有效原则，没有这种原因，就不会发生受害结果。四是推定因果关系规则（presumption of causation），也称盖然性因果关系说。它是在原告和被告之间分配证明因果关系的举证责任的理论，其基本规则是，盖然性就是可能性，原告仅需证明侵权行为与损害后果之间存在某种程度的因果关联的可能性即完成举证责任，然后由被告举证证明其行为与原告损害之间无因果关系，不能反证或反证不能成立的即可确认因果关系。[①]

### （二）职业病归因诊断应遵循推定因果关系规则

1. 职业病归因诊断遵循推定因果关系规则符合客观现实情况和法律规定

职业病危害因素与劳动者健康损害之间的因果关系在实质上可能属于直接因果关系，如工作过程中因接触矽尘而引起矽肺的因果关系；也可能属于相当因果关系规则或法律原因规则，如白细胞减少症、再生障

---

① 参见杨立新《侵权责任法》，法律出版社2012年版，第85页。

碍性贫血、肝功能损害等，很可能属于职业病危害因素仅作为其主要引致疾病的原因（可能同时存在其他致病原因）的因果关系。但在实务操作中，最为适合的应是推定因果关系规则。其理由有两点。

一是与客观实际相适应。在职业病诊断中，劳动者往往不具备对用人单位的侵权行为——工作环境存在职业病危害因素进行举证的能力，若免除用人单位举证责任，即使是一因一果的矽肺病，也可能因工作场所存在矽尘的证据缺失不能确定因果关系而不能作出职业病诊断。但若遵循推定因果关系，则不存在上述弊端，如在用人单位不提供或无法提供相应工作场所职业病危害因素检测报告的前提下，诊断机构可首先按照一般规律和可能性进行推论。具体如劳动者发生血象异常，或中毒性脑水肿，或中毒性周围神经病等健康损害情形，该劳动者所在企业为鞋厂，而一般情形下鞋厂有可能存在苯、1，2－二氯乙烷、正己烷等职业病危害因素。这种情况下，除非用人单位能予以反证，即提供证据证明用人单位不存在相应职业病危害因素，或经职业病流行病学调查不支持等，否则推定因果关系即成立，应当诊断为职业病。

二是法律上对此已有规定。如《职业病防治法》（2018年）第四十六条规定，"没有证据否定职业病危害因素与病人临床表现之间的必然联系的，应当诊断为职业病"。该规定的前提，就是先行按一般科学原理，推定两者之间存在因果关系。在举证责任分配方面，法律也同样有明确规定。《职业病防治法》（2018年）第四十七条规定，"用人单位应当如实提供职业病诊断、鉴定所需的劳动者职业史和职业病危害接触史、工作场所职业病危害因素检测结果等资料"。《职业病诊断与鉴定管理办法》（2021年）第二十二条规定，"劳动者应当填写《职业病诊断就诊登记表》，并提供本人掌握的职业病诊断有关资料"。

2. 推定因果关系适用于职业病归因诊断

推定因果关系基本要点是保护弱者，在被侵权人处于弱势，没有可能完全证明因果关系要件的时候，只要被侵权人举证证明到一定程度，就推定行为与损害存在因果关系，然后转由被告举证，证明其行为与损害结果不存在因果关系。其推定方法与步骤同样适用职业病的归因诊断。

首先，明确行为与后果时间顺序，原因必须先于后果。用人单位如能提供劳动者健康损害在入职前已存在，且并无扩大，此即为后果先于行为，用人单位可以免责。但如果劳动者上岗前职业健康检查资料缺失，由于职业健康检查义务由用人单位承担，据此即可认为健康损害为上岗后发生，行为先于后果。其次，行为与后果应当存在盖然性联系。一般情况，这类行为能够造成这类损害，推定该行为与后果存在因果关系与科学原理无矛盾。如一般情况下，人们认为鞋厂可能存在苯、正己烷等危害因素，宝石加工厂存在噪声、粉尘等危害因素，而劳动者又有相应的健康损害，即可认为存在盖然性联系。当然，这些可能的危害应与劳动者的健康损害在医学上存在生物学的合理性、特异性，如宝石加工厂劳动者发生尘肺病、噪声聋即存在盖然性联系，但如果健康损害为铅中毒或甲醇中毒等，则因果关系并未建立。最后，由于这种因果关系是推定得出，因而，还应当排除其他可能性。此即为职业病诊断中的鉴别诊断。如对于可能诊断为职业性中毒性肝病劳动者，应尽可能排除病毒性、药物性、自身免疫性和酒精性，甚至肝癌等原因。

推定因果关系规则与2001年颁布的《职业病防治法》第四十二条较为一致，"没有证据否定职业病危害因素与病人临床表现之间的必然联系，在排除其他致病因素后，应当诊断为职业病"。但在2011年的修正案中，《职业病防治法》删除了"排除其他致病因素"规定。依据《职业病防治法》（2011年）规定，职业病诊断与鉴定无鉴别诊断的要求，虽减轻诊断鉴定机构法律责任，却有违相应原则和原理，显失公平，也与医学常规不相符。相反，职业病诊断标准延用《职业病防治法》（2001年）的相关规定倒显合理。如《职业性苯中毒的诊断》（GBZ 68—2013）的诊断原则规定应排除其他疾病引起的中枢神经系统损害，方可诊断为职业性急性苯中毒，以及规定应排除其他原因引起的血象、骨髓象改变，方可诊断为职业性慢性苯中毒。

## 四、适用推定因果关系规则的现实意义与作用

由于诊断为职业病所需的证据（本证）客观上并不一定能收集齐全，依照推定因果关系规则进行判断，可能出现因证据为推定得出，诊断结果虽是法律事实，但不一定为客观科学的事实，客观上存在归因错误的可能。但遵循该规则进行归因判断，仍是最佳选择。

## （一）弥补职业病诊断所需资料客观上无法取得的缺陷

职业病诊断须综合分析相关资料，但受客观实际所限，即便诊断时用人单位和劳动者均积极配合举证，也存在客观上举证不能的情形。劳动者健康损害、罹患疾病确实客观存在，但工作场所危害状况则往往难以获得证明。若用人单位未按法律要求开展检测评价，或工作场所已不存在，其直接证据即无从获得。如若坚持以追求客观事实作为最终目标，待查明后再行诊断，则可能因资料缺乏，永远无法查明而不能诊断。

## （二）有利于实现职业病诊断及时的便民原则

职业病诊断与鉴定制度是一种以医学知识为基础，以解决劳动者健康权益责任纠纷为最终目的，实行举证责任倒置的准仲裁制度。为解决纠纷，实现职业病诊断的功能和目的，无论事实真相是否可以查明，都应当及时作出结论。对此，在技术和方法上，对客观上已经不存在的，就只能用特定技术去推理和证明，这种技术就是法律推定，即不问客观事实是否存在，在法律上根据规则直接对客观事实进行确认，同时在假定已有或已经没有的同时，允许对方用客观事实和证据来证明和对抗。适用推定因果关系规则，还可以对抗用人单位拖延举证，有利于诊断工作的高效完成和社会矛盾的及时解决。

## （三）有利于强化用人单位举证、防治职业病的责任

推定因果关系规则中举证责任倒置有利于提高用人单位职业病诊断举证动力。"实践中，职业病诊断难，主要就难在劳动者无法提供职业病诊断所需资料以及劳动者和用人单位对这些资料有争议时诊断机构无法作出判断。尽管这两种情况涉及的劳动者在职业病诊断中所占比例不大，但不能及时进行职业病诊断对身患职业病的劳动者的权益所造成的损害，是其不能承受的；同时，这些个案还容易引起舆论炒作，引发群众不满，影响社会稳定。为此，有必要对现行职业病防治法特别是职业

病诊断制度作出修改,增加关于资料获取、争议解决途径等的规定。"①修订后的《职业病防治法》(2011年),对职业病诊断所需资料的获取已明确实行举证责任倒置,并通过明确举证后果责任,迫使用人单位在诊断过程配合举证。

而诊断中举证责任倒置的制度在职业病防治全过程中的意义和作用同样重大。"完善的职业病诊断制度既可以为劳动者顺利、便捷地进行职业病诊断,尽快落实职业病待遇提供法律保障,也可以通过合理分配职业病诊断过程中的各方义务来有效引导甚至倒逼用人单位依法落实各项职业病预防措施,从而真正实现预防为主、防治结合的职业病防治工作方针。"② 证明的主要责任落在用人单位,将迫使用人单位主动开展相关防治工作,并做好档案保存,包括职业健康检查、工作场所职业病危害因素检测、防护措施建设等工作。

## 五、国际劳工组织对归因诊断的分析

国际劳工组织认为职业病的定义有两个核心内容:一是某特定疾病与某特定作业环境或作业活动有因果联系;二是在暴露人群中该病的发病率应该高于非暴露人群。实际上,这就是"归因诊断"。这种因果分析应该建立在对病人临床资料、职业史、职业病危害接触史的分析,职业病危害因素的识别与评价,以及其他危害因素的作用。国际劳工组织认为,职业病诊断的归因诊断是临床诊断决策或临床流行病学运用的一个特例,这种归因不需要精确,而是对有用证据进行批判性分析后的一种判定。这个判定过程应考虑以下因素:①关联的强度。危害因素对疾病发生和发展的作用越大,因果关系的可能性就越强。②关联的一致性。对同一问题运用不同的方法开展研究,可以获得相似的结果和结论。③关联的特异性。接触特定的职业病危害因素可导致一种或多种特异的疾病或发病规律。④关联的时间顺序。从时间顺序来说,前因后果,职业病危害因素的暴露应在发病之前,并与已知的发病规律一致。⑤剂量-反应关系。接触职业病危害因素的水平越高、接触时间越长,

---

① 信春鹰:《中华人民共和国职业病防治法释义》,法律出版社2012年版,第225页。
② 信春鹰:《中华人民共和国职业病防治法释义》,法律出版社2012年版,第225页。

疾病发病程度越严重或者发病率越高。⑥关联的生物学合理性。从所研究风险或危害的已知毒理学、理化特性或其他特征，提示职业性接触所导致的疾病在生物学上是合理的。⑦关联的可重复性。综合归纳演绎所有证据（如人群流行病学研究和动物研究），从广义上和一般常识上说，均可推导出存在因果关系的结论。⑧终止效应。在需要的时候可通过干预试验验证这种因果关系，例如从工作环境或职业活动中消除某特定的危害因素或减少特定风险，看是否可消除某特定疾病的发生或者降低其发病率，从而来判断因果关系。

国际劳工组织对职业病诊断的论述体现职业病综合分析原则，同时可以总结出一些与推定因果关系规则相同的特征：①结论为法律事实的属性（这种归因不需要精确，而是对有用证据进行批判性分析后的一种判定）；②行为与后果时间顺序（关联的时间顺序）；③行为与后果盖然性联系特点（关联的一致性、生物学合理性和可重复性等）。

当然，在实际个案诊断中，以上要素并非诊断的必备要件，而客观上也不可能均为诊断的必备要件。如"干预试验验证"，不可能在每个个案中实行。现实中，个案诊断要获得齐全资料并非易事，甚至要获得系统的监测基础资料也有相当的难度。因此，遵循推定因果关系规则进行归因判断，既符合综合分析原则，也更为切实可行。

## 六、劳动者的职业病与具体用人单位的因果关系

归因诊断时，因果关系成立，即确定了行为（用人单位工作场所职业病危害因素）与后果（劳动者健康损害）存在因果关系，也即认定了该用人单位的赔偿责任。对于劳动者职业史复杂、曾在多家用人单位工作的情形，目前诊断机构确定用人单位一般是依据《职业病防治法》（2001年）第五十三条"由最后的用人单位承担"的原则进行，即把最后用人单位列在《职业病诊断证明书》中的"工作单位"栏中。在复杂的职业史中，只要其中部分用人单位的职业病危害因素（行为）与劳动者健康损害（后果）存在因果关系，职业病诊断就应当是成立的。但是，对于这类情形，最后用人单位（的行为）与劳动者健康损害是否存在实质的因果关系仍值得进一步探讨。

在众多的用人单位中，如果最后用人单位与先前某家用人单位的职

业病危害相同，且该危害因素与劳动者的健康损害存在因果关系，该情形的法律效果实应为最后用人单位与先前用人单位共同承担责任。但若劳动者的健康损害与先前某家用人单位存在因果关系，而与最后用人单位并不构成因果关系，如先前用人单位存在噪声，最后用人单位工作场所仅存在化学毒物危害因素，劳动者患职业性噪声聋的情形；甚至，较为特殊的，有如先前用人单位工作场所存在矽尘危害因素，最后用人单位工作场所仅存在金属粉尘危害因素，而劳动者患有矽肺。此种情形仍应归因诊断为职业病，但其实质应是排除了该职业病与最后用人单位的因果关系。

**参考文献**

[1] 胡世杰. 我国职业病诊断与鉴定制度试析 [J]. 中国职业医学，2008，35 (1)：49-50.

[2] 杨立新. 侵权责任法 [M]. 北京：法律出版社，2012：68，71，74，75，85.

[3] 王泽鉴. 侵权行为 [M]. 北京：北京大学出版社，2010：23.

[4] 中华人民共和国卫生部. 职业性苯中毒的诊断 [S]. 北京：中国标准出版社，2013.

[5] International Labor Office. Identification and recognition of occupational diseases: Criteria for incorporating diseases in the ILO list of occupational diseases [M]. Geneva: International Labor Office, 2010: 7-8.

# 第二节　职业病诊断与鉴定法律适用①

在职业病诊断与鉴定工作中，法律适用是无法忽略的问题，其直接关系到职业病诊断与鉴定中材料的正确运用，关系到职业病诊断与鉴定工作的组织和结论的作出，也最终直接影响劳动者职业健康和相关权益保障。但由于学科发展历史原因，相关法律适用问题研究相对匮乏；在实践工作中，也较易被忽略。本节从法律适用的角度对职业病诊断与鉴定工作的法律应用与逻辑思维进行分析和探讨，希冀有助于职业病诊断

---

① 根据胡世杰《职业病诊断与鉴定法律适用》改编，原载《中国职业医学》2020 年第 1 期，第 1-7 页。

与鉴定工作制度的深入研究，并为相关工作的正确开展提供方法与借鉴。

## 一、职业病诊断与鉴定中法律适用重要性认识

职业病诊断与鉴定法律适用的重要性由其自身工作性质所决定。根据《职业病防治法》（2018年）规定，职业病诊断是由当事人（劳动者）向所在地职业病诊断机构提出，由诊断机构对劳动者临床表现与职业病危害接触史等进行综合分析、归因诊断的一项工作（第四十四条和第四十六条），其作用在于保障罹患职业病的劳动者依法享受国家规定的职业病待遇（第五十九条和第五十六条）。而职业病诊断鉴定则是在职业病诊断或鉴定作出后，在当事人对职业病诊断或首次鉴定结论有异议时，由当事人在规定时限内向有权受理的省、市卫生行政部门提出申请，并由该行政部门组织职业病诊断鉴定委员会进行鉴定的一项工作（第五十二条）。

职业病诊断与鉴定以疾病的临床诊断为基础，与疾病临床诊断有本质区别，与医疗事故技术鉴定同样存在本质上的不同。职业病诊断与鉴定不仅仅包含疾病的临床诊断，尚需职业卫生知识。职业病诊断实质是归因诊断，是在"确定疾病与接触职业病危害因素之间的因果关系"[①]。职业病诊断时，除需要临床资料外，同时还需要劳动者的职业病危害接触史、工作场所职业病危害因素检测资料，乃至同工种工人的职业健康监护档案（recordings of occupational health surveillance）、生产过程中使用的原辅材料的化学品安全技术说明书等资料。医疗事故技术鉴定则是由负责医疗事故技术鉴定工作的医学会组织有关医疗卫生专业技术人员和法医组成的专家组，依照医疗卫生管理法律法规、部门规章和临床诊断治疗、护理的规范与常规，运用医学、法医学等科学原理和专业知识、技术，对医疗事故进行鉴别和判定并提供鉴定结论的活动。与职业病诊断鉴定比较，医疗事故技术鉴定的组织主体为医学会，追求的是客观事实，其鉴定结论需作不同分级，包括一级、二级、三级、四级医疗

---

① 胡世杰：《论职业病归因诊断原则》，载《中国职业医学》2014年第1期，第30-35页。

事故，判定结果分为全面责任、主要责任、次要责任和轻微责任。而根据《职业病防治法》（2018年）第四十六条规定，"没有证据否定职业病危害因素与病人临床表现之间的必然联系的，应当诊断为职业病"，职业病诊断与鉴定的结论仅有"是"或"不是"职业病两种。即便在判定材料不足时，也不能有第三种答案。

由上可见，职业病诊断与鉴定是一项以医学知识为基础、实行举证责任倒置的准仲裁工作，其过程是归因诊断，并以解决劳动者健康权益责任纠纷为最终直接目的。根据《职业病防治法》（2018年）第四十六条规定，职业病诊断即便证据材料不足，也要进行归因归责。这体现了职业病诊断追求的结果是法律事实。而证据资料缺乏，或者资料客观上不存在时要获得结论，就必须利用特定法律技术进行推理和证明，这种技术和方法就是特定的法律适用方法——因果关系推定。当然，职业病诊断鉴定的组织工作属于典型行政行为，其是否适用法律，是否依法定程序运作更是无法回避的问题。

## 二、职业病诊断与鉴定中法律适用过程理解

"法律适用"① 也是"逻辑三段论的演绎推理方式"② 在司法过程中的一种应用，简单而言，即将特定的事实置于法律规范的要件之下，以获得一定结论的过程；其思维或推理过程在形式上为逻辑中三段论推理过程，即大前提、小前提和结论。大前提是指选择确定与确认的事实相符合的法律规范，小前提是指查明和确认的事实，最后依据这两项前提推导出法律决定或法律裁决。结合职业病诊断过程，这三者的关系是，大前提法律规范作用在于保障工作按程序规范执行，以及疾病和工作场所职业病危害状况的确认；将小前提也即确认的过程事实与大前提适用的法律规范（法律规范和诊断标准）比对而得出结论；只要证出的过程事实满足职业病诊断标准的要件，即判定为职业病。本部分阐述

---

① 卢佩：《"法律适用"之逻辑结构分析》，载《当代法学》2012年第2期，第97-105页。
② 孙光宁、吕玉赞：《规范法学与社科法学交融的法律方法研究——2017年中国法律方法论研究报告》，载《山东大学学报（哲学社会科学版）》2018年第6期，第154-166页。

的主体内容也由以上三部分构成：一是大前提之法律规范的寻找和发现；二是小前提之证据材料与事实的确认；三是经由涵摄推论导出职业病诊断结论。

（一）大前提：法律规范的寻找和发现

法律规范的发现是貌似简单、实则复杂的问题。从法律渊源的角度而言，与职业病诊断、鉴定直接相关的法律依据包括：法律层面的《职业病防治法》，国务院条例《使用有毒物品作业场所劳动保护条例》和《尘肺病防治条例》，部门规章《职业病诊断与鉴定管理办法》、原卫生部和原国家卫生和计划生育委员会发出的近20个相关规范性文件，以及100多个职业病诊断标准。此外，职业病诊断过程涉及或规范鉴定组织行为的，尚有其他相关的行政、民事法律等作为法律的渊源进行补充。职业病诊断与鉴定法律规范的发现，复杂之处在于直接相关的法律不可能包罗万象，一些规则散落在外，隐而难觅；更在于一些规则相互冲突矛盾，难以抉择取舍。对此，《立法法》（2015年修正）规定的"上位法优于下位法""特殊法优于普通法""新法优于旧法""法律一般不溯及既往"四大原则可供参考。

上位法优于下位法。《立法法》第八十八条规定，"法律的效力高于行政法规、地方性法规、规章。行政法规的效力高于地方性法规、规章"。职业病诊断与鉴定中，涉及诊断的规定，《职业病防治法》是上位法，是特殊法；在法律规范的发现中，若相关法律规范有冲突或矛盾时，应以《职业病防治法》的有关规定为准。例如，对于职业病诊断鉴定过程中申请鉴定的当事人从职业病鉴定专家库中抽取专家的规定，《职业病防治法》规定由"当事人"抽取，而《职业病诊断与鉴定管理办法》（2013年）规定由"申请鉴定的当事人"抽取；有关申请职业病诊断鉴定的范围，《职业病防治法》规定为对"职业病诊断"有异议，而《职业病诊断与鉴定管理办法》（2013年）规定为对"职业病诊断结论"有异议。在职业病诊断鉴定中，上述冲突或矛盾的处理，均应以《职业病防治法》规定为准。相关问题，在《职业病诊断与鉴定管理办法》（2021年）中已经修正。

特殊法优于普通法。《立法法》第九十二条规定，同一机关制定的法律、行政法规、地方性法规、自治条例和单行条例、规章，特别规定与一般规定不一致的，适用特别规定。在职业病诊断与鉴定中，对于职业性苯所致白血病，只能适用《职业性肿瘤的诊断》（GBZ 94），而不适用《职业性苯中毒的诊断》（GBZ 68）；对于接触职业病危害因素甲醛引起急性支气管炎，应当执行《职业性急性甲醛中毒诊断标准》（GBZ 33），而不适用《职业性急性化学物中毒性呼吸系统疾病诊断标准》（GBZ 73）。

新法优于旧法。《立法法》第九十二条有关"新的规定与旧的规定不一致的，适用新的规定"法律适用情形，较易理解；但其应用其实也是有限制的，在一般情况下，此规则指的是对当下发生的事实进行评判的法律法规的选择，而对既往发生的事实的评判，需结合"法律一般不溯及既往"的原则进行处理。

法律一般不溯及既往。《立法法》第九十三条规定，法律、行政法规、地方性法规、自治条例和单行条例、规章不溯及既往，但为了更好地保护公民、法人和其他组织的权利和利益而做的特别规定除外。对于法律的执行，原则考虑实体从旧、程序从新，并不能因为新法对保护当事人有利，就直接适用新法，除非满足立法价值取向并有明确的法律规定，如刑法的从旧兼从轻就有明确规定。职业病诊断与鉴定中，评判劳动者10年前受到的职业健康损伤，是适用10年前的诊断标准，还是适用现行标准就属于这类问题，原卫生部曾就此问题有过明确规定"依据现行国家标准进行诊断"，可参见《卫生部关于职业病诊断标准有关问题的批复》（卫法监发〔2004〕73号）。

《职业病防治法》自2000年颁布施行至今20余年，其间已经修正了4次。对于上位法已修正、下位法是否依然有效的问题，可参考中华人民共和国最高人民法院《关于审理行政案件适用法律规范问题的座谈会纪要》（法〔2004〕96号）的有关规定，对不同情形进行区分和法律适用。其中，当实施性规定与修改后的法律、行政法规或者地方性法规不相抵触时，可以适用；而不予适用的情形包括以下两种：实施性规定与修改后的法律、行政法规或者地方性法规相抵触时，以及因法律、行政法规或者地方性法规的修改，导致相应的实施性规定丧失依据而不能单独施行时。从法律法规中发现的内容还有很多，包括法律解释、法律补充，以及法律漏洞的解决等问题，篇幅所限，这里不做赘述。

(二) 小前提：事实证明——证据资料的采用

证据材料是职业病归因诊断的物质基础。在2011年6月全国人民代表大会常务委员会组织进行《职业病防治法》第2次修正时，原卫生部部长陈竺曾指出，职业病诊断是归因诊断。在职业病诊断中，由于劳动者接触职业病危害因素的时间跨度长，从方法论上，职业病诊断属于循证归因，需要收集各时期的证据材料进行查证分析。归因是目的，循证是其方法与手段，特别是职业病诊断工作往往需要回溯劳动者健康损害既往史以及职业病危害接触史，因此，证据材料是职业病诊断活动的基础，没有证据材料就不可能开展职业病诊断与鉴定工作。

1. 证据概述

一般意义上，证据是能够证明某事物真实性的有关事实或材料。其中，"事实"是指事情的真实情况。从可否作为法院认定事实根据或者是否具有证明能力的角度，可将证据理解为"证据材料"和"裁判证据"。"证据材料"是指证据能力尚未得到确认的证据，尚需通过法定的证据调查程序来调查和确定其是否具有证据能力；"裁判证据"是指证据材料经过法定的证据调查程序的调查，法院确定其具有证据能力，可以作为认定事实的根据。证据的属性是指证据之所以为证据，其内在的规定性如何。在证据属性问题上，一般采用"修正三性说"①，即客观性、关联性和合法性（可采性）。职业病诊断所采用、所依据的证据，也应当具备以上三个属性。

一是客观性。客观性（真实性）是证据的首要特征，也是证据最本质的特征。任何事物都是在一定的时间和空间发生的，事实发生后必然会在客观外界遗留下某些物品和痕迹。但受认识、观察方式与能力等影响，这并不意味着收集呈现的材料一定是客观真实的。因此，法律规定一切证据材料必须经过查证属实，才能作为定案的依据。例如《中华人民共和国民事诉讼法》（2021年）（简称《民事诉讼法》）第六十

---

① 陈光中：《证据法学》，法律出版社2015年版，第147页。

六条第二款规定,"证据必须查证属实,才能作为认定事实的根据"[①]。有些专家认为,职业病诊断时有关证据材料真实性的问题,不属于职业病诊断医师考虑的范畴。这一观点过于片面,不符合证据的规则要求,更不具备专业上的合理性。例如尘肺病病人 X 射线胸片的真实性、噪声作业人员纯音听阈测试结果的客观性、苯作业工人血液学检查结果的客观性、镉作业工人尿镉结果的真实性等,只有诊断医师才能对此作出正确判断。

二是关联性。关联性(相关性)是证据的第二个要素。没有关联性,也就无所谓证据,因为什么也证明不了。证据与案件事实之间应当存在客观内在联系,能倾向于证明待证事实可能存在或可能不存在的材料才能称之为证据。实质上,关联性是一个纯粹的事实和经验问题,而不是法律问题。证据与案件事实关联的形式、途径和方法多种多样。在联系的范围上,有时间关联和空间关联,如工作场所事后职业病危害因素检测,与诊断对象工作岗位距离较远岗位空气浓度的检测;在联系的途径上,有直接联系和间接联系;在联系的规律上,有因果关系的必然关联,也有个别情况下偶然的巧合而形成的偶然关联;在联系的功能和作用上,有肯定关联和否定关联。从时间上分,有先行关系、同时并存关系与事后关系,如接触三氯乙烯后尿中三氯乙酸,接触正己烷后尿中检出 2,5-己二酮等。对其关联的程度、可信度,需要职业病诊断医师根据既往经验和专业能力进行判断。

三是合法性。首先是形式合法。《民事诉讼法》(2021 年)第六十六条规定,证据形式包括当事人的陈述、书证、物证、视听资料、电子数据、证人证言、鉴定意见和勘验笔录等。能称之为证据的,首先就应当满足法律的形式要求。其次是证据的来源,收集程序必须合法。证据来源的主体要合法,有资质要求的主体应当取得相应的资质。例如进行工作场所职业病危害因素检测的机构,应当取得"职业卫生技术服务机构"资质。证据的获取途径(程序)与方式要合法,例如由劳动者自行送检,或未经质证,没有按照法律规定或要求收集的证据,均不能认定为合法。证据能否在规定时限内提交,也属于合法性问题。但当前

---

① 《中华人民共和国民事诉讼法》,见国家法律法规数据库(https://flk.npc.gov.cn/detail2.html?MmM5MDlmZGQ2NzhiZjE3OTAxNjc4YmY4NTY5MTBhMDU%3D)。

对这一问题的要求较前宽松。例如《民诉法解释》(2020年)第一百零一条规定,"当事人逾期提供证据的,人民法院应当责令其说明理由,必要时可以要求其提供相应的证据。当事人因客观原因逾期提供证据,或者对方当事人对逾期提供证据未提出异议的,视为未逾期"。第一百零二条规定,"当事人因故意或者重大过失逾期提供的证据,人民法院不予采纳。但该证据与案件基本事实有关的,人民法院应当采纳,并依照民事诉讼法第六十五条、第一百一十五条第一款的规定予以训诫、罚款。当事人非因故意或者重大过失逾期提供的证据,人民法院应当采纳,并对当事人予以训诫"。由此可见,证据具有客观性、关联性,不存在其他合法问题时,一般予以采用。据此,职业病诊断与鉴定过程中,在判断结论作出之前,应对收集到的证据予以考虑为佳。

但合法性并不是证据的基本属性或特征,而是证据的社会属性,它是社会在一定特定情形下对证据具体要求的体现,是人为附加给证据的一种属性。因此,有学者认为应当以"可采性"取代"合法性"作为证据的法律属性。既然是社会属性,也就必须平衡考量各种社会价值。在《民诉法解释》(2020年)第一百零六条规定中,仅排除了以严重侵害他人合法权益、违反法律禁止性规定或者严重违背公序良俗的方法形成或者获取的证据。实践中,某些情况下不合法证据虽违反了法律的规定,但因其仍具备证据的自然属性,即证明案件事实的能力,实际上也可能得到采纳。例如,非法证据排除规则的例外情形。所以,假设要证明某用人单位工作场所噪声超标,取得社会环境检测资质机构的检测报告其检测结果假若没有超标,则不可使用;但假如该检测报告显示噪声超标,虽然有关检测机构不具备职业卫生技术服务机构检测资质,该结果也可考虑作为证据而被采用。

2. 证据的证明力

在职业病诊断与鉴定过程中,证据材料主要有疾病证明材料和工作场所职业病危害状况的证明材料。疾病证明材料包括上岗前、在岗期间、离岗时的职业健康检查结果,以及疾病诊断、治疗、进展、转归等材料。职业病危害因素(职业史)证据材料可有事中或事后的检测报告、评价报告、行政判定报告,甚至流行病学调查资料等。但这些证据所关联指向的"事实"可能相互矛盾,这就涉及证据的证明力(probative force of evidence)判断问题。《民诉法解释》(2020年)第一百零四条规定,"人民法院应当组织当事人围绕证据的真实性、合法性以及与待证事实的关联性进行质证,并针对证据有无证明力和证明力大小进行说明和辩论。能够反映案件真实情况、与待证事实相关联、来源和形式符合法律规定的证据,应当作为认定案件事实的根据"。《最高人民法院关于民事诉讼证据的若干规定》(2019年修正)第八十五条规定,"审判人员应当依照法定程序,全面、客观地审核证据,依据法律的规定,遵循法官职业道德,运用逻辑推理和日常生活经验,对证据有无证明力和证明力大小独立进行判断"。在职业病诊断与鉴定工作中,专家同样需要运用日常生活经验、逻辑推理、职业卫生与职业医学专业知识,按照证据规则慎重考虑、综合判断。

法律特别规定部分事实当事人无须举证证明。《民诉法解释》第九十三条规定的当事人无须举证证明的情形包括"已为人民法院发生法律效力的裁判所确认的事实"和"已为仲裁机构生效裁决所确认的事实"等。但在职业病诊断与鉴定使用劳动关系仲裁文书时,还应注意《职业病防治法》(2018年)第四十九条特别规定,在劳动人事仲裁委员会对劳动关系、工种、岗位和在岗时间等作出劳动仲裁后,用人单位对劳动仲裁提起诉讼的,此时原作出的劳动仲裁文书虽然没有生效,但依照法律的特别规定,职业病诊断与鉴定过程中该仲裁文书可以,且也必须使用。

根据证据的关联性特征,可以把证据分为直接证据与间接证据,前者的关联程序、证明效力大于后者。所谓直接证据是指能够单独直接证明案件,一步到位的证明材料。间接证据从某个侧面、片段进行印证,不能单独直接证明案件,需要与其他证据相结合构成证据体系。职业病诊断与鉴定当中的材料几乎都是间接证据。临床检验和检查结果与临床疾病的关系,相当于综合多个指标(间接证据)最后判断作出临床疾病(事实损害后果)诊断;当然,临床疾病(事实损害后果)结论,可以理解为职业病诊断过程中损害后果的直接证据。而工作场所职业病危害因素检测报告也仅是间接证据;诊断过程需要的是劳动者工作过程所有时间段接触的职业病危害状况,但检测报告仅是某具体时间段(某天)的直接证据,只能间接地反映其他时间的状况。同工种劳动者职业健康检查资料也是间接证据,这是指标的间接,是职业病危害状况在劳动者身体上的反映。当有关证据均为间接证据时,哪项证据的效力更大、证明力更强，则需要专家从关联性上进行分析判断。

3. 证据材料的获得

第一，证据材料首先由当事人提供。谁主张，谁举证。当事人对自己提出的主张有提供证据证明的义务。举证责任有特殊规定的，从其规定。《民诉法解释》第九十条规定，"当事人对自己提出的诉讼请求所依据的事实或者反驳对方诉讼请求所依据的事实，应当提供证据加以证明，但法律另有规定的除外"。《职业病防治法》（2018年）有此特殊规定，如第四十七条第一款要求用人单位、劳动者和有关机构应当提供与职业病诊断、鉴定有关的资料；以及第七十二条（十）对用人单位隐瞒、伪造、篡改、毁损职业健康监护档案等诊断相关证据材料负有法律责任的规定等。这些也是对用人单位举证行为责任的规定。

第二，证据资料由诊断鉴定机构组织调查或诊断机构提请行政调查取得。《职业病防治法》（2018年）第四十七条第二款规定，"职业病诊断、鉴定机构需要了解工作场所职业病危害因素情况时，可以对工作场所进行现场调查，也可以向卫生行政部门提出，卫生行政部门应当在十日内组织现场调查。用人单位不得拒绝、阻挠"。实践中，证据材料缺乏是常态。证据缺乏时如何归责，可参照有关法律法规的规定。例如《最高人民法院关于民事诉讼证据的若干规定》（2019年修正）第九十五条规定，"一方当事人控制证据无正当理由拒不提交，对待证事实负有举证责任的当事人主张该证据的内容不利于控制人的，人民法院可以认定该主张成立"。《职业病防治法》（2018年）第四十八条规定，"职业病诊断、鉴定过程中，用人单位不提供工作场所职业病危害因素检测结果等资料的，诊断、鉴定机构应当结合劳动者的临床表现、辅助检查结果和劳动者的职业史、职业病危害接触史，并参考劳动者的自述、卫生行政部门提供的日常监督检查信息等，作出职业病诊断、鉴定结论"。

证据缺乏时如何进行诊断？《职业病防治法》（2018年）第四十六条规定，"没有证据否定职业病危害因素与病人临床表现之间的必然联系的，应当诊断为职业病"。这是职业病诊断的灵魂规则，明确规定了用人单位怠于举证的后果责任。但举证后果责任一般不应滥用。举证后果责任是帮助裁判者作出裁判的辅助性规范，当证明成功，事实的真或伪能确定，裁判者可依据查明的事实作出裁判时，则无须考虑举证后果责任。只有当证明失效,才借助举证责任来作出裁判。根据举证的后果责任进行裁判是最后的手段,仅当事实的调查达到合理的程度时,这一手段才能发挥其正当性价值。所以,如果诊断过程存疑,在能进行调查取证时,应先予调查取证;适应举证后果责任推定前,必须穷尽调查的手段,这也是确认结论客观真实的前提。

(三)作出结论:职业病诊断结论论证推导——法律涵摄过程

职业病诊断中证据资料缺乏时依然可以,也应当作出职业病诊断结论,这是《职业病防治法》(2018 年)特别规定的。根据该规则进行的逻辑推论类似于法律适用中的涵摄(subsumtion)过程,即将特定案例的事实置于法律规范的要件之下,以获得一定结论的一种思维过程。这一过程表现为逻辑的三段论,即以法律规范为大前提,特定的案例事实为小前提,以一定法律效果的发生为其结论。[1]

《职业病防治法》(2018 年)第四十六条规定,"没有证据否定职业病危害因素与病人临床表现之间的必然联系的,应当诊断为职业病"。可见,职业病诊断结论不一定是客观事实,而是法律事实;结论不是事实推定,而是法律推定。这种推定就是推定劳动者健康损害与其接触(或可能接触)的职业病危害因素之间是否存在因果关系,这种推定因果关系有其需要遵循的规则。首先,要明确行为(进入工作场所)与后果(健康损害)的时间顺序(时序性),必须是先因后果。其次,行为与后果应当存在盖然性联系(盖然性),也即一般情况下,这类行为能够造成这类损害,存在的后果与得出的结论(结论)和科学原理无矛盾,在医学上存在生物学合理性、特异性。如鞋厂可能会有噪声、使用含苯或正己烷或 1,2 - 二氯乙烷的有机溶剂,劳动者出现的噪声聋、白细胞减少症、周围神经系统疾病、中枢神经系统损害等疾病,可能与工作场所危害之间存在盖然性联系。最后,由于结果是推定的,必须排除其他可能性(排他性),尽可能进行鉴别诊断,在未发现其他

---

[1] 参见林炳杰《苯所致白血病诊断争议问题探讨》,载《中国职业医学》2019 年第 4 期,第 477 - 479 页。

发病原因时作出诊断结论。《职业病诊断通则》（GBZ/T 265—2014）说明的也是这一问题。"3.3　因果关系判定原则""3.3.1　时序性原则"中规定，"职业病一定是发生在接触职业病危害因素之后，并符合致病因素所致疾病的生物学潜伏期和潜隐期的客观规律"。职业病一定是发生在接触职业病危害因素之后，疾病在前、接触在后的不是职业病。当然，假如劳动者既往有哮喘病史，或者在新近职业接触之前也曾有哮喘发作，倘若工作场所发现有明确致敏原，也不排除职业病危害因素引起继发性哮喘发作的可能。

　　职业病的发生，也应当符合致病因素所致疾病的生物学潜隐期（latency）和潜伏期（latent period）的客观规律。潜隐期通常是针对职业性肿瘤而言，指从接触已确认的致癌物开始到确诊该致癌物所致的职业性肿瘤时的间隔时间。界定潜隐期时，需要确认劳动者诊断为该职业性肿瘤的相关职业病危害因素的最早接触时间；当间隔时间短于潜隐期，一般可排除该肿瘤由相应职业病危害因素所诱发，即可排除劳动者罹患职业性肿瘤的可能。潜伏期是指从开始接触职业病危害因素至出现相应疾病的最早临床表现之间间隔的时间。例如劳动者脱离接触一氧化碳 1 年后出现急性中毒就不符合"潜伏期"的规律，不能诊断为职业性急性一氧化碳中毒。《职业病诊断通则》（GBZ/T 265—2014）的"3.3.2　生物学合理性原则"中规定，"职业病危害因素与职业病的发生存在生物学上的合理性，即职业病危害因素的理化特性、毒理学资料或其他特性能证实该因素可导致相应疾病，且疾病的表现与该因素的健康效应一致"①。在工作中，接触噪声可导致听力损失或爆震聋；接触苯可引起血液系统损害或中枢神经系统损害；接触正己烷可引起周围神经系统损害；等等。但接触甲醛则不可能引起周围神经疾病，这就是生物学上的合理性原则。以上也是适用"没有证据否定的，应当诊断为职业病"这一规则的前提——两者首先应当存在盖然性联系。

　　推定因果关系解决职业病诊断有其进步意义。其优点主要体现在五个方面。①弥补了职业病诊断所需资料客观上无法取得的缺陷。疾病是客观的，除了死亡病例，多数可以获得健康状况材料。但工作场所职业

---

①　中华人民共和国国家卫生和计划生育委员会：《职业病诊断通则：GBZ/T 265—2014》，中国标准出版社 2014 年版。

病危害问题、群体职业健康问题，由于历史不能重现，若当时未进行相应的监测或健康检查，诊断时多数难以获得相应的证据资料。②有利于实现职业病诊断及时便民原则。③有利于及时作出诊断。"迟来的正义非正义"，及时诊断体现社会法救济功能。④有利于强化用人单位举证，提高诊断效率。用人单位若不举证，须承担举证不力的后果。⑤有利于推动用人单位在日常工作中落实职业病防治主体责任。

## 三、结语

### （一）法律适用过程应以专业为基础

职业病诊断有医学特征，也有社会性特征，但这种社会性特征必须以专业医学为基础。职业病诊断中法律适用，不排斥医学专业知识；相反，其需要以医学专业知识为基础。证据材料的关联性判断、证据力大小判断就需要以专业为基础。美国著名证据法学家塞耶曾说："在绝大多数情况下，法律并没有规定具体的关联性标准，而是将该问题交给逻辑和一般经验。"① 所谓的自由心证，体现在关联性的判断上，职业病诊断证据的关联性是逻辑和经验上的相互联系，本身就是事实问题，是职业病临床与职业卫生专业问题。《职业病诊断通则》（GBZ/T 265—2014）的"3.3.4 生物学梯度原则"规定，"多数职业病与职业病危害因素接触之间存在剂量-效应和（或）剂量-反应关系，即接触的职业病危害因素应达到一定水平才可能引起疾病的发生；接触水平（exposure level）越高、接触时间越长，疾病的发病率越高或病情越严重。职业病危害因素对疾病的发生、发展影响越大，疾病与接触之间因果关系的可能性就越大"②。我们要关注的是，职业病危害因素能否引起疾病存在最低的累积接触量，低于最低的累积接触量一般不会引起该疾病。多数职业病与危害因素之间也存在剂量-效应关系，接触水平越

---

① James Bradley Thayer, A Preliminary Treatise on Evidence at the Common Law. Boston: Little, Brown (1898), p. 265.
② 中华人民共和国国家卫生和计划生育委员会：《职业病诊断通则：GBZ/T 265—2014》，中国标准出版社2014年版。

高，接触时间越长，疾病的发病率就越高，病情越严重。发病原因取决于物质固有的物理化学因素、性质和毒理学性质，有时个体差异不是最主要的。当然，过敏性疾病、职业性肿瘤等例外。这些都是专业性问题。

## （二）法律适用是诊断工作的重要组成部分

职业病诊断与鉴定工作要获得社会理解，需用普通人包括法官听得懂的语言去述说。所以说，法律适用是实现内外沟通的桥梁，正确进行法律的适用，才能充分理解"没有证据否定临床表现与工作场所职业病危害之间的因果关系的应当诊断为职业病"的规定，才能正确理解《职业病防治法》（2018年）的价值取向，也才有可能正确地保障劳动者和用人单位的合法权益。程序是看得见的正义，也只有严格按照法律的规程，遵守法律的规定，才能体现公平正义的实现，才能取信于民，取信于社会，才能让社会对诊断工作产生信服。

职业病诊断与鉴定是一门综合学科，需要职业病临床、职业卫生专业，同样需要法律思维。社会健康意识提高、法律意识提高、维权意识提高，以及依法治国的进一步推进，给职业病诊断与鉴定提出了新挑战和新任务，也将给诊断医师和鉴定专家提出更高的要求。职业病诊断医师有必要在加强专业知识学习的同时，重视法律适用的学习和运用，全面提高职业病诊断鉴定能力，更好地保障劳动者职业健康和相关权益。

**参考文献**

[1] 胡世杰. 职业病诊断证据材料分析与采用 [J]. 中国职业医学，2015，42（4）：361-365.

[2] 胡世杰. 论职业病归因诊断原则 [J]. 中国职业医学，2014，41（1）：30-35.

[3] 中华人民共和国国务院. 医疗事故处理条例 [Z/OL]. (2002-04-04) [2019-12-30]. http://www.gov.cn/banshi/2005-08/02/content_19167.htm.

[4] 张乐跃，许鹏. 对用人单位的异议属于职业病诊断鉴定范围 [J]. 人民司法，2012（12）：55-57.

[5] 亢居阁. 医疗技术损害责任因果关系证明的现实困境与破解之道 [J]. 南昌大学法律评论，2018：23-56.

[6] 卢佩. "法律适用"之逻辑结构分析 [J]. 当代法学, 2017, 31 (2): 97-105.

[7] 王汉晴. 面向实践的法律发现研究 [J]. 泰山学院学报, 2017, 39 (5): 122-126.

[8] 张嫣然, 蔡旻君. 法律案例分析研究: 该当法律规范的发现方法 [J]. 法制博览, 2018 (11): 172.

[9] 刘志刚. 法律规范冲突解决规则间的冲突及解决 [J]. 政法论丛, 2015 (4): 92-99.

[10] 赵玉增. 法律发现: 法官"找法"的规则新解 [J]. 上海政法学院学报 (法治论丛), 2019 (4): 52-60.

[11] 陈竺. 关于《中华人民共和国职业病防治法修正案（草案）》的说明 [EB/OL]. (2011-06-27) [2019-12-30]. http://www.npc.gov.cn/wxzl/gongbao/2012-03/05/content_1705150.htm.

[12] 中国社会科学院语言研究所词典编辑室. 现代汉语词典 [M]. 6版. 北京: 商务印书馆, 2014: 1663.

[13] 曾宪义. 民事证据法学 [M]. 北京: 中国人民大学出版社, 2011: 29-30.

[14] 中华人民共和国最高人民法院. 最高人民法院关于适用《中华人民共和国民事诉讼法》的解释 [R/OL]. (2014-12-18) [2019-12-30]. http://courtapp.chinacourt.org/fabu-xiangqing-13241.html.

[15] 李贝贝. 论民事诉讼中的非法证据排除规则: 兼评《民诉法解释》第106条 [J]. 湖北工程学院学报, 2017, 37 (4): 92-97.

[16] 中华人民共和国最高人民法院. 最高人民法院关于民事诉讼证据的若干规定 [R/OL]. (2019-12-26) [2019-12-30]. http://www.npc.gov.cn/npc/c30834/201912/9bce4fdad6734765b316f06279aba6b8.shtml.

[17] 葛明洋. 刑诉中直接证据与间接证据的划分标准探讨 [J]. 嘉应学院学报, 2017, 35 (10): 53-56.

[18] 胡仕浩, 刘树德. 新时代裁判文书释法说理的制度构建与规范诠释上: 《关于加强和规范裁判文书释法说理的指导意见》的理解与适用 [J]. 法律适用 (司法案例), 2018 (16): 3-20.

[19] 中华人民共和国国家卫生和计划生育委员会. 职业性肿瘤的诊断 [S]. 北京: 中国标准出版社, 2017.

[20] 中华人民共和国卫生部. 职业卫生名词术语 [S]. 北京: 人民卫生出版社, 2010.

[21] 中华人民共和国国家卫生和计划生育委员会. 职业病诊断通则 [S]. 北

京：中国标准出版社，2014.

## 第三节　职业病诊断与鉴定举证责任[①]

职业病诊断与鉴定法律法规中，有关举证制度的规定并不多，在实际工作中，人们容易对其含义和责任分配规则的认识和理解产生歧义，因而影响职业病诊断与鉴定的及时受理，甚至影响作出诊断结论的及时性和正确性。鉴于此，本节试图分析实践工作中存在的认识误区，借鉴民事诉讼证据规则，依据职业卫生法律法规有关规定，对职业病诊断与鉴定若干举证问题进行探讨，以期正确理解、准确把握举证责任（burden of proof）。

### 一、职业病诊断与鉴定工作中有关举证问题容易产生的认识误区

用人单位和劳动者或其他有关机构提供的职业病诊断与鉴定材料（证据）是诊断机构或鉴定组织进行职业病诊断或鉴定重要的医学与事实依据。当事人提供材料（证据）的过程可统称为举证，也叫作证明。实践工作中，由于对"谁主张，谁举证"的举证规则的机械理解，容易对诊断鉴定当事人双方举证责任的认识产生误区，因而影响开展实际工作或作出诊断鉴定结论。

第一种误区是认为不能提交全部诊断材料者不予受理（接受诊断）。这类观点主要是基于传统职业病诊断习惯，特别是原卫生部《职业病诊断与鉴定管理办法》（2002 年）第十一条规定，申请职业病诊断时应当提供职业史、既往史和职业健康监护档案复印件等五类材料。申请人提交材料不全，即可视为不符合法律规定而不予受理。这种认识源于对法律的片面理解，未能全面掌握法律规定并正确理解立法精神。

第二种误区是认为当事人提交的材料不全，职业病诊断与鉴定结论

---

[①] 根据胡世杰《职业病诊断与鉴定举证责任若干问题探讨》改编，原载《中国职业医学》2006 年第 6 期，第 453－454 页。此文虽撰写于 2006 年，考虑到该文章的观点在今天仍有一定的意义，因而结合制度的修改，对内容进行相应修改后予以录入。

的作出就应不利于劳动者。持这类观点者认为，作出职业病结论不仅应当清楚病变过程，明确病因，而且材料（证据）必须齐全、确凿。因而，当当事人不能提交或者拖延，甚至拒不提交职业史、现场监测材料等资料时，职业病诊断与鉴定者便迟迟不予作出诊断结论，甚至作出不能诊断为职业病的结论。产生这种认识的原因，主要是把职业病诊断单纯地等同于病理疾病的诊断，不能意识到职业病的诊断也是责任推定的归因诊断，因而不敢依据举证责任规则和《职业病防治法》（2018年）第四十六条（2001年第四十二条）的规定进行归因诊断。

## 二、正确理解举证责任

职业病诊断与鉴定工作需要正确理解举证责任概念。所谓举证责任，也称证明责任，是指当事人对自己主张的事实提出证据加以证明，并承担相应的法律后果。举证责任一般可从两个方面来理解：一是行为责任，也称主观举证责任，指当事人为了避免败诉，通过自己的举证活动对有争议的事实进行证明的一种责任；二是后果责任，也称客观的举证责任，其本质是指当事人一方在诉讼当中如果其主张的某项事实最终不能被证明时，自己将对裁决的不利后果负责。① 民事诉讼中，"谁主张，谁举证"是分配证明责任的基本原则，即凡是主张权利或法律关系存在或不存在的当事人，对权利或法律关系的发生或者消失的一般要件事实和特别要件事实负证明责任。但是法律另有规定或其情形显失公平的，不在此限，则可适用举证责任倒置或由法官自由裁量。如原《最高人民法院关于民事诉讼证据的若干规定》（2001年）第四条便对劳动者、消费者等弱者特殊侵权受害案件和发生在高技术或技术性特别强的专业领域等的8种案例，施行举证责任倒置；在法律有关举证责任分配出现漏洞时，还可由法官自由裁量举证责任的分配。其出发点主要是基于为了适应具体案件当事人之间的实质正义或者是对双方当事人利益的合理衡量而作出的特殊规定。职业病诊断与鉴定工作，既是解决用人单位与劳动者平等主体之间责任纠纷，同时也是保护弱者权益的一项工作，因而，在其举证责任问题上，不能仅从"谁主张，谁举证"的

---

① 参见陈卫东、谢佑平《证据法学》，复旦大学出版社2005年版，第279–280页。

职业病诊断法律制度研究

一般原则上去理解，还应掌握具体法条规定的含义，从《职业病防治法》保护劳动者健康的立法精神，从劳动者与用人单位双方举证能力、案件的实质正义等多方面予以考虑。

## 三、职业病诊断与鉴定工作适用举证倒置特殊规则

职业病诊断与鉴定可归属于举证倒置特殊规则，即劳动者对支持自己诊断请求的一般要件事实并不负担举证责任，而由用人单位负担证伪的责任。若用人单位负担不了证伪的责任则由职业病诊断机构或鉴定组织认可该事实的真实性，用人单位因此将承担不利后果（承担职业病治疗与赔偿责任）。这种举证责任倒置可从两个方面进行理解。

### （一）由职业卫生法规特殊规定所决定

《最高人民法院关于民事诉讼证据的若干规定》（2001年）第四条规定，"有关法律对侵权诉讼的举证责任有特殊规定的，从其规定"。职业卫生法律法规对职业病诊断与鉴定的举证责任也有一些特殊规定。有对用人单位承担举证的行为责任要求的，如《职业病防治法》（2001年）第四十八条规定，"职业病诊断、鉴定需要用人单位提供有关职业卫生和健康监护等资料时，用人单位应当如实提供"，该条文是对用人单位义务提供诊断材料的强制性规定；第四十九条"用人单位应当及时安排对疑似职业病病人进行诊断"，这是对用人单位主动配合诊断工作的明确要求。《卫生部关于进一步加强职业病诊断鉴定管理工作的通知》（卫法监发〔2003〕350号，简称《诊断通知》，已废止，相关内容已修订纳入现行诊断制度）规定，"职业病诊断与鉴定需要用人单位提供有关职业卫生和健康监护等资料时，用人单位应当如实提供，用人单位不提供或者不如实提供的，卫生行政部门可视其为未按照规定建立健全职业卫生档案和劳动者健康监护档案或者未按照规定安排职业病人、疑似职业病人进行诊治，依据《职业病防治法》第六十三条第（二）项、第六十四条第（四）项、第六十五条第（六）项规定情形处理"，这更是对用人单位举证行为责任明确、详尽的规定。有对用人

单位承担举证后果责任规定的，如《诊断通知》规定，"用人单位不提供或者不如实提供诊断所需资料的，职业病诊断与鉴定机构应当根据当事人提供的自述材料、相关人员证明材料，卫生监督机构或取得资质的职业卫生技术服务机构提供的有关材料，按照《职业病防治法》第四十二条的规定作出诊断或鉴定结论"。在民事诉讼中也有类似规定，《最高人民法院关于民事诉讼证据的若干规定》（2001年）第七十五条规定，"有证据证明一方当事人持有证据无正当理由拒不提供，如果对方当事人主张该证据的内容不利于证据持有人，可以推定该主张成立"。职业卫生监护档案由用人单位持有，用人单位如拒不提供，就应当承担因此带来的行为和后果责任。

（二）由当事人双方举证能力所决定

《最高人民法院关于民事诉讼证据的若干规定》（2001年）第七条规定，"在法律没有具体规定，依本规定及其他司法解释无法确定举证责任承担时，人民法院可以根据公平原则和诚实信用原则，综合当事人举证能力等因素确定举证责任的承担"。《最高人民法院关于民事诉讼证据的若干规定》（2019年）第五十二条规定，对当事人在该期限内提供证据确有困难的情形，人民法院应当根据当事人的举证能力、不能在举证期限内提供证据的原因等因素综合判断。作业场所的职业危害因素检测与评价、劳动者健康监护等工作是用人单位必须依法履行的义务，有关资料都掌握在用人单位手里。劳动者申请职业病诊断或鉴定时，靠自己为其主张举证，提供诊断与鉴定所需资料，在客观上存在很大的困难。这种双方当事人举证能力悬殊的现实差距，也决定了由用人单位负责举证更为合适。

## 四、劳动者应承担的举证责任

劳动者主张健康受损，怀疑患有职业病而申请职业病诊断，根据举证责任倒置原理，建议只对其主张的特别要件事实负有举证责任，即一是提供证明其健康受损害的医学证明，二是提供与用人单位存在劳动关系证明。这与《职业病诊断与鉴定管理办法》（2002年）第十一条规定的"没有职业病危害接触史或者健康检查没有发现异常的,诊断机构可以不予受理"精神相一致。虽然为了解决劳动者职业病诊断申请难的问题,2013 年《职业病诊断与鉴定管理办法》修订时删除了该条款内容,不作为接受诊断要求的前提,但依然为作出诊断结论的分析依据。因为诊断机构或鉴定组织机械地要求劳动者在申请时务必提供健康监护档案、工作场所历年职业病危害因素检测与评价等资料,则容易陷入若用人单位拒不配合协助劳动者提供资料时,诊断机构将无法受理和诊断职业病,劳动者权益得不到保障的错误逻辑怪圈。

## 五、关于举证时限

职业卫生法律法规对举证时限即举证时间效力并无明确规定,当用人单位怠于举证时,容易导致诊断工作拖而未决的情况出现;或者可能由于在鉴定时用人单位提出新的证据,致使鉴定专家根据新的证据作出推翻原有诊断结果的结论,影响了诊断工作的效率和质量。因此,完善举证期限制度、明确当事人举证时限,有利于诊断与鉴定工作公正、高效地展开,更好地保障劳动者权益。参照《最高人民法院关于民事诉讼证据的若干规定》(2001 年)举证时限规定和民诉的一般做法,诊断机构或鉴定组织可在致当事人的补充材料通知书上载明举证期限以及逾期提供证据的法律后果。由于诊断所需资料均已为用人单位持有,一般情况下,举证期限为十五日应该足够。对于举证时限问题,现行《职业病诊断与鉴定管理办法》(2021 年)在第二十三条(2013 年第一次修订时第二十四条)已作出明确规定,"用人单位应当在接到通知后十日内如实提供"。

**参考文献**

[1] 陈卫东,谢佑平. 证据法学[M]. 上海:复旦大学出版社,2005:279-280.

[2] 最高人民法院. 最高人民法院关于民事诉讼证据的若干规定[EB/OL]. (2001-12-21)[2006-02-14] http://www.law-lib.com/law/law_view.asp?id=16829.

[3] 全国人民代表大会常务委员会. 中华人民共和国职业病防治法[EB/

OL］．（2001 – 10 – 27）［2006 – 02 – 14］http：//www. law – lib. com/law/law_view. asp?id = 16435．

［4］卫生部．卫生部关于进一步加强职业病诊断鉴定管理工作的通知［EB/OL］．（2003 – 12 – 23）［2006 – 02 – 14］http：//www. law – lib. com/law/law_view. asp?id = 82064．

［5］卫生部．职业病诊断与鉴定管理办法［EB/OL］．（2002 – 03 – 28）［2006 – 02 – 14］http：//www. law – lib. com/law/law_view. asp?id = 41084．

## 第四节　职业病诊断举证倒置规则适用的困境与优化

### ——兼评《职业病诊断与鉴定管理办法》（2021 年）第二十八条[①]

职业病诊断与鉴定实行举证责任倒置的规则，举证的目的在于解决工作场所职业病危害因素与职业病的因果关系问题，其实质是后果责任。但在职业病诊断与鉴定实践中，举证责任倒置规则的适用存在较多的困境，不敢适用、难以适用，甚至错误适用的各种情形均有发生。只有厘清举证责任的本质，在职业病诊断与鉴定实践中正确适用与优化举证规则，进一步完善立法，推动相关法律制度的准确适用，才有利于保障劳动者职业健康权益，落实用人单位职业病防治主体责任。

《职业病防治法》对职业病诊断与鉴定举证责任的合理分配，是职业病诊断与鉴定制度在实践工作中得以公正、及时履行的保证。但由于制度规定抽象，相关职业病诊断标准也仅有原则性规定，实践中，受个人理解、传统理念，甚至下位阶制度规则的制约，制度实施效果易受影响。如何准确理解职业病诊断与鉴定举证规则，进一步完善立法，并推动相关法律制度的准确适用，对于更好地保障劳动者职业健康权益，落实用人单位职业病防治主体责任，推动健康中国的建设具有重要意义。

---

① 根据胡世杰《职业病诊断举证倒置规则适用的困境与优化》改编，原载《中国职业医学》2021 年第 4 期，第 361 – 365 页。

职业病诊断法律制度研究

## 一、问题提出

职业病是全世界健康不良和死亡的一个重要原因，其可导致工作能力和生活质量下降、病假延长、失业、提前退休和伤残索赔等问题。在我国，每年新发职业病的数量持续居于高位，劳动者职业病防治和职业健康保护任务依然严峻。① 保证职业病诊断结论的科学、公平、公正，是保障劳动者的健康权益的重要前提。《职业病防治法》（2018年）第四十六条第二款规定，"没有证据否定职业病危害因素与病人临床表现之间的必然联系的，应当诊断为职业病"。该规则明确了职业病诊断与鉴定举证的后果责任，是职业病诊断与鉴定举证责任倒置的根本性规则，也是《职业病防治法》的灵魂规则。但对于如何适用该规则，法律上未有其他规定。而国家卫生健康委发布的《职业病诊断与鉴定管理办法》（2021年）第二十八条则规定，"经卫生健康主管部门督促，用人单位仍不提供工作场所职业病危害因素检测结果、职业健康监护档案等资料或者提供资料不全的，职业病诊断机构应当结合劳动者的临床表现、辅助检查结果和劳动者的职业史、职业病危害接触史，并参考劳动者自述或工友旁证资料、卫生健康等有关部门提供的日常监督检查信息等，作出职业病诊断结论"。此外，《职业病诊断通则》（GBZ/T 265—2014）对在诊断过程中如何进行疾病认定、职业病危害因素判定、因果关系判定等做了原则性规定。② 但在职业病诊断与鉴定实践中，在证据材料齐全时依据原则进行认定和（或）判定尚存难度，在证据欠缺时进行认定和（或）判定将更为困难。这导致法律规定的举证责任倒置规则在实践适用中存在较多争议，不敢适用、难以适用，甚至错误适用情形均有发生。

在一起职业性噪声聋病例的职业病诊断鉴定讨论中，职业病诊断鉴定专家就如何认定和使用工作场所应急事故检测报告等证据材料时认

---

① 参见李涛、李霜《健康中国战略与职业健康保护》，载《中国职业医学》2020年第5期，第505–511页。

② 参见中华人民共和国国家卫生和计划生育委员会《职业病诊断通则》，中国标准出版社2014年版。

为，如果用人单位未依法定期对工作场所进行职业病危害因素检测与评价，即使工作场所的应急事故检测结果（事后检测结果）符合国家标准，也仅可作为参考，应判定劳动者实际工作场所职业病危害因素浓度或强度不符合国家职业卫生标准，从而认定劳动者的职业病危害接触史[1]。这是在职业病诊断与鉴定实践中，狭义理解证据的关联性、忽略证据采集的现实性的典型现象。在对工作场所进行职业病危害判定时，事后检测是否有必要？存在的意义在哪里？这些是值得思考和亟待解决的问题。有文章就职业病诊断专家关于工作场所职业病危害因素证据材料对劳动者职业接触史证明力的争议进行了描述。在职业病诊断阶段，用人单位仅提交了工作场所空气中苯水平低于检出限（detection limit）的职业病危害因素检测报告，职业病诊断医师据此认定劳动者无明确的职业性苯接触史而作出否定性诊断；但在职业病鉴定阶段，职业病诊断鉴定专家则认为用人单位提交的工作场所职业病危害因素检测资料不全，不能排除劳动者在用人单位工作期间存在职业性苯接触史，应当鉴定为职业病。[2] 不同的职业病诊断医师或职业病诊断鉴定专家对职业接触史的认定存在不同判定。根据工作场所职业病危害因素检测资料或结合流行病学资料进行判定较为常见；亦有专家认为在资料不齐全时，从充分考虑劳动者健康权益的角度，应结合具体情况给予不同的判定。[3]在职业病诊断与鉴定中，举证倒置规则在实践中的适用至少存在两个方面的问题。其一，适用举证倒置规则进行职业病认定的前提是什么，职业卫生法律法规对此未有明确规定。其二，否定之标准问题。由于法律法规对此没有明确规定，容易导致否定标准认定的模糊性，难以判定是工作场所中不存在该职业病危害因素，还是该职业病危害因素应当低于某确定的浓度（强度）。

---

[1] 参见康顺爱、张建坤《对一起职业病鉴定否定原诊断结论案例的分析》，载《中国卫生法制》2014年第6期，第8-11页。
[2] 参见罗红彬、陈美倩、杨锡龙《广州市347例职业病首次鉴定分析》，载《中国职业医学》2020年第3期，第350-353页。
[3] 参见罗红彬、陈美倩、杨锡龙《广州市347例职业病首次鉴定分析》，载《中国职业医学》2020年第3期，第350-353页。

## 二、职业病诊断与鉴定举证责任倒置规则性质分析

根据《职业病诊断与鉴定管理办法》(2021年)有关规定,职业病诊断与鉴定需要当事人提供相关证据材料,包括劳动者的职业史、职业病危害接触史、工作场所职业病危害因素检测结果、职业健康检查结果和个人剂量监测档案(进行职业性放射性疾病诊断时需要提供)等。但实践中,职业病诊断与鉴定材料欠缺是常态。在证据材料不足、工作场所不可能复原的情况下,如何保证诊断的效率和公平,甚至避免因违法不提供材料而获利的情形发生,有必要合理分配举证责任。

### (一)举证责任一般理论

所谓举证责任,即证明责任,是指当引起法律关系发生、变更或消灭的事实要件处于真伪不明的状态时,当事人需要承担因法院不适用以该事实存在为构成要件的法律而产生的不利于自己的法律后果。① 一般情况下,当事人对自己提出的主张,有责任提供证据予以证明,这也是俗称的"谁主张,谁举证"规则。当然,主张有"积极"与"消极"之分,所谓"谁主张,谁举证",是持"积极"主张一方当事人需要举证;在积极主张有了证据支持情况下,持"消极"主张者若再主张该事实消灭的也有了举证的责任。② 而举证责任倒置则是与"谁主张,谁举证"的举证责任"正置"相对应的概念,是指在特殊的情况下,将原来由原告负担的证明责任免除,并将该待证事实的反面事实由被告负证明责任。在举证责任的分配上,一般先是依从规则的规定,如证据规则中规定的几种特殊侵权举证责任分配;在未明确规定的情况下,再由法官在基本原则的约束下进行分配。这些基本原则包括公平原则。例如

---

① 参见都雪《浅论民事诉讼中的举证责任》,载《法制与社会》2017年第18期,第21-22页。
② 参见刘丹《民事诉讼主张的类型化分析——以当事人的诉讼行为为视角》,载《河南财经政法大学学报》2016年第3期,第134-140页。

原告举证客观上存有困难，被告进行反证较为容易、合理、可行。

职业病诊断与鉴定中的举证责任，指劳动者或用人单位存在相应的提供诊断证明材料的责任，并将承担因证明不力而产生的不利于自己的法律后果。若据此理解，劳动者是持积极主张（所患疾病为职业病）的当事人，负有举证责任的一方应是劳动者。但由于相关证据涉及内容均为用人单位日常履行的法律义务，由劳动者举证客观上有难度。而且，将举证责任归咎于劳动者，与法律对于用人单位主体责任的规定相违背。特别是《职业病防治法》（2018年）第四十六条第二款规定，"没有证据否定职业病危害因素与病人临床表现之间的必然联系的，应当诊断为职业病"，该条款对消极主张的举证责任作了特别规定，由此也构成了职业病诊断举证责任倒置的基本原则。当然，进入职业病诊断程序的前提条件是，劳动者与用人单位存在劳动法律关系（或事实劳动关系）。职业病工伤赔偿法律关系次生于劳动法律关系，是基于劳动法律关系（或事实劳动关系）而存在的。《民诉法解释》（2020年）第九十一条第一款第一项规定，"主张法律关系存在的当事人，应当对产生该法律关系的基本事实承担举证证明责任"，即在职业病诊断与鉴定过程中，劳动者对存在劳动关系的主张负有举证责任。根据《职业病防治法》第四十九条有关规定，在职业病诊断与鉴定过程中，在进行劳动者职业史与职业病危害接触史确认时，如果当事人对劳动关系、工种、工作岗位或者在岗时间存在争议时，可通过向当地劳动人事争议仲裁委员会申请仲裁的方式解决争议。类同情形有如采用举证责任倒置的医疗损害纠纷争议处理，《最高人民法院关于审理医疗损害责任纠纷案件适用法律若干问题的解释》（法释〔2020〕17号）第四条规定，"患者依据民法典第一千二百一十八条规定主张医疗机构承担赔偿责任的，应当提交到该医疗机构就诊、受到损害的证据"。

（二）职业病诊断举证目的在于解决因果关系问题

职业病诊断，即职业病侵权的确认。该特殊侵权的构成必须具备3个要件，即侵权行为（工作场所存在危害）、客观损害后果（临床疾病)、行为与后果之间存在因果关系。① 其中,因果关系证成的过程又包括临床疾病与工作场所职业病危害因素的认定。因此,因果关系确认是最为主要、且贯穿全过程的问题。对于如何论证该因果关系,《职业病防治法》(2018年)第四十六条第二款表述为"不能否定,应当诊断为职业病",对这一因果关系判断采用推定原则,即先推定因果关系的存在,再由对方予以反证推翻。推定因果关系规则,也称盖然性因果关系说。这是在原告和被告之间分配证明因果关系的举证责任的理论;其基本规则是,盖然性就是可能性,原告仅需证明侵权行为与损害后果之间存在某种程度的因果关联的可能性,即完成举证责任,然后由被告举证证明其行为与原告损害之间无因果关系,不能反证或反证不能成立的即可确认因果关系。② 盖然性,即可能性,是介于肯定与否定之间的概念。盖然性从性质上所标识的是一种理性的认识状态,即基于人类共同认识能力在合理推论、合理判断的基础上所产生的认识状态;其虽尚未达到确定性的程度,但并不等同于主观随意性;因此,盖然性判断并不是一种主观臆断,或者无原则的自由裁量。③ 在职业病诊断中的思考应当是,这类工作场所一般可能存在某类职业病危害因素,这类危害因素可以导致当前发现的疾病的发生。

(三) 举证责任的实质是后果责任

一般认为,举证责任包含两个不同层面的含义:行为责任和结果责任(也称"后果责任")。④ 所谓行为责任,是指当事人"促进诉讼"的责任,当事人负有利用证据推动诉讼进程的责任。所谓后果责任,是指持有利己事实的主张者应当利用证据来说服法官,相信该事实是事实,否则承担实体法上的不利后果(败诉),或者承担法律预先规定

---

① 参见胡世杰《论职业病归因诊断原则》,载《中国职业医学》2014年第1期,第30-35页。
② 参见王泽鉴《侵权行为(第3版)》,北京大学出版社2010年版,第23页。
③ 参见秦策《诉讼证明的盖然性范畴:功能与限度》,载《金陵法律评论》2013年第1期,第27-43页。
④ 参见胡学军《证明责任制度本质重述》,载《法学研究》2020年第5期,第139-157页。

的，由某方当事人承担的后果。后果证明，责任作为一种潜在的不利后果，促使承担结果证明责任的当事人积极履行行为证明责任。从这个意义上说，行为责任的履行，是以后果责任的存在为前提的；举证责任的实质是一种后果责任。举证结果责任的存在也就催生了其他意义。因为后果责任的存在，当事人存在追求有利结果的动机，即使不存在行为责任，也有主动举证的动力，当然也就有了举证行为。而当事人积极的举证行为，使得裁判机构（如职业病诊断机构）有独立行使职能（如职业病诊断）的可能。

### 三、举证责任倒置规则的适用与优化

对举证责任本质进行厘清，是为了在实践中正确适用与优化举证规则。职业病诊断举证责任规则的适用应当符合举证责任的本质要求，并以医学知识为基础，以后果责任为目的与保障，体现诊断工作效率，以此回应实践中职业病诊断与鉴定举证规则适用的困境，可以为规则的理解、适用、优化提供解决思路。

#### （一）满足盖然性是规则适用的前提

《职业病防治法》（2018年）第四十六条"没有证据否定职业病危害因素与病人临床表现之间的必然联系的，应当诊断为职业病"的适用前提是存在盖然性联系。《职业病诊断通则》（GBZ/T 265—2014）对该问题有性质相同的表述，"3.3 因果关系判定原则"之"3.3.1 时序性原则"中规定，"职业病一定是发生在接触职业病危害因素之后，并符合致病因素所致疾病的生物学潜伏期和潜隐期的客观规律"；"3.3.2 生物学合理性原则"规定，"职业病危害因素与职业病的发生存在生物学上的合理性，即职业病危害因素的理化特性、毒理学资料或其他特性能证实该因素可导致相应疾病，且疾病的表现与该因素的健康效应一致"。[①] 人们误用规则的主要原因是扩大化理解违法行为惩罚性

---

① 中华人民共和国国家卫生和计划生育委员会：《职业病诊断通则》，中国标准出版社2014年版，第1页。

规则，认为只要用人单位未能提供职业病诊断所需材料或者未履行安排劳动者进行职业健康检查和（或）开展工作场所职业病危害因素检测等法律义务，便可认定劳动者所患疾病为职业病。但把法律责任扩大化，既不符合责任法定原则，也与错罚相当原则相悖，不利于当事人合法权益保障，更无公平正义可言。用人单位未予履行职业健康检查与工作场所检测法律义务，自有相应的法律责任规定；把违法后果扩大化至诊断结论的推定，既造成事实上一事两罚，又违背职业病发生的通识和一般性理解，也违反国家职业病诊断标准的规定。

（二）对证据进行关联性判断是规则适用的根本途径

所谓否定，就是据此认为不可能发生职业病。证据是否达到可以否定的标准，以劳动者所患疾病不在职业病目录范围进行否定较易于理解，其他情形则主要是证据关联性问题，即判断该情形下证据的关联程度、该情形下是否依然可能导致职业病发生的问题。这种推论也是从专业工作中归纳出来的。关于事物因果关系或性质状态的知识或规律，在性质上也可归属于客观的专业特征，符合科学逻辑。这种判断与理解也应当是业界所认同的共识，具有一定的普遍性与恒常性，符合专业上的逻辑与规律。关联性问题是职业医学专业需要回答的问题。是否达到否定标准，反过来即是工作场所职业病危害因素的水平高于某种浓度（强度）即存在导致职业病发生的可能，低于某种浓度（强度）即可排除发生职业病的可能。在职业病诊断标准中，《职业性放射性肿瘤判断规范》（GBZ 97—2017）中"病因概率"即是关联程度表述，"计算所得95%可信上限的PC≥50%者，可判断为职业性放射性肿瘤"[1]。但其他职业病关联性问题，法律法规与职业病诊断标准并未有明确规定，需要职业病诊断专家进行专业推理与判断。在实际应用中，职业卫生标准观点是立法部门对现行理论的采用，不应忽视。如《职业病诊断通则》（GBZ/T 265—2014）中"3.3.4 生物学梯度原则"规定，"多数职业

---

[1] 中华人民共和国国家卫生和计划生育委员会：《职业性放射性肿瘤判断规范》，见中华人民共和国国家卫生健康委员会官网（http://www.nhc.gov.cn/wjw/pcrb/201706/7a1f314cd0de4abdafe94446f593e329.shtml）。

病与职业病危害因素接触之间存在剂量-效应和（或）剂量-反应关系，即接触的职业病危害因素应达到一定水平才可能引起疾病的发生；接触水平越高、接触时间越长，疾病的发病率越高或病情越严重。职业病危害因素对疾病的发生发展影响越大，疾病与接触之间因果关系的可能性就越大"①。《工作场所有害因素职业接触限值 第1部分：化学有害因素》（GBZ 2.1—2019）"6.5 化学有害因素职业接触水平及其分类控制"中，认为在劳动者的化学有害因素职业接触水平为"接触极低，根据已有信息无相关效应（>1%，≤10%职业接触限值）"，甚至为"有接触但无明显健康效应（>10%，≤50%职业接触限值）"的情形下，仅需进行一般危害告知②，并无推荐进行职业健康检查。此情形下，如无反证（如职业健康检查存在异常情形）而认为存在发生职业病可能，既不符合职业病危害与职业病特点，也违反职业卫生标准规定。反过来说，此种情形应当可认为达到了否定的标准。当然，过敏性职业病和职业性肿瘤等属于例外的情形，这同样也符合职业病发病规律。

（三）优化程序是规则准确适用的重要保障

举证责任倒置在解决职业病防治工作中的劳动者健康权益纠纷和职业病民事赔偿方面有其进步意义。其主要优点体现为：其一，弥补了职业病诊断与鉴定所需资料客观上无法获取的缺陷。其二，有利于推动用人单位在日常工作中落实职业病防治主体责任。特别是举证后果责任适用，可节省更多的行政管理资源，减少冗长和重复监督环节，在推动用人单位主动配合举证的同时，也实现了职业病诊断及时、便民的原则。《职业病诊断与鉴定管理办法》（2021年）第二十八条把"经卫生健康主管部门督促"作为适用"没有证据否定必然联系的，应当诊断为职

---

① 中华人民共和国国家卫生和计划生育委员会：《职业病诊断通则》，中国标准出版社2014年版，第2页。

② 中华人民共和国国家卫生健康委员会：《工作场所有害因素职业接触限值 第1部分：化学有害因素》，见中华人民共和国国家卫生健康委员会官网（http://www.nhc.gov.cn/wjw/pyl/202003/67e0bad1fb4a46ff98455b5772523d49/files/285b4b9a6acc43e4af23675c37b3dcb0.pdf）。

业病"的前置条件。从举证责任性质上来理解,该规则混淆了举证行为责任与后果责任,未能充分理解举证后果责任对职业病诊断工作的影响。在实际操作中,其将导致若无行政监督管理部门的配合,职业病诊断机构过半数的职业病诊断工作便不可能完成,这便剥夺了职业病诊断机构工作的独立性。此外,此举增加了基层行政部门的负担,将行政与技术捆绑,增加工作程序,耗费工作时间,更与职业病诊断制度便捷原则以及提高职业病诊断效率的改革方向相违背,实质也给法律价值的实现设置了障碍。因此有必要对其进行修订,删除前置条件"经卫生健康主管部门督促",以优化举证责任规则的适用。

## 四、结语

规则适用有赖于社会对法律精神的准确理解、有赖于配套实施细则与关联标准的进一步完善。针对职业病诊断举证责任规则适用现状,有必要就专门问题进行深入研究,进一步完善法律制度,并有针对性地对专业人员进行相关知识培训,以提高认识与应用能力,化解规则适用的困境。举证责任是职业病诊断工作中不可或缺的制度,对提高职业病诊断工作效率有至关重要的作用。虽然当前对举证责任的理解与适用存在诸多问题,但随着制度的逐步完善和社会的进步,实践工作中经验的积累和丰富,以及举证责任理论与实践操作更多的结合,举证责任规则在职业病诊断和职业病防治工作中也将发挥更大的作用。

**参考文献**

[1] 胡世杰. 职能调整进程中的职业卫生问题探讨与发展展望 [J]. 中国职业医学, 2018, 45 (3): 273 - 278.

[2] RUSHTON L. The global burden of occupational disease [J]. Curr Environ Health Rep, 2017, 4 (3): 340 - 348.

[3] NEMARNIK R E, MACAN J. Employment status of workers with a diagnosed occupational disease in Croatia: a 10-year trend (2005—2014) [J]. Arh Hig Rada Toksikol, 2018, 69 (3): 220 - 225.

[4] 李涛, 李霜. 健康中国战略与职业健康保护 [J]. 中国职业医学, 2020, 47 (5): 505 - 511.

[5] 中华人民共和国国家卫生和计划生育委员会. 职业病诊断通则: GBZ/T

265—2014 [S]. 北京：中国标准出版社，2014.

[6] 胡世杰. 职业病诊断证据材料分析与采用 [J]. 中国职业医学，2015，42 (4)：361 – 365.

[7] 康顺爱，张建坤. 对一起职业病鉴定否定原诊断结论案例的分析 [J]. 中国卫生法制，2014，22 (6)：8 – 11.

[8] 罗红彬，陈美倩，杨锡龙. 广州市 347 例职业病首次鉴定分析 [J]. 中国职业医学，2020，47 (3)：350 – 353.

[9] 都雪. 浅论民事诉讼中的举证责任 [J]. 法制与社会，2017 (18)：21 – 22.

[10] 刘丹. 民事诉讼主张的类型化分析：以当事人的诉讼行为为视角 [J]. 河南财经政法大学学报，2016，31 (3)：134 – 140.

[11] 胡世杰. 论职业病归因诊断原则 [J]. 中国职业医学，2014，41 (1)：30 – 35.

[12] 王泽鉴. 侵权行为 [M]. 3 版. 北京：北京大学出版社，2010：23.

[13] 秦策. 诉讼证明的盖然性范畴：功能与限度 [J]. 金陵法律评论，2013 (1)：27 – 43.

[14] 胡学军. 证明责任制度本质重述 [J]. 法学研究，2020，250 (5)：139 – 157.

[15] 中华人民共和国国家卫生和计划生育委员会. 职业性放射性肿瘤判断规范 [S/OL]. (2017 – 05 – 18) [2021 – 07 – 25]. http://www.nhc.gov.cn/wjw/pcrb/201706/7a1f314cd0de4abdafe94446f593e329.shtml.

[16] 中华人民共和国国家卫生健康委员会. 工作场所有害因素职业接触限值 第 1 部分：化学有害因素 [S/OL]. (2019 – 08 – 27) [2021 – 07 – 25]. http://www.nhc.gov.cn/wjw/pyl/202003/67e0bad1fb4a46ff98455b5772523d49/files/285b4b9a6acc43e4af23675c37b3dcb0.pdf.

[17] 胡世杰. 职业病诊断与鉴定法律适用 [J]. 中国职业医学，2020，47 (1)：1 – 7.

[18] 万艳. 职业病民事赔偿制度建构：职业病防治法第五十八条的适用困境及解决 [J]. 人民司法，2020，909 (34)：84 – 87.

职业病诊断法律制度研究

## 第五节 职业病诊断证据材料分析与采用[①]

职业病诊断制度是一种以医学知识为基础,以解决劳动者健康权益责任纠纷为最终目的,实行举证责任倒置的准仲裁制度。诊断结论事关用人单位和劳动者双方当事人的利益,甚至关系到工伤保险基金的公共利益。因此,职业病诊断相关工作既须符合职业病诊断制度的规定,亦须经受社会与法律的严格检验。而无论从职业病诊断的过程分析,还是从社会与法律对其检验角度出发,诊断活动中证据资料的分析与采用是否得当,是否符合证据法则规定,均尤为重要。当前对职业病诊断材料的确认与采用,鲜见法学角度的研究资料。本节借鉴民事诉讼证据理论与规定,对职业病诊断工作中证据材料的确认和采用进行探讨分析,期冀有助于学术界对相关问题的进一步理论探索,更好地促进职业病诊断实践工作的正确开展。

### 一、职业病诊断中证据材料的作用

职业病诊断既是归因诊断,也属循证医学。陈竺在《关于〈中华人民共和国职业病防治法修正案(草案)〉的说明——2011年6月27日在第十一届全国人民代表大会常务委员会第二十一次会议上》中认为,职业病诊断是归因诊断,除依据劳动者的临床表现和辅助检查结果外,还要综合分析劳动者的职业史、职业病危害接触史和工作场所职业病危害因素检测资料等因素。[②]《职业病防治法》和《职业病诊断与鉴定管理办法》均对职业病诊断的归因属性有明确规定。《职业病诊断与鉴定管理办法》(2021年)第二十一条规定,"职业病诊断需要以下资料:(一)劳动者职业史和职业病危害接触史(包括在岗时间、工种、岗位、接触的职业病危害因素名称等);(二)劳动者职业健康检查结

---

[①] 根据胡世杰《职业病诊断证据材料分析与采用》改编,原载《中国职业医学》2015年第4期,第361-365页。

[②] 参见陈竺《关于〈中华人民共和国职业病防治法修正案(草案)〉的说明——2011年6月27日在第十一届全国人民代表大会常务委员会第二十一次会议上》,见中国人大网(http://www.npc.gov.cn/zgrdw/huiyi/lfzt/zybfzfxzaca/2012-03/05/content_1872350.htm)。

果；（三）工作场所职业病危害因素检测结果；（四）职业性放射性疾病诊断还需要个人剂量监测档案等资料"。职业病诊断过程是收集并综合分析劳动者职业病危害接触史、劳动者职业健康资料等各项证据材料，最终对劳动者健康损害与工作场所职业病危害因素之间的因果关系作出判定的过程。在方法论上，其是运用证据材料对病因进行查证分析的过程；归因是其目的，循证是其方法与手段。特别是职业病诊断工作需要回溯劳动者健康损害既往史以及职业病危害接触史的特点，使得诊断中证据材料的作用显得尤其重要。可以说，证据材料是职业病诊断活动的基本条件；没有证据，就不可能有职业病诊断和准确的职业病归因诊断。

## 二、职业病诊断中证据材料的确认

什么是证据？什么是职业病诊断中的证据材料？一般意义上，证据是"能够证明某事物的真实性的有关事实或材料"[①]。诉讼意义上，诉讼证据是"在诉讼中具有法定形式的能够证明案件事实的一切材料"[②]。参照上述定义，可以理解职业病诊断证据是指在职业病诊断活动中具有法定形式、能够证明相关事实的一切材料，包括证明劳动关系、劳动者职业病危害接触史、临床表现以及其他有关的一切材料。证据之所以为证据，有其内在属性，职业病诊断证据同样符合其内在规律。有关证据属性，我国通行的观点是"三性说"，即证据的基本属性为客观性（objectivity）、关联性（relevance）和合法性（legitimacy）。比照诉讼意义上证据的属性，职业病诊断证据材料同样具有相应的属性特征。

### （一）客观性

传统的证据理论将证据客观性的基本内涵界定为证据必须是客观存在的事实。其一，证据的表现形式为客观存在的实体，是客观存在物。

---

[①] 中国社会科学院语言研究所词典编辑室：《现代汉语词典（第6版）》，商务印书馆2014年版，第1663页。

[②] 陈光中：《证据法学》，法律出版社2015年版，第143页。

职业病诊断法律制度研究

其二,证据的内容是对与案件有关的事实的反映,不能以主观臆断来代替客观事实。其三,作为证据内容的事实与案件的待证事实之间的联系是客观的。证据的客观性实质上又具有主观性,是主观、客观的统一体,因为任何证据都不能离开提供和运用证据者的主观意识而独立存在,对同一对象的观察可能因观察主体的不同所得出的结论大相径庭。分析职业病诊断证据材料的客观性特点,有关材料之所以被采用作为职业病诊断证据,其首要特征应当是客观存在物。其一,表现形式客观。正如同《民事诉讼法》(2021年)第六十六条规定,证据包括当事人的陈述、书证、物证、视听资料、电子数据、证人证言、鉴定意见和勘验笔录等。证据必须查证属实,才能作为认定事实的根据。证据首先应以法定形式所表现,如当事人陈述(劳动者与用人单位述称)、书证(职业健康监护档案与历年工作场所职业病危害监测报告),以及勘验笔录(事故调查或职业流行病学调查报告)等。其二,材料内容是对待证事实的客观反映,而不是主观臆断。如劳动者的自述和证人证言等,应是对待证事实客观的描述,若包含主观臆断和(或)主观推理判断的意思表示,则不具备证据客观性特征。其三,证据材料虽是客观的,但其表现出来的客观性又是主客观的统一体。例如用人单位工作场所职业病危害因素检测报告不可能离开检测者的主观意识、检测者的样品采集与检测能力而独立存在。对于同一个工作场所,不同检测技术机构所得出的结论可能存在差异,但这种差异不应作为否定其作为证据的主要因素。

## (二) 关联性

"可以作为证据的事实,与诉讼中应当予以证明的案件事实,必须存在某种(客观)联系,即能够反映一定的案件事实。"① 证据的关联性是客观存在的,而不是主观想象的。这种关联性也是可知的,无论哪一类关联,均应是专业上认可或可以理解的联系。职业病诊断证据材料必须与待证事实存在联系,不存在联系即不具有关联性,因此不具备证据的属性。证据与事实关联的形式、途径和方法多种多样。在联系的范

---

① 卞建林:《证据法学》,中国政法大学出版社2000年版,第74页。

围上，有时间和空间之分，例如劳动者工作期间所在工作场所历年职业病危害因素检测报告与诊断开始后的事后检测报告；在联系的途径上，有直接联系和间接联系之分，例如劳动者所在工作场所职业病危害因素检测报告与相邻车间的检测报告；在联系的功能和作用上，有肯定关联和否定关联之分，例如劳动者离岗时职业健康检查发现健康损害的报告与上岗前的健康检查报告；在时间上，有先行、同时并存关系与事后关系之后，例如接触三氯乙烯的劳动者事中、事后可从尿中测出三氯乙酸，接触正己烷的劳动者事中、事后尿中可测出 2,5 - 己二酮。这些关联性在逻辑上和专业理论上也是已知的。

（三）合法性

1. 合法性的概述

所谓证据的合法性，是指证据的表现形式、收集主体、收集方法以及程序必须满足法律的要求。但证据之所以成为证据，实质是由立法者根据法理，在综合考虑国家历史传统、社会政治经济文化，以及法律文化程度和诉讼价值取向等多种因素后制定的规则所确定，是社会多方利益权衡的结果。我国《民诉法解释》第一百零六条规定，"对以严重侵害他人合法权益、违反法律禁止性规定或者严重违背公序良俗的方法形成或者获取的证据，不得作为认定案件事实的根据"。在我国的司法实践中，某些情况下不合法的证据实际上也可能得到采纳。例如非法证据排除规则的例外情形。对此，有学者认为，以"可采性"取代"合法性"作为证据的法律属性更为准确。[①] 持同样观点的学者认为，合法性不是证据的基本属性或特征，它是一定社会环境下法律对证据特殊要求的体现。合法性所反映的不是证据的自然属性，而是证据的社会属性，是一种人为附加的属性。[②] 社会属性当然受到各种社会因素的制约，也是各种社会价值综合权衡的结果。如果严格从证据合法性的角度考虑，非法证据显然违反了法律规定，但它却依然具有作为证据的自然属性。在当下，排除严重违反法律规则的证据，保留仅是轻微违反法律的证据

---

① 参见陈光中《证据法学》，法律出版社 2015 年版，第 152 页。
② 参见何家弘《论证据的基本范畴》，载《法学杂志》2007 年第 1 期，第 28 - 33 页。

资格，应当是更加符合社会利益和价值最优化的选择。

2. 职业病诊断证据的可采性

职业病诊断活动中相关材料是否具有"合法性"，是该材料是否具备证据资格、是否可以作为证据予以采用需要重点考量的法律问题。但从职业病诊断现实情况来看，采用"可采性"，也即排除严重违法，保留轻微违法的证据材料更为符合职业病诊断的社会利益价值要求。分析职业病诊断证据材料的"可采性"，应从材料的形式、来源、程序和收集方法等方面进行考虑。首先，形式问题在前文客观属性部分已经进行了讨论，即必须符合法定的形式要求。其次，在证据来源方面，证据的收集主体必须符合有关法律的规定。但审查证据主体合法性并无绝对，如审查证明劳动者健康状况材料时不应完全排除未取得职业健康检查资质机构的材料，在证明工作场所职业病危害状况时不应完全排除未取得职业卫生技术服务资质机构的材料，否则可能无事实材料可用。再次，证据的收集程序必须符合法律的有关规定，如在用人单位提供的工作场所职业病危害检测材料的采用程序上，应当根据职业病诊断制度先予质证，确保劳动者的异议权；当劳动者对用人单位提供的工作场所职业病危害检测结果有异议时，职业病诊断与鉴定机构应当严格依照《职业病防治法》（2018年）第四十八条有关规定，提请卫生行政部门进行现场调查和判定。最后，证据的收集方法必须符合有关法律规定。例如对劳动者自行采集工作中使用或接触的样品送检之类问题的分析，应考虑其收集方法或提取手段可能存在较大误差，不予以采用。当然，自行送检样品的客观性本身也有较大的存疑，不能满足证据客观性属性的要求。

## 三、职业病诊断证据材料证据力（证明力）分析

所谓证据力，指的是证据对案件中待证事实的证明效果和力量，换言之，是指证据能在多大程度上证明待证事实。[1] 证据的属性考虑的是证据的资格问题，也就是相关材料是否可以作为证据而被采用。但证据可能并非待证事实的客观反映，甚至证据证明的可能仅是某段时间点或

---

[1] 参见何家弘《论证据的基本范畴》，载《法学杂志》2007年第1期，第28-33页。

某个片段的事实，与待证事实性质可能仅是局部与整体、片面与全面的关系。在事件的发展过程中，不同时间节点之间或者某个时间节点所表现的内容与性质可能与事件整体方向不同。因而，不同证据之间可能相互矛盾。对此，对证据的证据力（证明力）进行审查确定至关重要。在职业病诊断实践活动中，应用证据规则中的最佳证据规则和关联性规则对证据力进行判断尤为实用。

（一）最佳证据规则

1. 最佳证据规则概述

最佳证据规则是英国、美国和法国最古老的证据规则之一，本是一项适用于书证的规则。[①] 国内对相关内容的规定不多见，立法位阶也过低，大多集中出现在最高人民法院的司法解释中。《民事诉讼法》（2021年）第七十三条有对书证应当提交原件的规定，《民诉法解释》第一百一十一条有对提交书证原件确有困难情形的规定。但从证据综合判断的角度，《最高人民法院关于民事诉讼证据的若干规定》（2019年）第八十五条规定，"审判人员应当依照法定程序，全面、客观地审核证据，依据法律的规定，遵循法官职业道德，运用逻辑推理和日常生活经验，对证据有无证明力和证明力大小独立进行判断，并公开判断的理由和结果"。《最高人民法院关于民事诉讼证据的若干规定》（2008年）第七十七条有关证据证明力的规定更为直接和实用，可供参考："人民法院就数个证据对同一事实的证明力，可以依照下列原则认定：（一）国家机关、社会团体依职权制作的公文书证的证明力一般大于其他书证；（二）物证、档案、鉴定结论、勘验笔录或者经过公证、登记的书证，其证明力一般大于其他书证、视听资料和证人证言；（三）原始证据的证明力一般大于传来证据；（四）直接证据的证明力一般大于间接证据；（五）证人提供的对与其有亲属或者其他密切关系的当事人有利的证言，其证明力一般小于其他证人证言。"

2. 职业病诊断的最佳证据

在职业病诊断中，根据最佳证明规则可以对证据的证明力进行推

---

[①] 参见陈光中《证据法学》，法律出版社2015年版，第264页。

论。①书证是以文字、符号和图画等表达思想或记载的内容来证明有关案件事实的书面文件或其他物品,诊断材料中如劳动者的年龄证明、职业史、劳动关系与工龄证明等属于此类。相关证据材料由国家机关、社会团体依职权制作时,其证明力高于一般其他书证。②档案常见有职业健康监护档案、工作场所职业病危害检测档案,以及存放于医疗卫生机构和技术服务机构中的相关档案等。鉴定结论(鉴定意见)是就案件中专门性问题指派或由具有专业知识的人员进行鉴定后作出的判断性意见,勘验笔录是指对与案件有关的场所、物品、尸体进行勘查、检查时就所观察以及测量的情况所作的实况记载,其均在案件发生后形成;职业病诊断活动中,临床病理确诊报告、现场激发试验和现场调查报告均属于上述两种情形。物证是以外部特征、存在状态、物质属性等来证明案件事实的实物和痕迹,诊断中物证反而较为少见,采集的实物最终以勘验笔录或鉴定意见形式表现。上列证据材料证据力高于一般书证。③原始证据是直接来源于案件事实且未经复制或转述的证据。传来证据是间接来源于案件事实,从原始出处以外的来源获得的证据。对于传来证据的采用,以下两个规则也较为常用:来源不明或来源不准确的材料不能作为定案的根据;传来证据可能有错误或不符合逻辑或经验法则或存在矛盾时,应认真核查,确认排除矛盾并查证属实后方可使用。① 职业病诊断中,用人单位关于劳动者在其他用人单位工作的述称多数属于传来证据,应慎重采用。复制品也被认为是传来证据,但与原件核对无误的复制品应归属于原始证据,因而经办人对已经原件核对的证据要予以标明。④直接证据能一步到位、单独直接证明案件事实,间接证据不能单独直接证明案件,需与其他证据相结合构成证据体系予以证明。在职业病诊断的过程中,临床诊断结论对劳动者健康损害的现况事实多为直接证据,但有关劳动者职业病危害接触史方面的证据材料多为间接证据,需收集多个证据,综合考虑关联性而定。⑤与当事人有利害关系的证人证言并非不能采用,只是在存有冲突时,其证明力一般小于其他证人证言。

---

① 参见陈光中《证据法学》,法律出版社 2015 年版,第 222 页。

## （二）关联性规则

1. 关联性规则概述

证据的关联性又称相关性，指的是证据所反映的事实与案件待证事实之间存有某种客观联系。① 证据与待证事实之间的关联，既有内容上的关联，也有形式上的关联。形式上的关联所说明的是证据的资格问题，内容上的关联所反映的则是实质性问题，其关联程度也是证据证明力大小的问题。但由于待证事实自身具有千变万化的特殊性，法律上难以对证据力大小具体的判断标准作出明确规定，"相关性（关联性）实际上是一个很难用切实有效的方法界定的概念。相关性容易识别，但却不容易描述"②。实践中，对证据内容上的关联性、证据力大小的判断，是以对相关问题具有专业上判断能力为基础，由专业者根据常识和相关专业知识与经验进行逻辑分析和判定后确定的。

2. 职业病诊断证据的关联性

"与案件事实没有关联性的材料当然不具有证据能力，但是，具有关联性的证据并不一定就具有充分的证据效力"③。职业病诊断证据关联性问题主要是内容上的关联问题，表现为临床医学与职业卫生上的专业问题，须凭借职业卫生知识、临床医学知识等经验和相关专业逻辑思维进行分析。要判断证据力大小，就要根据专业知识与经验审查证据关联性的大小，分析证据与待证事实之间的关联程度。在方法上，这具体可以从直接证据和间接证据角度入手，直接证据的证明力大于间接证据。根据证据内容与待证主要事实之间的关联方式不同，可将证据分为直接证据和间接证据。所谓直接证据，就是能够直接证明案情、与待证主要事实直接关联的证据。所谓间接证据，就是以间接的方式与待证主要事实相关联，或以直接方式与案件事实的某个片段相关联，但须由多个证据或与其他证据相结合才能证明待证主要事实的证据。有关职业病

---

① 参见江伟《民事证据法学》，中国人民大学出版社2011年版，第92页。
② [美] 乔恩·R. 华尔兹：《刑事证据大全》，何家弘译，中国人民公安大学出版社2004年版，第64页。
③ 何家弘：《论证据的基本范畴》，载《法学杂志》2007年第1期，第28-33页。

诊断中工作场所职业病危害状况相关证据的证明力问题可以据此进行判断。准确地说，职业病诊断活动中有关工作场所职业病危害的证据均为间接证据。职业病危害因素检测仅是某段时间点的客观反映，该时间节点可能有相当的代表性，可以推及至全年危害状况，但并非直接证据。劳动者群体职业健康状况直接受工作场所的职业病危害因素所影响，但也受其他因素干扰，包括受之前工作场所危害因素和劳动者个体差异影响，因而均只能视为间接证据，需结合其他证据或旁证进行综合分析判断。例如，在工作场所噪声强度的判断中，如果劳动者的听力损伤符合噪声所致听力下降的发生、发展规律和特征，接触噪声工龄满 3 年，但劳动者否认此前的噪声接触史，而劳动者所处工作场所的噪声强度检测结果显示 8 小时等效声级低于 85 dB（A），那么这种情形就应当考虑噪声强度检测材料仅是间接证据，需结合同车间其他劳动者的群体性职业健康检查、安全生产监督管理部门的判定等其他证据，方能对工作场所噪声危害整体状况作出准确判断。这种情况下，如若群体性职业健康检查资料显示其他劳动者的听力有类似异常，即与诊断对象的听力损伤证据相印证，劳动者听力损伤的证据得以补强，应排除工作场所现场检测结果证据的采用；若群体职业健康检查资料显示其他劳动者的听力正常，则可认为工作场所噪声检测证据与劳动者群体听力检查的证据相印证，须考虑其他致病因素，包括劳动者否认此前接触噪声述称的真实性；若用人单位不配合或不能提供同车间其他劳动者听力检查结果的证据，则因工作场所噪声强度检测证据为间接证据，未能直接否定工作场所噪声危害的存在，需按职业病归因诊断思维依法进行诊断。

  证据是职业病诊断活动的基础和前提条件，作为证据的诊断材料必须具备有客观性、关联性和可用性等特征。证据之间存有矛盾或冲突时，可根据最佳证据规则、关联性规则等证据法则对其证据力进行比较后采用。但职业病诊断是归因诊断，其逻辑推理过程遵循推定因果关系规则，相关工作必须综合凭借职业卫生、临床医学和证据法学等知识进行。因而，在证据的确认和证据效力的比较上，尚应结合临床医学、职业卫生以及其他证据法学知识依法进行；也只有这样，证据的采用和职业病诊断工作才更加科学、客观、合理和完善。

**参考文献**

[1] 胡世杰. 我国职业病诊断制度试析 [J]. 中国职业医学, 2008, 35 (1): 49-50.

[2] 陈竺. 关于《中华人民共和国职业病防治法修正案（草案）》的说明: 2011 年 6 月 27 日在第十一届全国人民代表大会常务委员会第二十一次会议上 [EB/OL]. (2011-06-27) [2013-12-31]. http://www.npc.gov.cn/zgrdw/huiyi/lfzt/zybfzfxzaca/2012-03/05/content_1872350.htm.

[3] 中国社会科学院语言研究所词典编辑室. 现代汉语词典 [M]. 6 版. 北京: 商务印书馆, 2014: 1663.

[4] 陈光中. 证据法学 [M]. 北京: 法律出版社, 2015: 143, 152, 222, 264.

[5] 卞建林. 证据法学 [M]. 北京: 中国政法大学出版社, 2000: 74.

[6] 何家弘. 论证据的基本范畴 [J]. 法学杂志, 2007, 28 (1): 28-33.

[7] 江伟. 民事证据法学 [M]. 北京: 中国人民大学出版社, 2011: 92.

[8] 乔恩·R. 华尔兹. 刑事证据大全 [M]. 何家弘, 译. 2 版. 北京: 中国人民公安大学出版社, 2004: 64.

[9] 胡世杰. 论职业病归因诊断原则 [J]. 中国职业医学, 2014, 41 (1): 30-35.

# 第六节 职业病诊断标准溯及力探讨[①]

职业病诊断标准修订频繁，在职业病诊断与鉴定工作中，如何适用新旧职业病诊断标准是无法回避的问题。但新旧职业病诊断标准的适用缺乏明确的规定，社会对新旧职业病诊断标准适用的理解存在误区，均对职业病诊断与鉴定工作有较大的影响。诊断标准的适用实质是法的溯及力（retroactivity）问题，但依据法律溯及力理论分析，当前部分观点以及实践操作存有误区。而新旧职业病诊断标准适用的差别，势必影响用人单位和劳动者双方权益，甚至引发系列社会问题。因此，有必要对职业病诊断标准溯及力在理论上予以阐明。本节依据法律溯及力的相关理论与原则，对职业病诊断标准的不同溯及力与利弊进行分析，探讨在我国现行职业病诊断与鉴定制度下新旧职业病诊断标准的适用方法。

---

① 根据胡世杰《职业病诊断标准溯及力探讨》改编，原载《中国职业医学》2017 年第 3 期，第 285-289 页。

职业病诊断法律制度研究

## 一、问题的提出

### (一) 职业病诊断标准更新频繁

职业病诊断既是归因诊断,也属循证医学。职业病诊断标准是进行职业病归因诊断的重要依据之一。我国现行的职业病诊断标准是根据《职业病防治法》、《国家职业卫生标准管理办法》、《职业病目录》(2002年)和《职业病分类和目录》(2013年)的精神和规定,对原有标准重新进行审定和补充,并不断进行修订完善后颁布实施的系列技术规范文件。① 目前,我国的职业病诊断标准体系主要由基础标准、技术规范、诊断标准、职业接触生物限值、特殊作业人员健康标准和其他标准6类标准(规范)组成。② 其中,诊断标准包括通用标准和分类标准(如职业中毒、职业性肿瘤、职业性皮肤病诊断标准等)。职业病诊断标准数量众多,截至2014年4月,颁布施行的职业病诊断标准共121项,涵盖了《职业病目录》(2002年)中所有的法定职业病(prescript occupational disease),包括技术规范2个、职业病基础标准2个、通用标准7个、分类标准95个、生物限值标准15个。③ 受科学技术进步与实践认识发展,甚至受法律制度变化的影响,标准并非一成不变。在实践中,随着标准文本的颁布施行,其更新修订工作也开始处于酝酿和孕育中。随着对职业医学与临床医学认识的进一步深入和科学技术的进一步发展,职业病诊断标准也在不断修订和持续完善。有专家提出,对已颁布并在全国应用满5年的职业病诊断标准,应根据职业医学和临床医学的进展进行修订。④ 截至2017年5月,在《职业病防治法》(2001

---

① 参见聂武、周安寿《关于对职业病诊断标准体系建设的几点探讨》,载《中国工业医学杂志》2010年第3期,第235-236页。
② 参见聂武、周安寿《职业病诊断标准体系研制》,载《中国卫生标准管理》2011年第2期,第47-52页。
③ 参见朱秋鸿、余晨《〈职业病分类和目录〉调整后对职业病诊断标准体系的影响》,载《中国工业医学杂志》2015年第2期,第144页。
④ 参见黄金祥《职业病诊断标准的制订和应用》,载《中华劳动卫生职业病杂志》2007年第10期,第620-622页。

年）颁布后出台的职业病诊断分类标准已有60个被新标准所替代，其中个别标准版本已历经两次修订，包括常用的《职业性噪声聋的诊断》（GBZ 49）、《职业性苯中毒的诊断》（GBZ 68）、《职业性尘肺病的诊断》（GBZ 70）和《职业性肿瘤的诊断》（GBZ 94）等。

（二）新旧职业病诊断标准适用问题现状

1. 缺乏明确的规范规定

与职业病诊断标准频繁修订相对应，职业病诊断与鉴定中新旧标准如何适用却难觅明确的规定。查询相关规定，当前仅见2004年原卫生部答复原浙江省卫生厅的规范性文件《关于职业病诊断标准有关问题的批复》（卫法监发〔2004〕73号）。该文件规定，"在《职业病防治法》实施后进行职业病诊断的，应当按照《职业病诊断与鉴定管理办法》规定，依据现行国家标准进行诊断"；除此以外，未见有其他规范性规定。由于相关文件法律位阶低、公开程度低，专业工作者知晓率低，行文背景与标准溯及力问题不完全一致等原因，影响社会对相关问题的理解，并直接影响实践操作中标准的正确适用。

2. 社会对新旧职业病诊断标准适用的理解存在误区

关于职业病诊断溯及力问题，学界鲜有理论讨论。其中，既有非职业医学专业重点关注领域，也有权威指导观点早已充斥于市的缘故。但是，由于学界对相关问题理论研究不足、指导观点对规则的理解和应用比较机械，相关观点在理论上缺乏说服力，难以指导实践工作的展开。如国家职业病诊断与鉴定技术指导委员会在回复广东省职业病鉴定办公室对相关问题的咨询中认为，"根据标准管理相关规定，新标准一旦正式实施，旧标准同时废止，即旧标准已经失去法律效力，对在新标准实施前已诊断、在新标准已正式实施后鉴定的，原则上应当使用新标准。但需要注意的是，根据《最高人民法院关于审理行政诉讼案件适用法律的座谈会纪要》中'三、关于新旧法律规范的适用规则'，对在新标准实施前已诊断、新标准实施后进行鉴定的，应选择对行政相对人更为有利的标准为依据进行鉴定"①。职业病诊断与鉴定技术指导委员会承担全国职业病、职业性放射性疾病诊断与鉴定工作的技术指导和咨询服务，其地位特殊，所回复的内容在行业内有较大影响力。但该回复由于混淆了事件发生时间（健康受损伤）与裁判时间（诊断与鉴定）两者的区别，在权益分析中忽略了行政法中行政相对人（仅单方）与民法当事人（职业病诊断与鉴定中的当事人为用人单位与劳动者双方）的区别，在实施层面违反了国家基本法律强制性规定等原因，因此其无论是理论阐述还是结论意见，均存在根本性错误，不利于标准的正确适用。

3. 对实践工作的影响较大

在职业病诊断与鉴定工作中，新旧职业病诊断标准适用是无法回避的问题。职业病诊断有劳动者在发现健康损害后就要求进行诊断的，也有在健康损害发生相当一段时间后再要求职业病诊断的，但无论此两类时间间隔如何之短，由于劳动者健康损害发生的时间与职业病诊断开展的时间存在时序性，新标准开始实施的时间点就有可能落在诊断阶段或鉴定阶段中。而由于适用不同的诊断标准，同一类健康损害就可能存在诊断或鉴定结果的差异，如职业性噪声聋的诊断标准。由于新标准将4 000 Hz 听阈（hearing threshold）纳入诊断分组指标进行加权计算，根据旧标准仅可诊断为观察对象的，按照新标准则有可能诊断为职业性轻度噪声聋。② 不同诊断结论势必影响劳动者和用人单位双方的权益保障，甚至引发其他社会问题。

## 二、用法律规范适用理论研究职业病诊断标准的适用问题

### （一）职业病诊断标准属于法律规范

国家职业病诊断与鉴定技术指导委员会在对广东省职业病鉴定办公

---

① 国家职业病诊断与鉴定技术指导委员会：《国家职业病诊断与鉴定技术指导委员会对广东省职业病鉴定办公室有关职业病诊断标准适用时限的复函（中疾控职办便函〔2015〕151号）》，中国疾病预防控制中心职业卫生与中毒控制所，2015。

② 参见张璟、杨爱初、郑倩玲等《职业性噪声聋2014与2007版诊断标准对比研究》，载《中国职业医学》2017年第1期，第55-59页。

室咨询的回复中将职业病诊断标准视同法律进行理解,笔者对此持相同观点。职业病诊断标准属于国家强制性标准。强制性标准虽不具备法律规范的形式与结构因素,但在本质上却同属法律规范。在形式结构上,法律规范一般由假定、处理和后果三大要素组成,也有认为由行为模式和法律后果两大要素组成。仅从标准的文本进行分析,其文本结构确实缺乏法律后果的内容,但在实质上违反强制性标准的法律后果却是存在的。《中华人民共和国标准化法》(2017年)第二条规定,国家标准分为强制性标准、推荐性标准。强制性标准必须执行。法律条文明确阐明了强制性标准的法律特征。相关的法律法规也均设有违反标准的法律后果规定,如《职业病防治法》就对违反职业卫生标准的法律后果作出了明确规定。因而,从执行层面和内容实质上看,推荐性国家标准接近于行政规范性文件,但强制性国家标准却与法律规范并无区别。① 因而,研究新旧标准的适用,应遵循法律适用的相关规则和理论。

(二)职业病诊断标准适用的实质是法的溯及力问题

根据《立法法》相关规定,法律的适用主要有以下四大原则:上位法优于下位法原则、特殊法优于普通法原则、新法优于旧法原则和法律一般不溯及既往原则。② 新、旧职业病诊断标准属于同一部门制定的同一类规范,法律位阶相同,因而需要讨论的适用原则是新法优于旧法原则和法不溯及既往原则。新法优于旧法,也称后法优于先法,是对当下发生的行为进行法律适用选择时的法律原则。对当下行为或发生的事件,当有不同的法律规定时,新法优于旧法。即事件发生时,新法与旧法都已经颁布施行,新法与旧法对此都有规定的情况下,新法(新的规定)的效力优于旧法(旧的规定)。对此,《立法法》(2015年)第九十二条规定,"同一机关制定的法律、行政法规、地方性法规、自治条例和单行条例、规章,特别规定与一般规定不一致的,适用特别规

---

① 参见申利静《技术标准及其法律性质初探》,载《法制与社会》2012年第8期(下),第256-257页。
② 参见刘志刚《法律规范冲突解决规则间的冲突及解决》,载《政法论丛》2015年第4期,第92-99页。

定;新的规定与旧的规定不一致的,适用新的规定"。但新法优于旧法的适用与调整范围只是新法颁布之后发生的行为,并不包括新法颁布前的行为,即新法并不能理所当然地对其颁布以前发生的行为进行调整,这也就是法律一般不溯及既往原则。讨论新法能否调整其颁布之前的行为,实质就是讨论法律一般不溯及既往原则的例外问题。在新、旧职业病诊断标准的适用方面,如若职业健康损伤(行为)发生在新标准实施之前,在法律规范适用方面,就不能遵循"新法优于旧法"原则,而应当考虑是否存在"法律一般不溯及既往"原则的例外,即讨论其溯及力问题。

## 三、职业病诊断标准溯及力及其影响分析

### (一)法律溯及力

所谓法的溯及力,是指新法颁布后对在此以前的行为和事件是否适用的问题,即是否溯及既往的问题。[1] 如果适用,则该法有溯及力,溯及既往;反之则没有溯及力,不能溯及既往。法不溯及既往符合人们对客观世界的理性认识,谁也无法做到用明天制定的规范来指引和评价今天的行为。因为时间是单向且不可逆转的,这种特征在法律领域上体现为法律的客观时间,即法律的过去、现在和未来,法律的效力也应当表现为自其制定时起生效,及于之后。法不溯及既往原则形成于西方,在现代已成为各国通行的法的溯及力原则。[2] 法律一般不溯及既往,因为具有追溯效力的法律虽未改变客观中已经发生的事件和行为,却可改变对既往事件或行为的法律评价,可让以前合法的行为变为违法的和被禁止的行为,也可能使以前非法的或被禁止的行为变成合法的和被许可,甚至被提倡的行为。[3] 而可溯及既往的法律对其自身可能也是不利的,因为其可能被更新的追溯性法律所代替、评价和否定。为更好地保护特

---

[1] 参见张文显《法理学(第四版)》,高等教育出版、北京大学出版社2011年版,第61页。
[2] 参见孙晓红《法的溯及力问题研究》,中国法制出版社2008年版,第78页。
[3] 参见伊卫风《溯及既往的法律》,载《东方法学》2015年第5期,第55-65页。

定对象的权利与利益,在确定法律一般不溯及既往原则的同时,许多国家还认为法律规范可以有条件地适用于既往行为,即所谓"有利追溯"。如我国刑法"从旧兼从轻"的原则。《中华人民共和国刑法》(2020 年)第十二条规定,"中华人民共和国成立以后本法施行以前的行为,如果当时的法律不认为是犯罪的,适用当时的法律;如果当时的法律认为是犯罪的,依照本法总则第四章第八节的规定应当追诉的,按照当时的法律追究刑事责任,但是如果本法不认为是犯罪或者处刑较轻的,适用本法"。此即新法原则上不溯及既往,但如果新法不认为是犯罪或者处罚较轻的,适用新法。在我国民法当中,"有利追溯"的原则体现为,如果先前的某种行为或者关系在行为时并不符合当时法律的规定,但依照现行法律是合法的,并且对相关各方都有利,就应当依照新法承认其合法性并且予以保护。由此可见,法律一般不溯及既往,除非是"有利追溯"。《立法法》(2015 年)对此也予以确认,并提出严格条件。该法第九十三条规定,"法律、行政法规、地方性法规、自治条例和单行条例、规章不溯及既往,但为了更好地保护公民、法人和其他组织的权利和利益而作的特别规定除外"。

## (二)不同溯及力利弊分析

职业病诊断标准是否具有溯及力?若溯及既往是否为有利追溯?法律规定是否赋予职业病诊断标准溯及力,其结果对当事人权益影响、社会公平正义实现,以及对社会法治的潜在影响也将迥然各异。

1. 不溯及既往

职业病诊断标准若不溯及既往,符合一般法律适用原则,则有利于当事人进行价值和利益判断,有利于指导用人单位降低其实施职业病防治行为成本,也有利于用人单位生产和防护工作开展的连续性,实质上也利于实现法律的安定性和确定性,维护稳定的社会秩序,最终树立起人们对法律以及依法建立起来的秩序的信心,增加当事人特别是用人单位生产的稳定感、安全感和对法律的信赖感。但由于标准是社会管理、科学技术和实践经验不断积累的成果和智慧结晶的综合反映,就其回溯性而言,随着科学技术的进步,某一时期的标准可能存在一定的缺陷。特别是以健康保护为目标的职业病诊断标准,随着时代发展,可能因对临床疾病诊断的再认识、工作场所职业病危害因素与疾病因果关系的新发现，以及工伤职业病保障范围的扩大发展，诊断标准的科学性、客观性等实质性内容的确需要不断修正。由此角度分析，职业病诊断标准不溯及既往在形式上符合法律一般不溯及既往原则，但并不利于社会实质正义的维护。职业病保障范围不断扩大就是例证。1957年我国规定仅有14种职业病，历经多次补充调整，现在已规定为132种。① 职业性噪声聋诊断标准的修订也是例证之一，历经多次修订，职业性噪声聋临床判断指标也在下调，保障范围不断扩大，职业病诊断标准若不溯及既往则可能不利于当事人健康权益的合理保障。②

2. 溯及既往

法律溯及既往可影响法律指引、评价功能的发挥。法律是以规则来规范、用标准来评价社会主体行为的一种规范，若可以用明天即将制定出来的规则或标准来规范、指引或评价今天的行为，那将是荒唐可笑，甚至恐怖的事情。由于处罚者不能预见未来，今天也就无法根据明天的标准进行评判、选择自己的行为。同样，职业病诊断标准溯及既往，就可能造成企业今天的合法行为（甚至被评选为先进典型而进行巡回介绍经验的行为），因为明天法律标准的修改而被认定为违法或因此而造成损失。由此，也就侵犯了企业对法律的信赖利益，影响社会秩序稳定性的建立。但新职业病诊断标准在科学性和客观性方面的进步，决定了职业病诊断标准溯及既往实质的正义性。此外，职业病诊断标准溯及既往尚有更多的合理性存在。法不溯及既往的原则不是绝对的，而是相对的，该原则可与一些例外的情形并行存在，"有利溯及既往"即为此类例外情形之一。③ 从社会法的角度考虑，职业病诊断标准溯及既往更有利于其法律价值的实现。劳动者职业健康权益保障属于社会法范畴，而社会法是以保护社会弱势群体的就业、安全和健康等保障社会性权益为目标。职业病诊断标准是否溯及既往，应当在保护用人单位与劳动者的

---

① 参见中华人民共和国国家卫生和计划生育委员会《职业病分类和目录》，人民卫生出版社2013年版。

② 参见张璟、杨爱初、郑倩玲等《职业性噪声聋2014与2007版诊断标准对比研究》，载《中国职业医学》2017年第1期，第55-59页。

③ 参见刘志刚《法律规范冲突的解决方法》，载《政法论丛》2014年第5期，第3-14页。

权益上进行取舍时，选择依据有利于劳动者的法律规范，这更符合社会法的价值取向，也具有更强的合理性。这种特定情形下的社会法溯及既往，对于填补法律漏洞、防止用人单位利用法律规避行为、切实保护弱势群体的利益具有不可替代的作用。为保障劳动者权益而溯及既往的情形在国外也有先例。1969 年，美国《联邦煤矿安全与健康法》为保护矿工的权益而作出溯及既往规定，规定因患"黑肺病"致死、致残的矿工或家属有权利申请工伤赔偿，即使该矿工在该法施行若干年前有已离职或病死的情形也享有该权利。[1] 职业病诊断标准溯及既往有诸多的合理性，但由于诊断制度与职业病的特殊性，有三个问题仍需进一步讨论。其一，考虑溯及力时，应当强调程序正义还是实质正义？即当新职业病诊断标准恰好在职业病鉴定期间生效，鉴定是沿用诊断时适用的旧标准还是采用新生效的标准更为合适？更多情况下，适用新标准可能更符合有利溯及原则，更有利于维护实质正义，但由于职业病鉴定制度并未设定发回重新诊断环节，鉴定时若依据新标准，实质是把鉴定作为首次诊断进行运作，也即剥夺了当事人再次申请鉴定（权利救济）的权利，这在程序上并不具备正当性。权衡利弊，修改和完善诊断程序以达到维护实质正义又确保程序正义应为更好的选择。其二，溯及既往时，应选择实质正义还是从有利于弱势群体出发有利溯及？例如《职业性肿瘤的诊断》（GBZ 94）修订后，职业性苯所致白血病诊断条件提高，选择劳动者接触职业病危害时生效的职业病诊断标准更有利于劳动者的职业病诊断，而选择新标准则更尊重实质正义。当保护的利益并不符合正义标准时，选择维护正义具有更高的合理性，也即有利溯及的前提应当具有正义上的合理性。其三，如何进一步完善职业病的时效制度？溯及既往制度造成职业病诊断结果是否有利于当事人的情形，不仅取决于健康损害发生的时间，也可能取决于职业病诊断鉴定的时间。诊断鉴定时间的早晚，可能造成对同一损害结果作出不同的诊断结论。尤其是现行的职业病诊断标准的颁布时间与实施时间不一致，如若当事人对此予以研究并有所发现，就可能引发大量的法律规避行为发生。例如职业性苯所致白血病诊断条件提高，用人单位可尽可能拖延劳动者进行职业病

---

[1] United States Congress. "Department of Federal coal mine health and safety law". (1969-12-30). https://en.wikipedia.org/wiki/Federal_Coal_Mine_Health_and_Safety_Act_of_1969.

诊断的时间；新标准中职业性噪声聋诊断条件降低，劳动者便可拖延至新标准生效后再提出诊断要求，甚至可能出现若干年前离职者集中提出职业病诊断要求的现象。对此，有必要相应加强对职业病诊断制度时效立法的研究，以便在维护实质正义的同时，更好地发挥法律的指引和秩序作用。

3. 法治原则

《立法法》（2000年）第八十四条规定，"法律、行政法规、地方性法规、自治条例和单行条例、规章不溯及既往，但为了更好地保护公民、法人和其他组织的权利和利益而作的特别规定除外"，这是我国首次在宪法性法律文件中规定法律不溯及既往原则。该条规定对法律溯及既往提出了两个条件：其一，应当是合理有利溯及；其二，必须有法规规范的特别规定。分析该条文，在实质上，有利且合理的溯及与法律一般不溯及既往原则的价值目标是一致的，不会对当事人权利及信赖利益造成侵害；在形式上，该条文明确规定了法律溯及既往即便符合实质要件，也必须有明确规定的法定形式。根据《立法法》规定，职业病诊断标准可否溯及既往，必须遵循明确的法律法规或规章规定。因此，国家职业病诊断与鉴定技术指导委员会对广东省职业病鉴定办公室的咨询回复不具有理论上的合理性，更不具备法律规范、法律特征，不可能作为溯及既往的依据。当前，有关的规定有《关于职业病诊断标准有关问题的批复》（卫法监发〔2004〕73号），即"在《职业病防治法》实施后进行职业病诊断的，应当按照《职业病诊断与鉴定管理办法》规定，依据现行国家标准进行诊断"。该规定基本符合有利溯及既往理论，但由于法律位阶低、表述仍欠完善，有必要在相关立法时予以进一步完善。

综上所述，笔者认为，新旧职业病诊断标准的适用应当有利于维护实质正义。在实践工作中，应当严格遵循法律规定，依法执行，进行职业病诊断时依据（其时）现行国家标准进行诊断，进行职业病鉴定时沿用诊断时适用的标准进行鉴定。

**参考文献**

[1] 胡世杰. 职业病诊断证据材料分析与采用 [J]. 中国职业医学，2015，42（4）：361-365.

[2] 聂武, 周安寿. 关于对职业病诊断标准体系建设的几点探讨 [J]. 中国工业医学杂志, 2010, 23 (3): 235-236.

[3] 聂武, 周安寿. 职业病诊断标准体系研制 [J]. 中国卫生标准管理, 2011, 2 (2): 47-52.

[4] 朱秋鸿, 余晨. 《职业病分类和目录》调整后对职业病诊断标准体系的影响 [J]. 中国工业医学杂志, 2015, 28 (2): 144.

[5] 黄金祥. 职业病诊断标准的制订和应用 [J]. 中华劳动卫生职业病杂志, 2007, 25 (10): 620-622.

[6] 国家职业病诊断与鉴定技术指导委员会. 国家职业病诊断与鉴定技术指导委员会对广东省职业病鉴定办公室有关职业病诊断标准适用时限的复函（中疾控职办便函〔2015〕151 号）[Z]. 北京: 中国疾病预防控制中心职业卫生与中毒控制所, 2015.

[7] 中华人民共和国卫生部办公厅. 国家职业病诊断与鉴定技术指导委员会工作规则 [S/OL]. (2008-03-29) [2017-05-25]. http://www.nhfpc.gov.cn/fzs/s3576/200804/7e38-facf006049028053d426a1f948f9.shtml.

[8] 中华人民共和国卫生部. 职业性噪声聋诊断标准: GBZ 49—2007 [S]. 北京: 人民卫生出版社, 2008.

[9] 中华人民共和国国家卫生和计划生育委员会. 职业性噪声聋的诊断: GBZ 49—2014 [S]. 北京: 人民卫生出版社, 2014.

[10] 张璟, 杨爱初, 郑倩玲, 等. 职业性噪声聋 2014 与 2007 版诊断标准对比研究 [J]. 中国职业医学, 2017, 44 (1): 55-59.

[11] 中华人民共和国卫生部. 国家职业卫生标准管理办法 [S/OL]. (2002-05-01) [2017-05-25]. http://www.moh.gov.cn/zwgk/wtwj/201304/713f67658c3c45e39c401d33bf8-d8565.shtml.

[12] 申利静. 技术标准及其法律性质初探 [J]. 法制与社会, 2012 (24): 256-257.

[13] 刘志刚. 法律规范冲突解决规则间的冲突及解决 [J]. 政法论丛, 2015 (4): 92-99.

[14] 张文显. 法理学 [M]. 4 版. 北京: 高等教育出版, 北京大学出版社, 2011: 61.

[15] 孙晓红. 法的溯及力问题研究 [M]. 北京: 中国法制出版社, 2008: 78.

[16] 伊卫风. 溯及既往的法律 [J]. 东方法学, 2015, 5: 55-65

[17] 中华人民共和国国家卫生和计划生育委员会, 中华人民共和国人力资源和社会保障部, 中华人民共和国国家安全生产监督管理总局, 等. 职业病分类和目

录［S］. 北京：人民卫生出版社，2013.

［18］刘志刚. 法律规范冲突的解决方法［J］. 政法论丛，2014（5）：3-14.

［19］United States Congress. Department of Federal coal mine health and safety law［R/OL］.（1969-12-30）［2017-05-25］. https://en.wikipedia.org/wiki/Federal_Coal_Mine_Health_and_Safety_Act_of_1969.

# 第五章 职业病诊断相关概念辨析

"职业病""职业禁忌证""疑似职业病"和"观察对象"等是与职业健康直接相关的职业病诊断法律制度中的概念。其中,"职业病""职业禁忌证"在《职业病防治法》中有明确定义,也较为人所熟知和掌握。"观察对象"是早期职业病诊断标准中诊断结论内容之一,随着标准进一步完善,现渐趋消失。而"疑似职业病"关乎劳动者和用人单位的权益,也一直困扰实务界,是职业病法律制度中的一个重要概念。本章主要对"疑似职业病"和"观察对象"这两个概念进行讨论,通过对概念进行分析,在明晰概念的同时,探索职业病诊断制度的目的、作用和意义等理论问题。

## 第一节 疑似职业病[①]

疑似职业病(suspected occupational disease)不仅是医学专业术语,也是法律特定领域的专业术语,在劳动和社会保障法律部门中屡被提及,更多见于职业卫生、劳动合同和工伤保险等法律法规,是职业病诊断以及职业病防治中的一个重要概念。疑似职业病不仅与劳动者的职业健康和权益保障密切相关,也是适用于职业病防治监督管理的较好指标。理论上对疑似职业病词义和内涵的理解存在较多分歧,实践中对其判断操作不一,均严重影响了劳动者和用人单位合法权益的实现。本节基于法律概念的理解和权利救济等对疑似职业病的含义、作用与意义,判断方式方法利弊,以及界定标准等相关问题进行分析讨论,希望有助于业界对疑似职业病的实质与内涵的理解,以及对疑似职业病进行科学合理的确认。

---

[①] 根据胡世杰《疑似职业病确认有关问题探讨》改编,原载《中国职业医学》2016年第1期,第57–60页。

## 一、疑似职业病的含义

疑似职业病本源为医学用语,但在职业健康法律权益保障中被吸收并转化为特定的法律概念。在《职业病防治法》和《职业病诊断与鉴定管理办法》等相关法律法规中,疑似职业病并没有明确的定义或解释,2022年9月1日实施的国家推荐性标准《疑似职业病界定标准》(GBZ/T 325—2022)对其作出不甚完整的表述。因其与劳动者和用人单位相关权益直接相关,对其含义进行分析或解释有重要的现实意义。

从法律概念理解的角度出发,对疑似职业病进行解释,我们可遵循法律解释的方法。法律的一般解释方法包括语法解释、逻辑解释、系统解释、历史解释、目的解释和当然解释等。① 这里从语法解释和系统解释入手对其进行分析。

### (一) 疑似职业病的语法解释

疑似职业病在词义上可理解为:怀疑是职业病。法律解释通常都是从语法解释开始的,要理解法律的含义,首先就要从法律的文字含义入手。② 对"疑似"的语义解释是:怀疑是而不确定。例如,疑似怀孕,疑似有人作弊,疑似病例。③ 引申到疑似职业病,可理解为:怀疑是职业病但未能确定。这里包含两层含义,疑似是以职业病为参照物进行判断;尚未确定是否为职业病,即尚未作出职业病诊断(鉴定)结论,或严格意义上未有生效的职业病诊断(鉴定)结论。

---

① 参见张文显《法理学(第四版)》,高等教育出版社、北京大学出版社2011年版,第239页。
② 参见张文显《法理学(第四版)》,高等教育出版社、北京大学出版社2011年版,第239页。
③ 中国社会科学院语言研究所词典编辑室:《现代汉语词典(第6版)》,商务印书馆2014年版,第1537页。

## （二）疑似职业病的系统解释

疑似职业病是指作出职业病结论前特定时间段的特定情形。这可从法律系统解释中分析得出。法律系统解释方法是将需要解释的法律条文与其他法律条文联系起来，系统、全面分析其含义与内容，以避免孤立、片面地理解含义。① 《职业病防治法》（2018年）有5个条文共7处出现有关"疑似职业病"的表述。其中，第五十五条规定，"用人单位应当及时安排对疑似职业病病人进行诊断"，第七十二条对"未按照规定安排职业病病人、疑似职业病病人进行诊治的"情形作出处罚规定。综合相关规定可见，只要属于疑似职业病，用人单位就必须安排进行诊断，这也说明，在时间意义上，疑似职业病为职业病诊断结论作出（生效）之前特定时间段的特定情形。

## （三）疑似职业病与职业病既有联系又有区别

疑似职业病以职业病为参照，但疑似职业病又与职业病、职业病结论界线分明，互不包容。从语法解释和系统解释可知，疑似职业病可理解为怀疑是职业病，但仍未最终确定是否为职业病。这同样可以理解为，一旦作出职业病结论，即不存在疑似职业病状态。疑似职业病与职业病分处不同阶段，其分界点就是职业病诊断结论作出之时。但综合分析职业病诊断鉴定制度，在完整系统解释中，其分界点应为职业病诊断（或鉴定）结论生效之时。客观上，疾病诊断存在由于无法确诊而存疑的情形是可能的，但职业病诊断却与此不同，只要进行职业病诊断就必定有明确的结论，这也是基于《职业病防治法》（2018年）第四十六条规定而定，"没有证据否定职业病危害因素与病人临床表现之间的必然联系的，应当诊断为职业病"。这也说明，职业病诊断结论非此即彼，不包含有疑似的状态，是对疑似状态的终结。虽然这种制度设计似乎违反客观规律，但却是高效、合理可行、合乎公平正义的。现行职业

---

① 参见张文显《法理学（第四版）》，高等教育出版社、北京大学出版社2011年版，第239页。

职业病诊断法律制度研究

病诊断制度本是通过对劳动者的疾病进行临床诊断和归因分析，确认劳动者的疾病是否由职业病危害因素所引起，工作场所职业病危害因素与劳动者的健康损害是否存在因果关系，最终裁定劳动者的健康损害应否由用人单位承担责任的一项活动，也是实现工伤赔偿这一类特殊侵权行为的归责活动之一。采用推定因果关系进行归因职业病诊断的制度设计是提高社会效率、及时解决社会矛盾所必需的，也符合社会保障法律部门保护弱势群体的价值取向。

## 二、确认疑似职业病的作用与意义

疑似职业病制度与劳动者健康权益保障直接相关，确认疑似职业病有助于相关制度的执行与落实。以疑似职业病作为管理抓手，有利于加强技术机构质量、强化监督管理，更好推动职业病防治立法目的的实现。

### （一）有利于劳动者健康权益保障

确定疑似职业病有利于明确保障对象，有利于劳动者相关权益保障。《职业病防治法》（2018年）第五十五条第一款规定，"医疗卫生机构发现疑似职业病病人时，应当告知劳动者本人并及时通知用人单位"，明确疑似职业病病人的知情权；该条第二款规定，"用人单位应当及时安排对疑似职业病病人进行诊断；在疑似职业病病人诊断或者医学观察期间，不得解除或者终止与其订立的劳动合同"；该条第三款规定"疑似职业病病人在诊断、医学观察期间的费用，由用人单位承担"，明确了疑似职业病病人的就诊权、就业保障权和保障诊断顺利进行的诊断权利。从权利范围看，疑似职业病者的部分权利甚至超过诊断为职业病的劳动者。例如在就业保障权方面的规定，《职业病防治法》（2018年）第五十五条第二款规定，"在疑似职业病病人诊断或者医学观察期间，用人单位不得解除或者终止与其订立的劳动合同"，该条款通过强化就业保障权，确保诊断权得以顺利实现，《劳动合同法》（2012年）第四十二条对此也有相同规定。但诊断为职业病的劳动者其就业保障权却是分情形而定。《工伤保险条例》（2010年）第三十七条规定,"职工因工致残被鉴定为七级至十级伤残的,享受以下待遇:……劳动、聘用合同期满终止,或者职工本人提出解除劳动、聘用合同的,由工伤保险基金支付一次性工伤医疗补助金,由用人单位支付一次性伤残就业补助金。一次性工伤医疗补助金和一次性伤残就业补助金的具体标准由省、自治区、直辖市人民政府规定"。由此可以看出,疑似职业病者就业保障权不受劳动合同是否到期影响。对用人单位而言,法定义务和责任也更大。

(二) 有利于避免同类事故再次发生

确定疑似职业病有利于明确监督管理重点,有利于监督管理部门和用人单位及时采取措施,避免健康损害的再次发生。职业病危害的发生有群体性特点,疑似职业病的确认对工作场所危害控制可起到预警和提示作用。接到疑似报告后,用人单位和监督管理部门应主动对工作场所采取干预措施,对相同岗位劳动者实行应急职业健康检查,及时避免疑似事故危害的进一步扩大。当然,干预措施的落实取决于医疗疑似职业病报告制度的实施,取决于监督管理部门监督管理职责的落实和用人单位对相关义务的积极履行。

(三) 有利于加强职业健康检查机构质量控制

界定疑似职业病体现医疗卫生技术机构质量水平,通过评价职业健康检查机构界定的疑似职业病病例进入诊断程序后最终确诊职业病的过程,可以评价该职业健康检查机构的质量能力水平;考虑已进行职业健康检查但未界定为疑似病,结果却诊断为职业病的情况,可以倒推职业健康检查机构漏诊、误诊情况。这两者结合,就可以抓住职业健康检查机构质量控制管理重点。

(四) 有利于推动监督管理措施的实施

监督管理部门以疑似职业病作为线索,可以提高监管的针对性,实施精准防控,在保障疑似职业病病人合法权益的同时,避免同一工作场所同类职业病危害事故的再次发生。而评价疑似职业病进入诊断的比率，则反过来直接体现地区职业病防治监督管理的执法力度，有利于弥补监督管理短板，推动措施落实。

## 三、疑似职业病管理现状分析

笔者曾分析 2014—2017 年广东省网络报告的疑似职业病病例分布及其后期要求进行职业病诊断和职业病确诊的情况。① 分析结果显示，广东省 2014—2017 年共报告疑似职业病病例 10155 例，呈逐年递增趋势，年均增长率为 62.2%。疑似职业病共有 3514 例进入职业病诊断程序，进入职业病诊断程序率为 34.6%，进入诊断后的确诊率为 59.5%（2090/3514）。其中，职业病防治机构确定的疑似病例的诊断率和确诊率最高，分别为 58.1% 和 70.2%。近两年再行分析，疑似职业病病例的诊断率、确诊率虽略有增长，但依然在低位徘徊。分析疑似病例的诊断率偏低，主要有以下四个方面的原因。

首先，告知不规范，劳动者不知情。医疗卫生机构发现并界定疑似职业病病人后，未直接告知劳动者甚至用人单位，未及时向用人单位所在地卫生健康主管部门报告。《职业病防治法》（2018 年）第五十五条规定，"医疗卫生机构发现疑似职业病病人时，应当告知劳动者本人并及时通知用人单位"，这类问题的责任在于医疗卫生机构。

其次，虽然劳动者知情，但是用人单位不配合。用人单位未能及时接到疑似职业病通知，或者用人单位直接怠于依法履行疑似职业病权益保障法律义务。对于这类问题，劳动者可以通过向行政部门投诉举报解决，《职业病防治法》（2018 年）第五十五条第二款规定，"用人单位应当及时安排对疑似职业病病人进行诊断"，配合诊断是用人单位的法定义务，行政部门应当依法追究其违法责任。

再次，监管部门未接到疑似职业病信息报告，或怠于履职。《职业病防治法》（2018 年）第五十条规定，"用人单位和医疗卫生机构发现职业病病人或者疑似职业病病人时，应当及时向所在地卫生行政部门报

---

① 参见周珊宇、温贤忠、胡世杰等《广东省 2014—2017 年疑似职业病报告及职业病确诊情况追踪》，载《中国职业医学》2018 年第 6 期，第 708 - 712 页。

告"。如果医疗卫生机构未能及时报告，劳动者也未有投诉诉求，监督部门便难以及时获得相关信息。但也有监督管理者接到报告知晓疑似职业病情况，但考虑疑似职业病诊断为职业病的确诊率偏低，怠于履行监督责任。接到疑似职业病报告后，监督管理者应采取主动干预行为，在保障劳动者权益的同时，避免同类职业病危害事件再次发生，这是监管的基本要求。在确诊率偏低的情况下，怠于执法监督，这类情况即便存在实体正义的可能，却属于行政不作为，程序违法。

最后，用人单位可能与劳动者私了，劳动者放弃进入诊断程序。但对监督管理部门来说，这类情形有解决的法律渠道。《卫生部关于职业病诊断鉴定有关问题的批复》（卫监督发〔2005〕344号）指出，"职业病诊断鉴定应当是依申请进行的，一般应当由当事人启动鉴定程序。卫生行政部门（卫生监督机构）在执法过程中，发现用人单位违反《职业病防治法》的规定，为调查取证的需要可以委托相关机构（职业病诊断鉴定委员会）对是否构成职业病进行鉴定，提出技术性意见。这种意见（鉴定）与职业病诊断鉴定结论的法律效力和意义不同，不宜提供给劳动者作为职业病诊断鉴定结论使用"。

如若各方处置合法，疑似职业病没有进入诊断程序是不可能存在的。问题的发生，只有两种原因，或者医疗卫生机构没有履行报告，或者监管部门未履行监管职责。用人单位"未按照规定安排职业病病人、疑似职业病病人进行诊治的"［《职业病防治法》（2018年）第七十二条第六项］，"医疗卫生机构未按照规定报告职业病、疑似职业病的"（第七十四条），"县级以上人民政府职业卫生监督管理部门不履行本法规定的职责，滥用职权、玩忽职守"（第八十三条第二款），这些都是违反疑似职业病制度的行为。规定如此明确，尚无法执法，尚下不了手，这或者还有另外的原因——疑似职业病确诊的准确率太低了，现状是进入疑似职业病诊断程序的确诊率仅有59.5%，这也是让监管人员在法律与实体正义之间徘徊不定的原因。强行执行，实体对企业不正义；不执行，形式违法，两难。

## 四、疑似职业病的界定

疑似职业病相关规定属于强行性规则或义务性规则，对用人单位具有强制性、不利性等特征。也可以说，疑似职业病虽属医学结论，但对劳动者和用人单位影响重大，双方直接因医学结论而次生新的权利和法定义务。但这种次生的权利和义务，对用人单位与劳动者救济途径却迥然不同。对劳动者而言，若疑似职业病结论施之过严，劳动者怀疑患有职业病，仍可通过无门槛的职业病诊断途径予以救济，相关经济补偿也可在确诊为职业病后由用人单位予以补偿；而对用人单位而言，若疑似职业病结论施之过宽，用人单位对误诊为疑似职业病而后排除职业病者付出的补偿，或因需对工作场所进行干预等所遭受的影响却无任何救济途径可行。"正当法律程序"的最低标准要求，公民的权利义务将因为决定而受到影响时，在决定之前必须给予其知情和申辩的机会和权利。用人单位对由疑似职业病而次生的义务和受损的权利却无任何申辩机会和途径，因而对该程序应当尽量准确应用、严格应用。故建议疑似职业病结论的作出宜严不宜松。疑似职业病诊断现状问题与疑似职业病界定的准确性直接相关，包括职业健康检查机构对疑似职业病的概念的把握不清晰，对法律标准的理解掌握不准确等相关。依照此逻辑，结合对问题的解决处理，可对疑似职业病界定的医疗、判断标准和相关报告程序进行分析和讨论。

## （一）疑似职业病界定医疗机构

《职业病防治法》（2018 年）第五十条规定，"用人单位和医疗卫生机构发现职业病病人或者疑似职业病病人时，应当及时向所在地卫生行政部门报告"。由此可见，只要是医疗卫生机构就能进行疑似职业病界定。但从职业医学角度分析，进行疑似职业病判断应当基于以下信息：①劳动用工关系明确。若劳动关系可采用劳动者的自述资料作为证据，那么劳动者被判断为疑似职业病将更为便利，但由此也易增加监督难度，加大用人单位的实务责任。②医疗卫生机构有能力对工作场所职业病危害进行初步推断。疑似职业病者的健康损伤应当与工作场所可能存在的职业病危害因素有相关性，而具备相关判断能力的医疗卫生机构只有职业健康检查机构和职业病诊断机构。因此，从专业角度、实务角度，以职业健康检查机构或职业病诊断机构作为疑似职业病界定机构为宜，其他医疗卫生机构怀疑疑似职业病的，可建议或转诊职业健康检查机构与职业病诊断机构处理。但这需要在制定规范性文件或职业卫生标准时予以明确或限定条件。

### (二) 疑似职业病界定标准

疑似职业病范围广，难以对其界定标准进行分类细化，但仍有必要进行原则性规定，用以指引实践工作。"疑似"是以"似"的对象——职业病作为参照物进行判断的，因此，"疑似职业病病人"所患疾病或健康损伤必须在《职业病分类与目录》的范围之内，判断为疑似者，其健康损伤应当与职业病诊断标准中职业病分级的最轻程度（如轻度）无实质上差异。

早期曾有学者对疑似职业病进行定义并列举，认为有下列情况之一者，可视为疑似职业病：①劳动者健康损害与其所接触的职业病危害因素关系不能排除的；②同一工作环境同时或短期内发生2例或2例以上健康损害相同或相似病例，病因不明确，又不能以常见病、传染病、地方病等群体性疾病解释的；③同一工作环境已发现职业病病人，其他劳动者出现相似健康损害表现的；④职业健康检查、职业病诊断依据职业病诊断标准，认为需要进行进一步检查、医学观察或诊断性治疗以明确诊断的；⑤劳动者已出现职业病危害因素造成的健康损害表现，但未达到职业病诊断标准规定的诊断条件，而健康损害还可能继续发展的，如职业病诊断标准中规定的观察对象等。[①]

在上述列举中，第五种情形存在明显错误。"未达到职业病诊断标准规定的诊断条件"应当排除职业病；若其"健康损害还可能继续发展"，可在达到职业病诊断标准规定的条件时再提请职业病诊断。否则便可能出现因损伤程度比较重、被诊断为职业病，但伤残评定为九级或十级者，其就业保障权尚不如损害程度较轻未能诊断为职业病而被界定为疑似职业病者。

"观察对象"是职业病诊断标准中的历史性概念，至今已全部取消。早期职业病诊断标准中的"观察对象"因其内涵不一，处理方式

---

[①] 参见卞耀武《〈中华人民共和国职业病防治法〉条文释义》，人民卫生出版社2002年版，第104页。

各异，难以一概而论。其时，按照健康损害是否明确以及后续处理方式进行分类，"观察对象"可分为三类。第一类，健康损害明确但未达到职业病程度，即不存在"疑似"状态（如职业性甲醇中毒和职业性溶剂汽油中毒的观察对象等）；此类与"接触反应"（exposure reaction）和"刺激反应"意思相似，虽有（一过性）症状或体征，但可明确其未达到职业病损害程度，不存在疑似状态。第二类，健康损害明确，现未达到职业病程度但有可能进展，需要较长时间予以动态观察，即不存在"疑似"但需"观察"（如尘肺病、棉尘肺、职业性镉中毒的观察对象等）。第三类，健康损害不明确，尚需进一步检查以便确认是否为职业病，即存在"疑似"且需"观察"后进一步诊断（如职业性慢性正己烷中毒的观察对象）。如此，把所有观察对象归类为疑似职业病与客观实际不符。而从法理上，作为职业病诊断结论之一的"观察对象"在包含有"疑似"之意时，则违背了上位法《职业病防治法》（2018年）第四十六条第二款职业病诊断非此即彼的法律规定。因而，在定义列举中把观察对象归类为"疑似职业病"并不合适。

此外，列举中的第三、第四种情形已包括在第一种情形当中，无须单列。因而，上述列举仅保留第一、第二种即可。

（三）疑似职业病报告程序

作为与权益直接相关的文书，最好采用统一格式。因而，疑似职业病报告程序可参照职业病诊断模式，采用统一格式文书，用于指引报告途径，规范报告内容，以利于劳动者健康权益保障的落实，及时提示有关部门采取必要的干预措施，也有利于增强相关机构的医疗责任心，促使其审慎进行疑似职业病的确认。

## 五、《疑似职业病界定标准》评析

"疑似职业病"是一项重要的工作指标，指向性好，操作性强。用好这一抓手，可以有针对性地抓住职业病防治薄弱环节，因势利导推动工作开展。《疑似职业病界定标准》（GBZ/T 325—2022）于2022年3月16日发布，2022年9月1日实施。《疑似职业病界定标准》对"疑似职业病"进行定义,明确"疑似职业病"的界定原则、界定条件、处理原则,规范统一《疑似职业病告知书》格式,《疑似职业病界定标准》的制定出台有重要的意义。

一是疑似职业病界定原则明确,可操作性强。"疑似职业病的界定应以职业病定义作为参照""疑似职业病病人所患疾病应在《职业病分类和目录》范围之内""应按照 GBZ/T 265 执行,基于现有的疾病证据、接触证据、疾病与接触的职业病危害因素之间因果关系等相关证据进行界定""疑似职业病病人所患疾病的严重程度应达到相应职业病的诊断起点",这些都道出了疑似职业病的特征、特点及界线。

二是明确疑似职业病进入职业病诊断的时间,弥补法律缺陷,增加实践的可操作性。可见"6.2 用人单位和劳动者收到《疑似职业病告知书》后,用人单位应在 30 日内安排劳动者到职业病诊断机构提请职业病诊断"。

三是明确疑似职业病终结状态,减少不必要的纠纷。可见"6.3 职业病诊断鉴定程序终结后疑似职业病状态自然终止"。当然,反过来也进一步说明,未进入诊断程序、诊断与程序未终结的,疑似状态仍然存在。

四是有利于职业病防治法律的贯彻实施。由于界定结果对用人单位和劳动者权益影响大,结果准确性低的"疑似职业病"会让监管部门在执法时左右为难,这也就影响了监管效率,影响执法队伍形象,最终也必定影响劳动者合法权益的保障。《疑似职业病界定标准》的出台,对于提高疑似职业病界定的准确性、操作性,提高监督队伍执法刚性,推动用人单位主体责任落实,都有至为重要的意义。

综合来说,《疑似职业病界定标准》的出台意义重大,甚至可以说,最大的亮点就是《疑似职业病界定标准》出台本身,当然如上所述,其内容规则也有不少可圈可点之处。但个别内容仍需商榷。

一是概念尚欠完整,影响特殊情况的理解与判定。概念是认识事物过程当中形成的思维形式,也是对事物高度概括而形成的专业术语。概念必须明确化、专业化。"疑似职业病"是一类确定性概念,其外延、内涵应相对确定、准确。《疑似职业病界定标准》将"疑似职业病"定义为:"现有接触证据或医学证据尚不能确定接触职业病危害因素的劳动者所患疾病是否是职业病,需要进一步收集证据以明确诊断的一种暂时的疑似疾病状态。"对疑似职业病的最终界定,不能仅仅因为其需要收集证据,在实体上,需要诊断医师怀疑该疾病为职业病,当然这有其在实体上的判断标准;在程序上,还与职业病诊断与鉴定程序是否完成相关,诊断与鉴定程序结束后便不再是疑似职业病。收集证据也不是问题的关键,诊断与鉴定过程甚至可以不需要收集证据;与程序相关的另一类情形是,诊断结论为职业病但处于鉴定阶段的,鉴定结论生效前也应当视同为疑似职业病。所以,《疑似职业病界定标准》"3.1 疑似职业病"定义把重点落在"收集证据"上,而非"诊断与鉴定"上,没能抓住问题的关键。此外,如此规定,也就出现了遗漏的内容:未曾界定为疑似职业病,或曾界定为疑似职业病,在诊断为职业病之后,若用人单位有异议提起鉴定申请的,在诊断后、鉴定结论生效之前属于什么?

结合前文所述,笔者认为可将疑似职业病定义为:经医疗卫生机构初步诊断,怀疑患有职业病,但尚未经明确的职业病诊断且未有生效职业病诊断(鉴定)结论的特定时间段的疾病状态。

二是个别内容表述仍欠严谨,易产生歧义,也有漏项。表述不严谨可见"5 疑似职业病的界定"中"b)急性职业病危害事故处理时出现的疑似病例"。处理急性事故一般不会导致用人单位出现新病例,但处理过程可能会新发现有病例,所以,应是"发现"而非"出现"。此外,慢性危害事故是否也有类似情形?所以,"急性"二字是多余的。问题本来可以交由"c"负责,但"c"似乎也有问题。例如"c)同一工作环境中已发现确诊的职业病病人,同一时期其他劳动者出现有相似客观表现的疾病",若发现怀疑有职业病病人,但同一工作环境前些天的病例尚在诊断过程中,未有"确诊"是否可以参照此条?

三是个别内容表述重复,反而产生歧义。附录"B.5 职业病诊断机构接诊劳动者申请时发现疑似职业病的,也应出具《疑似职业病告知书》"。若劳动者要求诊断职业病前,其他医疗机构已界定其为疑似职业病,诊断机构是否仍要出具告知书?是否要求诊断机构重复出具告知书?当然,对疑似职业病的界定,诊断机构应发挥兜底作用。否则,认为诊断为职业病的《职业病诊断证明书》可以替代《疑似职业病告知书》,在劳动者被诊断为职业病,用人单位申请鉴定的过程中,诊断结论未生效之前,劳动者权益如何保障?所以,疑似职业病有其特殊法律意义。

四是个别表述不完整，影响原规则的使用。"B.6《疑似职业病告知书》一式三份，劳动者、用人单位和界定机构各一份"。《职业病防治法》（2018年）第五十条规定，"用人单位和医疗卫生机构发现职业病病人或者疑似职业病病人时，应当及时向所在地卫生行政部门报告"；《职业健康检查管理办法》（2019年）第十八条规定，"职业健康检查机构发现疑似职业病病人时，应当告知劳动者本人并及时通知用人单位，同时向所在地卫生健康主管部门报告"。告知、通知与报告，均为法律明确规定。《疑似职业病界定标准》即便不涉及此法律义务问题，医疗机构也可依法报告，但《疑似职业病界定标准》把向劳动者告知、向用人单位通知的规定列了出来，却缺少了向行政部门报告的内容。同类内容列举不完整，便有可能出现依据《疑似职业病界定标准》执行而忽略法律规定的情形。

当然，瑕不掩瑜，《疑似职业病界定标准》已解决了疑似职业病关键性、重要性问题，意义重大，只是期待修订之后更为尽善尽美。

**参考文献**

[1] 张文显. 法理学 [M]. 4版. 北京：高等教育出版社，北京大学出版社，2011：239.

[2] 中国社会科学院语言研究所词典编辑室. 现代汉语词典 [M]. 6版. 北京：商务印书馆，2014：1537.

[3] 胡世杰. 我国职业病诊断与鉴定制度性质试析 [J]. 中国职业医学，2008，35（1）：49-50.

[4] 胡世杰. 论职业病诊断归因诊断原则 [J]. 中国职业医学，2014，41（1）：30-35.

[5] 卞耀武.《中华人民共和国职业病防治法》条文释义 [M]. 北京：人民卫生出版社，2002：104.

[6] 中华人民共和国卫生部. 职业性急性甲醇中毒诊断标准：GBZ 53—2002 [S]. 北京：法律出版社，2002.

[7] 中华人民共和国卫生部. 职业性溶剂汽油中毒诊断标准：GBZ 27—2002 [S]. 北京：法律出版社，2002.

[8] 中华人民共和国卫生部. 尘肺病诊断标准：GBZ 70—2009 [S]. 北京：人民卫生出版社，2009.

[9] 中华人民共和国卫生部. 棉尘病诊断标准：GBZ 56—2002 [S]. 北京：法律出版社，2002.

[10] 中华人民共和国卫生部. 职业性镉中毒诊断标准：GBZ 17—2002 [S]. 北京：法律出版社，2002.

[11] 中华人民共和国卫生部. 职业性急性甲醇中毒诊断标准：GBZ 84—2002 [S]. 北京：法律出版社，2002.

## 第二节　观察对象[①]

"观察对象"（subject under medical surveillance）是我国职业病诊断标准历史上的概念，近几年在标准修订中已逐渐被取消。"观察对象"虽已被取消，但对原诊断标准"观察对象"问题进行讨论，可以进一步了解职业病诊断的意义，准确把握职业病诊断工作。

《职业病防治法》（2011年）颁布实施后，职业病诊断标准多有"观察对象"这一分类，但对此却无统一的概念，相关法律也无与其明确对应适用的情形，这给管理部门正确适用法律、用人单位落实职业病防治义务，以及劳动者维护合法权益等造成较大的困扰。为准确把握"观察对象"的性质内涵，促进职业病诊断标准的进一步完善和法律的正确适用，笔者在综合分析诊断标准中"观察对象"一词所表现出来的不同特征的基础上，结合法律施行和工伤保险制度规定，提出自己对诊断标准中设立"观察对象"的一些看法。

### 一、我国职业病诊断标准体系中观察对象内容分析

截至2011年3月，我国职业病诊断标准共有33项设有"观察对象"。原标准设有"观察对象"，但新修订后已删除的未计入，如《职业性哮喘诊断标准》（GBZ 57—2008）、《职业性中毒性肝病诊断标准》

---

① 根据胡世杰《我国职业病诊断标准体系中观察对象有关问题探析》改编，原载《中国职业医学》2011年第5期，第424-425页。由于"观察对象"作为职业病诊断标准中的一个诊断的分级已经消失，在务实操作上已无现实意义，因而本节内容基本按照笔者2011年文章发表状态，供读者分析参考。

（GBZ 59—2010）和《职业性航空病诊断标准》（GBZ 93—2010）3项诊断标准删除了原观察对象相关内容，《职业性铊中毒诊断标准》（GBZ 226—2010）和《职业性急性酚中毒诊断标准》（GBZ 91—2008）2项标准已将观察对象修改为接触反应。根据观察对象的性质特征可进行如下分类。

（一）按所属职业病种类分类

各类诊断标准中观察对象的分布情况为：职业中毒24项，尘肺病1项，物理因素所致职业病2项，职业性眼病3项，职业性耳鼻喉口腔疾病2项，其他职业病1项。

（二）按健康损伤的确定性分类

根据健康损伤的确定性，将诊断标准中的观察对象分为两大类，如图1所示。第1类：健康损伤尚不能确定，即疑似健康损伤，需医学观察后再进行诊断。但本类观察期长短不一，如《职业性苯中毒诊断标准》（GBZ 68—2008）中观察对象观察期为6个月，《尘肺病诊断标准》（GBZ 70—2009）中的观察对象观察期为5年，有5项标准属于此类。第2类：健康损伤明确。根据健康损伤是否发生可将此大类分为两小类。第2.1类：明确没有发生健康损伤，但有生物接触指标的升高，如《职业性慢性铅中毒诊断标准》（GBZ 37—2002）中的观察对象，有4项标准属于此类，均为重金属。第2.2类：损伤明确发生。根据其康复情况可将此小类再细分为两类。第2.2.1类：一过性损伤，脱离危害接触后短期可完全康复。此类观察对象与诊断标准中的刺激反应以及大部分的接触反应相同，如《职业性急性有机氟中毒诊断标准》（GBZ 66—2002）中的观察对象，有8项标准属于此类。第2.2.2类：较轻健康损伤，未达到现有诊断标准中职业病程度。如《职业性噪声聋诊断标准》（GBZ 49—2007）中的观察对象，有16项标准属于此类。

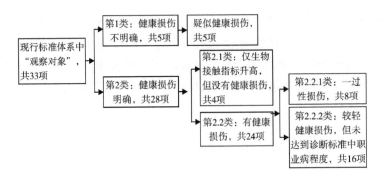

图 5-1　2011 年职业病诊断标准体系中观察对象的分布情况

## 二、存在问题的探讨

职业病诊断标准中的观察对象实质上是一种职业健康损伤状态，或从生物概念角度仅为职业病疾病进展过程中客观存在的一个阶段。建立观察对象的概念，对于客观描述健康受损状况，加强健康损伤的动态管理，准确界定职业病具有重要意义。但是，我国职业病诊断并非一种纯粹的医疗活动，它是以医学知识为基础，以解决职业健康权益责任纠纷为最终目的的举证责任倒置的准仲裁制度。[①] 职业病诊断结论不应只有医学特性，还应具有法律与社会特征。在实践工作中，诊断标准中观察对象这一概念的不确定性与法律依据的模糊性，给职业病的后续处理埋下了一定的隐患，使得以观察对象为诊断结论的职业病问题处理工作复杂化，增大了处理难度。从法律实施与实效角度分析，观察对象存在以下问题。

### （一）概念上存在不确定性

职业病诊断结论概念及范围的明确与统一，是认定职业病损害事实、确定用人单位法律责任的前提与基础。然而，从上述内容分析可以

---

[①] 参见胡世杰《我国职业病诊断与鉴定制度性质试析》，载《中国职业医学》2008 年第 1 期，第 49-50 页。

看出，在职业病诊断标准中，观察对象的概念不一、范围各异。观察对象的概念之所以有如此多的类别，究其原因主要是标准在制定中过分注重临床实际，而未对相关法律或标准进行充分统筹考虑，造成观察对象概念的多重含义。职业病问题的妥善解决是以明确的诊断结论为依据和前提，这种名同义异、定义的随机与无规则可循，必将造成理论和实践上的困惑，增加标准应用者对相关规定理解的难度，最终将影响相关法律法规的正确适用和有效执行。

（二）体系上违反了法制的统一性

法制统一原则是维护国家统一和社会稳定的重要保证，也是现代社会法治国家所共同提倡和遵守的一个重要原则。法制统一的含义包含避免法律之间的矛盾和法律普遍得到遵守两个方面。具体内容包含下位法不能与上位法相冲突与抵触、法律规定得到普遍执行等精神。职业卫生法律体系由各相关的处于不同位阶的法律、法规和规章等组成，从严格意义上讲，职业卫生标准不包含在职业卫生法律体系之内。但基于《标准化法》和《职业病防治法》而制定的包含职业病诊断标准在内的职业卫生标准，在职业卫生管理体系的建立和实施中也发挥着重要的作用，广义上也作为辅助法律渊源，同样应当遵守这一准则，不得与上位法相冲突与抵触，以确保法律规定在标准中普遍执行。

但是，标准中含义不同的观察对象似与法律特定概念存在相混淆之处，而在观察对象被作为诊断结论之一时更是与上位法相矛盾、相冲突。《职业病防治法》（2001年）第四十九条有"疑似职业病"和"医学观察期间"的规定，诊断标准中的"观察对象"有小部分含义与此相同，如职业性苯中毒诊断标准的观察对象（第1类），但含义大相径庭。这种情形加大了法律规定准确适用的难度。此外，《职业病诊断与鉴定管理办法》（2002年）第十五条规定，"职业病诊断机构作出职业病诊断后，应当向当事人出具职业病诊断证明书。职业病诊断证明书应当明确是否患有职业病，对患有职业病的，还应当载明所患职业病的名称、程度（期别）、处理意见和复查时间"。从该规定可看出，职业病诊断证明书应当只载明是职业病或者不是职业病两种情形，而不应当有未确定的疑似状况等第三种情形存在。但有些诊断结论的"观察对象"

职业病诊断法律制度研究

即为疑似健康损害（第1类），恰属第三种情形。这种与上位法规定相抵触的情形既破坏了法制的统一性，也影响了标准的有效实施。

（三）法律实施上简单问题复杂化，给劳动者维权造成障碍

法律对劳动者职业健康相关权益保护的规定非常明确。例如在劳动保障方面的规定有，职工患职业病并被鉴定为一级至四级伤残的，保留劳动关系，退出工作岗位并按规定享受待遇；被鉴定为五级和六级伤残的，经职工本人提出，可以与用人单位解除或者终止劳动关系；被鉴定为七级至十级伤残的，劳动、聘用合同期满终止，或者职工本人提出解除劳动、聘用合同的，按规定享受一次性工伤医疗和伤残就业补助金〔见国务院《工伤保险条例》（2010年）第三十五条、第三十六条、第三十七条规定〕。从上述规定看出，诊断为职业病并非绝对不能终止或解除劳动合同。但是，疑似职业病病人在诊断过程或者医学观察期间是绝对不能解除或终止劳动合同的〔见《劳动合同法》（2012年）第四十二条、《职业病防治法》（2018年）第五十五条规定〕。在工伤保险待遇方面，只有诊断结论明确为职业病的才能进入工伤认定程序并获得经济补偿（赔偿）。

但在实践工作中却因"观察对象"概念的不确定性，法律没有明确的对应情形，在一定程度上增加了用人单位守法、劳动者用法、行政部门执法的难度。观察对象的设立把问题复杂化，如一过性损伤或较轻损伤（第2.2类），虽均为职业损伤，但因不属于职业病而难以进入工伤认定程序，进而丧失获赔依据；疑似健康损害（第1类）需医学观察，本属绝对不能解除或终止劳动合同的情形，但因概念不统一以及对应的法定情形模糊，在被作为诊断结论时常被理解为不是职业病而难以取得法律上的支持，如尘肺病诊断标准中观察对象的处理问题。对噪声观察对象的处理更有不妥之处，虽有健康损伤（听力损失），但因无法治疗，又未达到职业病程度，在现有法律上没有任何保障，难以体现法律之公平与正义。把问题复杂化，易造成用人单位对相关问题的理解错误，甚至故意制造障碍，推诿责任。"劳工靠出卖劳力谋生，欠缺提起

诉讼之时间、精神及能力"①，而执法或司法部门由于对相关概念理解模糊，也易简单地将观察对象统一归属为非职业病情形进行处理，实施上的不利后果最终归由劳动者单方承担。

## 三、讨论和建议

公平正义是法律追求的最基本价值。劳动者的经济状况与用人单位的经济状况对比悬殊，在职业病赔偿救济方面，公平正义价值理念应当理解为：对劳动者职业健康损害的救济不因其所属企业不同而不同，不因劳动者法律知识和水平不同而不同。具体还应当包含：①只要发生职业健康损害就应当有相应的救济；②反之，损害未发生，救济也就不存在；③对于劳动者的预期损伤，应当有制度上的保障。职业病诊断标准中，"观察对象"的设定存在诸多弊端，与法律相应规定情形难以准确对应，难以实现保护劳动者权益的公平正义。综上所述，笔者认为，有必要按公平正义这一法律衡平原则，明确观察对象概念并对现有观察对象进行分类处理。

（一）保留疑似健康损伤类（第1类）观察对象名称，并明确按疑似职业病的观察期间处理

根据职业卫生法律法规的精神，严格意义的观察对象应当为：在职业病诊断与鉴定过程中，可能存在职业健康损伤，但由于损伤（或程度）尚未明确，需进行医学观察后再作出职业病诊断或鉴定结论的一种情形。疑似健康损伤类（第1类）观察对象恰属此情形。对本类本应按"医学观察期间"进行处理，如《职业性苯中毒诊断标准》（GBZ 68—2008）在其正确使用本标准的说明中阐明"符合观察对象标准者，应列入为期6个月的临床观察期，此期内应每1个月进行一次周围血常规检查，临床观察期结束后应作出诊断结论"。但在实践中却常把"观察对象"作为诊断结论之一，这种做法与原卫生部《职业病诊断与鉴

---

① 王泽鉴：《民法学说与判例研究（第二册）》，中国政法大学出版社1998年版，第202页。

职业病诊断法律制度研究

定管理办法》相关规定相抵触，不利于保护劳动者职业病诊断权利。对此，在保留本类"观察对象"名称的同时，强调明确其不作为诊断结论之一，并按照法定的"医学观察期间"进行处理。同时，考虑观察期间时间上操作的可行性，观察期间需1年以上者可考虑与仅生物接触指标升高者同等处理。

为统一性质与概念，除此类观察对象外，其他类的"观察对象"应予以更名。如可将一过性损伤修订为接触反应（溶剂）或刺激反应（气体），较轻损伤和仅生物接触指标升高类也予以合适命名并按不同情形予以处理。

### （二）将一过性损伤和较轻损伤类观察对象更名并纳入工伤保险补偿范围

我国工伤赔偿模式主要为，在发生工伤事故时，如果不存在第三人加害行为，权利人（受害人一方）只能依工伤保险制度请求工伤保险补偿，属于替代模式；未参加工伤保险的企业，参照工伤保险赔付标准赔偿。① 但是，我国工伤保险补偿仅涵盖职业病与其他工伤范围。一过性损伤和较轻健康损伤者，因不能被诊断为职业病不能进行工伤认定而被排除在工伤保险补偿之外。劳动者的职业健康损害后果不应当由劳动者本人承担。"特定企业、特定装置、特定物品之所有人或持有人，在一定条件之下，不问其有无过失，对于因企业、装置、物品本身所具之危险而生的损害，应负赔偿责任"，"不应让无辜受害人遭受不利，其理由有三：①企业、物品或装置之所有人或持有人制造危险来源；②只有企业者或持有人在某种程度能控制这些危险；③获得利益，负担责任，系公平正义之要求"。② 由此可见，有必要把此两类观察对象的情形（包括接触反应和刺激反应）纳入工伤保险补偿范围。如果扩大工伤保险补偿范围难度大，退而求其次，可将其归入职业病范畴。

---

① 参见张新宝《工伤保险赔偿请求权与普通人身损害赔偿请求权的关系》，载《中国法学》2007年第2期，第53-54、63-64页。

② 王泽鉴：《民法学说与判例研究（第一册）》，中国政法大学出版社1998年版，第166页。

## （三）将仅有生物接触指标升高但未发生健康损伤者确定为不属于职业病

仅有生物接触指标的升高而没有发生健康损伤者可以确定为不属于职业病。但考虑生物接触指标升高可能会造成一定的健康损伤风险，据此，应同时设定规定以保障此类劳动者在发生健康损伤后的职业病诊断权利和救济权利。2011年7月1日起施行的《中华人民共和国社会保险法》第四十一条规定，"职工所在用人单位未依法缴纳工伤保险费，发生工伤事故的，由用人单位支付工伤保险待遇。用人单位不支付的，从工伤保险基金中先行支付"。建议据此进一步建立和完善配套规定，以解决劳动者旷日持久才确诊为职业病而责任人用人单位已不存在的职业病诊断与赔偿救济问题。

**参考文献**

[1] 胡世杰. 我国职业病诊断与鉴定制度性质试析 [J]. 中国职业医学, 2008, 5 (1): 49-50.

[2] 王泽鉴. 民法学说与判例研究: 第二册 [M]. 北京: 中国政法大学出版社, 1998: 202.

[3] 张新宝. 工伤保险赔偿请求权与普通人身损害赔偿请求权的关系 [J]. 中国法学, 2007 (2): 53-54, 63-64.

[4] 王泽鉴. 民法学说与判例研究: 第一册 [M]. 北京: 中国政法大学出版社, 1998: 166.

# 第六章　职业病工伤待遇

工伤保险制度是指劳动者在生产经营或在某些规定情况下，遭遇意外事故，造成伤残、职业病、死亡等伤害，为劳动者提供医疗救治和康复服务，保证劳动者及其家属生活的社会保障制度。职业病属于工伤范畴。职业病工伤待遇问题并非职业病诊断医师与鉴定专家的工作内容，但了解职业病工伤赔偿理论、规则与实务，可以让职业病诊断医师与鉴定专家深层次了解职业病诊断的工作性质和社会意义，更为准确地理解职业病法律制度，在职业病诊断与鉴定工作中，能更为准确地适用法律，更好地发挥职业病诊断在保障劳动者健康、维护用人单位和劳动者双方合法权益方面的作用，更好地推动《职业病防治法》的贯彻实施。

## 第一节　我国工伤保险制度赔偿责任探析[①]

职业病等工伤事故的发生，是社会工业化发展无法回避的社会问题。职业病工伤事故属于工伤范畴，其工伤补偿关系劳动者的健康康复、家庭生活，甚至影响社会的和谐稳定。如何解决包括职业病工伤在内的工伤赔偿救济，成为现代法律之重要课题，学者对此也讨论甚多。目前，对于我国工伤事故的赔偿制度，有学者将其归纳为以工伤保险替代为主，一定条件下改良选择为辅的赔偿模式。但是，现行作为替代模式的我国工伤保险制度是否具备应有的社会保障功能？对此，笔者结合工伤保险有关理论和有关法律原则，对现行工伤保险补偿责任归责问题进行探讨。

---

① 根据胡世杰《我国工伤保险制度赔偿责任探析》改编，原载《中国卫生法制》2011年第3期，第19-21页。

第六章　职业病工伤待遇

## 一、工伤保险发展历程和意义

工伤保险（work-related injury insurance）是指劳动者因工作原因受伤、患病、致残或死亡，暂时或永久丧失劳动能力时，从社会保险（social insurance）制度中获得法定的医疗、生活保障和必要的经济赔偿，以及对职工因工死亡后无生活来源的遗属提供物质帮助的制度。①工伤保险作为社会化的救济制度（relief system），具有运作高效、程序简便、赔付标准明确、保障及时可靠等优点。纵观200多年来工伤事故损害赔偿救济制度的发展，大致可分为三个阶段。②

第一阶段，自18世纪工业革命至19世纪80年代，工伤赔偿按过失责任为基础的侵权行为法则进行处理。但随着工伤事故日渐增多，制度渐显其局限性：一是受侵权诉讼性质约束，实现难度大。"被害人证明加害人（尤其是雇主）之过失，殊非易事；劳工靠出卖劳力谋生，欠缺提起诉讼之时间、精神及能力"③。二是赔偿的执行受雇主承担的能力限制，一旦雇主破产或逃逸，赔偿便不能实现。三是高额赔偿增加雇主的经营风险。四是雇主与雇工直接接触，进一步加深劳资双方纠纷。由于保障制度的不利，雇工因工伤事故或职业病几乎濒临绝境。

第二阶段，自19世纪80年代至20世纪中期，劳工伤害赔偿制度渐次创设，由法律直接规定带有某种身份的自然人（职工），在法定情况下，按法定标准直接领取工伤待遇。这在简化赔偿程序、减免劳工举证责任、明确赔偿数额、减少纠纷等方面有很大进步。但雇主存在因巨额赔偿而破产的经营风险，劳工存在受偿不能的情形，这时开始有雇主参加工伤事故雇主险。但由于商业保险建立于自愿为基础，存在雇主不愿缴纳高额保险费、保险公司拒绝为事故多发企业承保的情形，雇工仍得不到可靠的保障。

第三阶段，"二战"以来，为解决商业保险问题，工伤事故保险渐

---

① 参见张琪《社会保障概论》，中国劳动社会保障出版社2006年版，第244页。
② 参见张新宝《工伤保险赔偿请求权与普通人身损害赔偿请求权的关系》，载《中国法学》2007年第2期，第53-54页。
③ 王泽鉴：《劳灾赔偿与侵权行为损害赔偿》，载《民法学说与判例研究》（第3册），北京大学出版社2009年版，第202页。

趋社会化，并形成现代工伤事故社会保障制度。一旦发生工伤，按法律规定直接进行工伤损害填补，工伤赔偿有可靠保障，但禁止向雇主请求侵权赔偿。如德国《国家保险条例》第六百三十六条规定，因劳动灾害（即工伤事故）而受到损害者，仅得请领伤害保险给付，不得向雇主依侵权行为法之规定请求损害赔偿。① 对于工伤保险计划范围内的雇主，其享有诉讼豁免的待遇不受其是否在实际上按照规定缴纳保险费的影响，同样，工人根据工伤保险计划，其权利也不受雇主实际上是否按照规定缴纳保险费的影响。② 现代工伤保险制度的建立，实现了工伤保险与传统民法的分离，并成为社会保障法的一部分。

从工伤保险制度发展历程可以看出，"劳灾赔偿制度之创设，主要在于侵权行为法不足保护劳工之利益"③，弥补了商业保险缺乏强制性、赔偿不可靠等缺点。相对于民事侵权赔偿，工伤保险制度具有如下优点：①有利于保护受害人。一是实行无过错责任，补偿基于事实，而非行为。只要发生工伤，经办机构即按标准补偿。二是工伤基金由社会统筹，并有国家财政支持，资金有保障，受害人能获得确定的保障。②求偿程序简易迅速，救济及时。同时由于诉讼等环节减少，也有利于节约社会运行成本。③有利于企业免责，减少了企业经营风险。④有利于劳资关系和谐，避免在发生工伤事故时引发劳资冲突和纠纷。

## 二、我国现行法律规定的理解

工伤事故的赔偿问题，从权利人请求权（right of claim）的角度看，存在工伤保险补偿与普通人身损害赔偿责任的竞合或者不竞合的问题。对此，世界各国和地区立法有所不同，约有四种赔偿模式：①以保险保护取代侵权责任（替代模式）；②使被害人选择其一（选择模式）；③被害人可兼得双份利益（兼得模式）；④被害人对劳灾赔偿及侵权行为

---

① 参见王泽鉴《劳灾赔偿与侵权行为损害赔偿》，载《民法学说与判例研究》（第3册），北京大学出版社2009年版，第202页。
② 参见李满奎《工伤保险体系中的"诉讼禁止条款"研究》，载《环球法律评论》2010年第4期，第22-35页。
③ 王泽鉴：《劳灾赔偿与侵权行为损害赔偿》，载《民法学说与判例研究》（第3册），北京大学出版社2009年版，第209页。

损害赔偿均得主张，但其所能获得者，不得超过其实际所受之损害（补充模式）。① 有学者对我国的赔偿模式归纳为：在发生工伤事故时，如果不存在第三人加害行为，权利人（受害人一方）只能依工伤保险制度请求工伤保险补偿，属于替代模式；在第三人加害行为的场合，权利人可以选择行使工伤保险补偿请求权或普通人身损害赔偿请求权，属于经过改良的选择模式。② 在实践工作中，无第三人加害行为的工伤事故占工伤事故的绝大部分，工伤保险赔偿制度是赔偿的常态与基础。

对于工伤保险补偿与普通人身损害赔偿责任的竞合问题，我国多部法律规范有规定。《职业病防治法》（2018 年）第五十八条规定，"职业病病人除依法享有工伤保险外，依照有关民事法律，尚有获得赔偿的权利的，有权向用人单位提出赔偿要求"。依照该规定，似乎职业病工伤尚可获得民事赔偿（civil compensation）。但分析该规定，其内容并未规定明确的行为模式，因而该条规定并非确定性规则，而是属于准用性规则，需要再援引或者参照其他规则来确定其内容，即适用时需要援引民事法律相关规定。实际上，《最高人民法院关于审理人身损害赔偿案件适用法律若干问题的解释》（2020 年修正）（法释〔2020〕17 号，简称《人损赔偿解释》）第三条规定，"依法应当参加工伤保险统筹的用人单位的劳动者，因工伤事故遭受人身损害，劳动者或者其近亲属向人民法院起诉请求用人单位承担民事赔偿责任的，告知其按《工伤保险条例》的规定处理"，只有在"因用人单位以外的第三人侵权造成劳动者人身损害，赔偿权利人请求第三人承担民事赔偿责任的，人民法院应予支持"（第三条第二款）。《人损赔偿解释》第三条规定的应当参加工伤保险统筹单位有哪些？《职业病防治法》（2018 年）第七条规定，"用人单位必须依法参加工伤社会保险"；《工伤保险条例》（2010 年）第二条规定，"中华人民共和国境内的企业、事业单位、社会团体、民办非企业单位、基金会、律师事务所、会计师事务所等组织和有雇工的个体工商户（以下称用人单位）应当依照本条例规定参加工伤保险，

---

① 参见王泽鉴《劳灾赔偿与侵权行为损害赔偿》，载《民法学说与判例研究》（第 3 册），北京大学出版社 2009 年版，第 215 页。

② 参见张新宝《工伤保险赔偿请求权与普通人身损害赔偿请求权的关系》，载《中国法学》2007 年第 2 期，第 64 页。

职业病诊断法律制度研究

为本单位全部职工或者雇工（以下称职工）缴纳工伤保险费"。从这些规定可看出，工伤保险属于强制性社会保险，这些用人单位的劳动者发生工伤，在不存在第三人加害行为的前提下，职业病与工伤事故的赔偿标准按工伤保险的赔偿标准，在规则上排除了循民事法律获得民事侵权责任赔偿的可能。

在工伤补偿（赔偿）责任主体方面，依照法律规定，对已参加工伤保险企业的职工，由工伤保险基金支付。但对未参加工伤保险企业的职工，仅能按此工伤补偿标准向用人单位提出赔偿要求。《职业病防治法》（2018年）第七条第一款规定，"用人单位必须依法参加工伤保险"；第五十七条规定，"职业病病人的诊疗、康复费用，伤残以及丧失劳动能力的职业病病人的社会保障，按照国家有关工伤保险的规定执行"。根据这些规定，职业病工伤责任似乎均由工伤保险基金承担。但该法第五十九条又规定，"劳动者被诊断患有职业病，但用人单位没有依法参加工伤保险的，其医疗和生活保障由该用人单位承担"。《工伤保险条例》（2010年）第六十二条第二款有同样立法精神的规定，"依照本条例规定，应当参加工伤保险而未参加工伤保险的用人单位职工发生工伤的，由该用人单位按照本条例规定的工伤保险待遇项目和标准支付费用"。由此我们可以看出，这种赔偿的二元模式并非赔偿标准的选择，而仅是赔偿主体的选择。

对于未参保用人单位的劳动者求偿不能情形，之前法律并无保障，《社会保险法》（2010年）颁布后规则有所改变。《社会保险法》（2010年）第四十一条规定，"职工所在用人单位未依法缴纳工伤保险费，发生工伤事故的，由用人单位支付工伤保险待遇。用人单位不支付的，从工伤保险基金中先行支付"。这在一定程度上弥补了原立法不足。对于如何证明"用人单位不支付"，人力资源社会保障部《社会保险基金先行支付暂行办法》（2018年修订，以下称《暂行办法》）第六条对此做了进一步的规定，用人单位不支付或无法支付工伤保险待遇情形包括：
"（一）用人单位被依法吊销营业执照或者撤销登记、备案的；（二）用人单位拒绝支付全部或者部分费用的；（三）依法经仲裁、诉讼后仍不能获得工伤保险待遇，法院出具中止执行文书的；（四）职工认为用人单位不支付的其他情形"。对于个人所在用人单位未依法缴纳工伤保险费的，《暂行办法》第五条第（三）、第（四）项规定了工伤保险基金先行支付的具体方式。

## 三、现行工伤保险制度赔付责任评析

截至 2011 年本文投稿之时,《暂行办法》并未出台,本节下文相关责任评析是在此基础之上进行探讨分析。在《暂行办法》出台实施并修订完善之际,该问题主要在于执行层面,法理性探讨多数已缺乏客观基础。但回顾其时对此问题的分析讨论,仍有助于对现行制度的理解。

其时,工伤保险补偿赔付责任根据劳动者所在企业是否参加工伤保险进行区别对待,对于未参保企业发生的职业病与工伤事故,法律仅明确规定赔偿标准,赔偿责任仍归于用人单位,风险实为劳动者和用人单位共同承担。这种责任主体二元化的处理固然在一定程度上"对用人单位提出要求:必须依法参加工伤保险"[1],或促使用人单位主动做好加强职业病和其他工伤防护工作,以降低职业病与工伤事故的发生,但是,从工伤保险制度的发展历程和法律原则出发,这种二元化归责模式的法理逻辑存在以下问题,仍需加以改进。

### (一)违反法律责任的归责原则

工伤保险制度是一项强制性制度。《职业病防治法》(2018 年)第七条规定,"用人单位必须依法参加工伤保险";《工伤保险条例》(2010 年)第二条规定,"中华人民共和国境内的企业、事业单位、社会团体、民办非企业单位、基金会、律师事务所、会计师事务所等组织和有雇工的个体工商户(以下称用人单位)应当依照本条例规定参加工伤保险"。缴纳工伤保险费的主体法律已明确规定,为用人单位的法定义务与责任。既然用人单位缴纳工伤保险属于强行性规则,而督促企业参加工伤保险应为具有相关职能部门的监管职责。追缴工伤保险的责任就在于监督管理部门,承担劳动者工伤补偿的责任主体也应当在于工

---

[1] 卞耀武、张怀西、殷大奎等:《中华人民共和国职业病防治法条文释义》,人民卫生出版社 2002 年版,第 110 页。

伤保险管理部门，法律不应把因为工伤保险管理缺失的直接后果责任转嫁于劳动者。但其时工伤保险制度规定，实质上却将用人单位不缴保险费或者监管部门监督缺失造成的责任后果（受害人受偿不能、赔偿手续冗长等）转嫁于无缴纳工伤保险费义务的第三人——劳动者身上。这种归责方式违反了责任自负、因果联系、责任相称的法律责任归责原则。

相关法律规范对相关问题的解决虽有一定代替措施，但责任尚不够直接清晰。例如对于不参加工伤保险者，之前其承担的"不利后果"仅仅是被"责令改正"，赔偿责任充其量也只是相当于工伤保险制度发展第二阶段未投雇主险的情形下应承担的"雇主责任"而已，而在实践操作中用人单位还可以通过否认劳动关系拒绝赔付、采用诉讼等手段胁迫受害人妥协，赔偿等得以减轻。这种强制参加工伤保险的规定还不如说是鼓励逃避工伤保险。假若法律的强制作用未能得到落实，法的指引作用就会降低，评价作用也会失去意义，预测作用也会受到怀疑，教育作用的效力也将受到严重影响。不过，《工伤保险条例》（2010年）第六十二条加大了对应参加工伤保险而未参加情形的处罚力度，在监督到位的前提下，有关情形应有扭转。

## （二）违反法律救济衡平原则

公平正义是法律追求的最基本的价值，在工伤事故损害救济领域，这一价值理念体现在如下方面：①不同用人单位的雇员在遭受同样的工伤事故损害时，在法律上受到同样的救济，不因其所属单位不同而有所不同。②雇员在遭受同样的工伤事故损害时，在法律上受到同样的救济，不因其法律知识和水平的不同而有所不同。③雇员在遭受同样的工伤事故损害时，在法律上受到同样的救济，不因加害行为人的不同而有所不同。[①] 但现行规定正好与上述原则相违背。从劳动者角度出发，即便是《社会保险法》加大处罚措施也不能改变这种工伤赔偿责任主体二元化所带来的不利后果，当劳动者的诉讼对象为企业时，仍有承受漫

---

[①] 参见张新宝《工伤保险赔偿请求权与普通人身损害赔偿请求权的关系》，载《中国法学》2007年第2期，第63—64页。

长诉讼、实际赔付不能等风险。劳动者所获得的救济途径也因用人单位是否缴纳工伤保险费而不同,也将因受害人是否具有相应知识、能力、精力与用人单位周旋而不同,实际受偿上也将因用人单位是否具备赔付能力而出现天壤之别。而《人损赔偿解释》第三条规定"告知其按《工伤保险条例》的规定处理",又将相对高额的民事赔偿排除在外。可以说,现行工伤保险制度排斥了可以选择高额民事赔偿的选择模式之利,又不具备赔付有保障的现代工伤保险代替模式之实。

### (三) 影响法律秩序与效率价值实现

秩序应当以合乎人性、符合常理作为其目标,以牺牲平等作为代价的秩序不是理想的秩序。现有规定,对于未参保用人单位,劳动者必须面对雇主要求赔付,但劳动者欠缺提起诉讼之时间、精力及能力。这样,必然进一步加深劳资双方的纠纷与矛盾,影响社会的和谐稳定和秩序的构建。制度设计的不平等,也将造成更大的社会隐患。此外,对于职业病病人,因其发病滞后性、伤残程度存在持续发展等特点,二元化模式造成的责任主体不稳定、权利实现预期不佳,必然加剧矛盾的冲突与发展。

## 四、结 论

工伤保险是一项社会化的救济制度,但我国现行工伤保险制度将赔偿责任主体二元化,不具备社会工伤保险普遍、高效、及时的功能与公正合理的社会正义,有必要进行修订。《社会保险法》(2010年)第四十一条规定仍有不合理之处,应当根据衡平原则,同等对待劳动者,将职业病与工伤待遇统一由工伤基金支付,以减少程序环节、节省社会成本,使劳动者的权利实现在事实上成为可能。

**参考文献**

[1] 张琪. 社会保障概论 [M]. 北京:中国劳动社会保障出版社,2006:244.

[2] 张新宝. 工伤保险赔偿请求权与普通人身损害赔偿请求权的关系 [J].

职业病诊断法律制度研究

中国法学, 2007 (2): 53-54, 63-64.

[3] 王泽鉴. 劳灾赔偿与侵权行为损害赔偿 [M] //王泽鉴. 民法学说与判例研究. 第3册. 北京: 北京大学出版社, 2009: 202, 209, 215.

[4] 李满奎. 工伤保险体系中的"诉讼禁止条款"研究 [J]. 环球法律评论, 2010 (4): 22-35.

[5] 卞耀武, 张怀西, 殷大奎, 等. 中华人民共和国职业病防治法条文释义 [M]. 北京: 人民卫生出版社, 2002: 110.

## 第二节 离职后诊断职业病工伤责任分析

离职超过多长时间便不能再进行职业病诊断? 或者说, 离职多长时间后即使诊断为职业病也无法获得工伤补偿? 对于这一问题, 职业病诊断相关法律制度无明确规定。但相关问题在实务中时有案例发生, 因此有必要进行探讨分析。

职业病诊断的终极目的离不开工伤补偿或赔偿(简称"工伤赔偿"), 若工伤不予认定, 工伤赔偿落空, 即便诊断为职业病也无实质意义。所以, 讨论离职多长时间依然可以进行职业病诊断这一问题, 可以直接简化为讨论离职多长时间后诊断为职业病仍然可以认定为工伤的问题。

### 一、一起催生新政策的行政诉讼案

先从多年前发生的一起行政诉讼案例讲起。叶某, 离职前为广东省某联合包装有限公司(简称"联合公司")员工, 2006年1月辞职后, 联合公司停止继续为其购买工伤社会保险。2007年6月20日, 叶某被广东省职业病防治院诊断为职业性慢性重度苯中毒。同年7月30日, 区劳动和社会保障局认定叶某所患职业病为工伤。之后, 联合公司向社保局申请叶某的工伤保险待遇, 但该局认为, 联合公司已于2006年1月停止继续为叶某购买工伤社会保险, 决定不予受理公司申请。叶某及联合公司不服, 于2008年5月7日向法院提起了行政诉讼。

经多次交锋, 特别考虑叶某患病及治疗负担情况, 案件庭审结束后, 该案审判长即与被告社保局进行了沟通。但社保局认为, 广东省对职工离职后被认定为职业病能否享受工伤保险待遇等问题没有明确的法律规定，经请示上级机关，得到口头答复称叶某的情况不能享受工伤保险待遇，因此依然决定不受理叶某的工伤待遇申请。

得知此情况后，审判长再次找到被告进行协调，要求被告就该问题逐级书面请示。法院一面向有关部门反映情况，一面积极动员联合公司配合法院工作，先行垫付叶某的医疗费用。后经过一个多月的努力，广东省劳动和社会保障厅在听取各方意见的基础上，终于在2008年10月31日出台新政——《关于进一步完善我省工伤保险制度有关问题的通知》（粤劳社发〔2008〕21号，本节称《通知》）。《通知》第二点第二项明确规定，"职工离职后被鉴定为职业病并被认定为工伤的，如果职业病发生单位在其离职前已经为该职工缴纳工伤保险费的，由工伤保险基金支付《工伤保险条例》《广东省工伤保险条例》规定的相关待遇费用"。《通知》下发后，被告作出受理叶某工伤待遇申请的决定，叶某及联合公司也撤回了起诉。[①]

## 二、政策的完善与判例验证

早在该案发生之前，已有案例就劳动者离职后诊断为职业病能否给予工伤认定进行了诉讼。其时，当地劳动保障部门的意见非常明确，劳动者离职后与用人单位不存在劳动关系，不应该给予工伤认定，其理由是，《工伤保险条例》要求认定工伤时应当提交与用人单位存在劳动关系的证明材料。2007年，惠州市发生了一起判例，在该案例中法官认为《工伤保险条例》（2003年）第十八条规定的"（二）与用人单位存在劳动关系（包括事实劳动关系）的证明材料"并非要求"现存劳动关系"，因而判定劳动保障部门败诉。但观念的转变并非一两个案例就能实现，为推动政策的进一步完善，就此问题有关方面还做了专门的讨论。从法律条文上也不难理解，认定工伤时劳动关系是否存续并不是必要条件，工伤发生时是否参保才是社保部门需要考虑的。假如工伤认定时劳动关系不再存续便不予认定，那所有的工亡事故都不属于工伤事

---

① 案情详见新浪网转载《南方日报》新闻《为"民告官"者撑起晴空一片》，http://news.sina.com.cn/c/2009-09-21/075616331285s.shtml。

故，因为劳动者死亡之后，主体资格不存在，劳动关系也当然归于消灭。

叶某案件发生期间，经过多方、多渠道共同努力，终于有了《关于进一步完善我省工伤保险制度有关问题的通知》（粤劳社发〔2008〕21号）的出台——不完整的职业病诊断工伤认定制度，说其不完整，只因该文第二条第一项进行了限制性规定，"（一）职业病发生单位（即依法取得的职业病诊断证明书或者职业病诊断鉴定书上所载明的用人单位）属于广东省行政区域内的，职工在离开职业病发生单位两年内，被诊断、鉴定为患职业病的，其在被诊断、鉴定为职业病之日起一年内提出工伤认定申请的，劳动保障行政部门应当受理并作出工伤认定"。根据该项内容，劳动者必须在离职两年内进行职业病诊断。

劳动者离职两年后被诊断为职业病的怎么办？2013年4月25日，国家人力资源和社会保障部出台了《人力资源和社会保障部关于执行〈工伤保险条例〉若干问题的意见》（人社部发〔2013〕34号），该意见第八条规定，"曾经从事接触职业病危害作业、当时没有发现罹患职业病、离开工作岗位后被诊断或鉴定为职业病的符合下列条件的人员，可以自诊断、鉴定为职业病之日起一年内申请工伤认定，社会保险行政部门应当受理：（一）办理退休手续后，未再从事接触职业病危害作业的退休人员；（二）劳动或聘用合同期满后或者本人提出而解除劳动或聘用合同后，未再从事接触职业病危害作业的人员"。该意见对劳动者离职多长时间后才进行职业病诊断并没有限制。相对广东省2008年文件来说，人社部规定是新法，更是上位法，下位法无权限制上位法授予公民、法人和其他组织的权利，规定中相抵触的内容当然视同无效。

法院的判例间接印证了这一内容。以中国裁判文书网载《王某某、广元市某煤业股份公司工伤保险待遇纠纷再审审查与审判监督民事裁定书》（〔2018〕川民申2098号）为例，当事人争议的不是离职几年诊断为职业病可以认定工伤赔偿的问题，而是赔偿计算基数的问题。在该案中，劳动者王某某于1995年5月因工作调动而离开煤业公司，双方劳动关系至此解除，10多年后才被诊断为职业病，法院的判决是按本人解除劳动合同前12个月平均月工资为基数所计算的各项工伤保险待遇。

## 三、探讨

离职多长时间后不能进行职业病诊断，这实质上也是类似于诉讼时效期间问题。民法中的时效制度是指一定事实状态，在法定期间内持续存在的，由此产生的与该事实状态相应的具有法律效力的一种制度。在我国，诉讼时效期间是权利人请求人民法院保护其民事权利的法定期间，是指权利人在民事权利受到侵害时，在法定时效期间内假若怠于行使其权利，当这一时效期间届满后，权利人就丧失请求法院依据援引法律条文，要求权利相对人履行其应负义务的制度。

以人身损害诉讼时效来说，《民法典》（2020年）第一百八十八条第一款规定，"向人民法院请求保护民事权利的诉讼时效期间为三年。法律另有规定的，依照其规定"。但第二款规定，"诉讼时效期间自权利人知道或者应当知道权利受到损害以及义务人之日起计算。法律另有规定的，依照其规定。但是，自权利受到损害之日起超过二十年的，人民法院不予保护，有特殊情况的，人民法院可以根据权利人的申请决定延长"。对于人身损害赔偿的诉讼时效，值得关注的是时效期间的起始计算，从"知道或者应当知道"算起。最高人民法院曾发出的《关于贯彻执行〈中华人民共和国民法通则〉若干问题的意见（试行）》（已失效）第一百六十八条规定，"人身损害赔偿的诉讼时效期间，伤害明显的，从受伤害之日起算；伤害当时未曾发现，后经检查确诊并能证明是由侵害引起的，从伤势确诊之日起算"。

若参照以上规定，劳动者遭受职业健康损害，"知道或应当知道"这个时间起算点就值得研究。有些职业病本身发病就有滞后性，离职多年后才可能发病，比如苯所致白血病，镉、锰、砷、焦炉逸散物等所造成的健康损害。而有些健康损伤，鉴于知识所限，即使发病了，劳动者甚至专业人员也可能在多年以后才知道是职业原因所造成。因此，限定两年内诊断职业病，就有点违背知识常理；人社部的规定显得更为专业合理。

但从制度的本来意义去考虑，或许会有不同的想法。诉讼时效制度在推动争议得到及时解决的同时，实则也有利于及时取证、及时还原案件的真相，避免复杂的问题因年代久远变得更为神秘，有利于公平正义的真正实现。但诉讼时效制度的意义还在于维护社会的经济秩序，维护社会的良性运行和发展，避免因债权债务人关系长期处于悬而未决的状态，影响第三人就相关标的与债务人产生新的关系，不利于社会资源、社会资本的正常流通。

工伤保险并不存在上述社会问题，甚至工伤保险制度的起源就是为了解决上述社会问题。工伤保险制度是指劳动者因工作原因受伤、患病、致残或死亡，暂时或永久丧失劳动能力时，从社会保险制度中获得法定的医疗、生活保障和必要的经济赔偿，以及对职工因工死亡后无生活来源的遗属提供物质帮助的制度。历史上，工伤赔偿经历了侵权责任赔偿、商业保险辅助补偿等阶段，发展到今天，形成了现代的工伤事故社会保障制度，实现了工伤保险与传统民法的分离，并成为社会保障法的一部分。工伤保险制度的优点之一在于，只要受害人发生工伤，经办机构就要按标准给予补偿。而工伤基金由社会统筹，并由国家财政支持，资金有保障，受害人获得补偿更有保障，只要用人单位参加了工伤保险（本来工伤保险也是强制保险），并不存在因为问题没有得到及时解决而影响企业的正常运作等问题。从这一角度讲，对离职后职业病诊断做两年、三年、五年的限制，既无法律依据，也没有理论根据。但若作出二十年的限制，是否有意义可以另行探讨。

职业病诊断申请时效问题，表面上是职业病诊断制度问题，实质是工伤补偿制度问题。在今天，离职超过两年不予职业病诊断，缺乏法律依据，不符合人社部的相关规定要求。

但障碍依然存在，甚至比上文讨论的问题更为严重！劳动者离职后若要进行职业病诊断，与用人单位曾经存在劳动关系（或实际劳动用工关系、雇佣关系）是无法越过的门槛，这也是要求进行职业病诊断的权利起源，是最终获得赔偿（或补偿）的重要前提。但《中华人民共和国劳动争议调解仲裁法》第二十七条规定，"劳动争议申请仲裁的时效期间为一年"，"确认劳动关系"就是其调整内容之一。在法理上，请求权设定有诉讼时效，而确认权（如确认劳动关系）一般不会有诉讼时效，但是法律又这么明确规定。怎么办？《职业病防治法》能否对这个问题作出特殊规定，倒是可以探讨的事情。

# 第三节 退休人员职业病工伤认定

离退休人员返聘或再受聘新的工作单位的情况，与聘用单位之间存在劳动关系还是劳务关系？工作期间若怀疑因接触危害因素导致健康损伤，是否可以诊断为职业病并认定为工伤而获得工伤补偿或赔偿？正如前文论述，职业病属于工伤范围，相应情形如果可以认定为工伤，当然可以进行职业病诊断。所以这里需要了解的重点在于，此类情形是否属于工伤认定范围，或者属于参照工伤赔偿范畴。本节主要结合相关法律法规、司法解释以及部门有关规定进行分析讨论。

## 一、离退休人员受聘于现工作单位，现工作单位已经为其缴纳了工伤保险费，其在受聘期间因工作受到事故伤害的，适用《工伤保险条例》的有关规定处理

2008年9月公布施行的《劳动合同法实施条例》第二十一条规定，"劳动者达到法定退休年龄的，劳动合同终止"。对超过法定退休年龄的劳动者，继续工作的，用人单位与劳动者的关系可以按劳务关系处理，依据民事法律关系调整双方的权利义务。但对于工伤处理，一些司法解释或部门规范性文件另有特殊规定。

最高人民法院行政审判庭在答复重庆市高级人民法院的《关于离退休人员与现工作单位之间是否构成劳动关系以及工作时间内受伤是否适用工伤保险条例问题的答复》（〔2007〕行他字第6号）规定，"根据《工伤保险条例》第二条、第六十一条等有关规定，离退休人员受聘于现工作单位，现工作单位已经为其缴纳了工伤保险费，其在受聘期间因工作受到事故伤害的，应当适用《工伤保险条例》的有关规定处理"。

2016年，人力资源社会保障部在《关于执行〈工伤保险条例〉若干问题的意见（二）》（人社部发〔2016〕29号）中对达到或超过法定退休年龄人员参加工伤保险作出了明确规定，"用人单位招用已经达到、超过法定退休年龄或已经领取城镇职工基本养老保险待遇的人员，在用工期间因工作原因受到事故伤害或者患职业病的，如招用单位已按

项目参保等方式为其缴纳工伤保险费的，应适用《工伤保险条例》"。

对于职业病诊断来说，既然按工伤处理，若怀疑因职业病危害因素导致健康损害，当然也应当进行职业病诊断。

## 二、超过法定退休年龄的务工农民，因工伤亡的，适用《工伤保险条例》有关规定进行工伤认定

《最高人民法院行政审判庭关于超过法定退休年龄的进城务工农民因工伤亡的，应否适用〈工伤保险条例〉请示的答复》（〔2010〕行他字第10号）规定，"用人单位聘用的超过法定退休年龄的务工农民，在工作时间内、因工作原因伤亡的，应当适用《工伤保险条例》的有关规定进行工伤认定"。但答复提及对象是"进城务工农民"，如果超过退休年龄但又不是进城务工的农民能否适用？对此可考虑本节上述第一点情形处理。

此外，《广东省工伤保险条例》（2019年修正）第六十三条第一款规定，"劳动者达到法定退休年龄或者已经依法享受基本养老保险待遇的，不适用本条例"。第二款规定，"前款规定的劳动者受聘到用人单位工作期间，因工作原因受到人身伤害的，可以要求用人单位参照本条例规定的工伤保险待遇支付有关费用。双方对损害赔偿存在争议的，可以依法通过民事诉讼方式解决"。对此类情形，既然由用人单位参照工伤保险待遇支付有关费用，若怀疑为职业病，参照赔偿的前提当然须先进行职业病诊断。

## 三、离退休人员受聘期间，因工受到伤害的，可通过民事诉讼处理，参照工伤保险待遇处理

《国务院法制办公室对〈关于重新进入劳动生产领域的离退休人员能否享受工伤保险待遇的请示〉的复函》（国法秘函〔2005〕310号）认为，"关于离退休人员重新就业后发生工伤如何处理的问题，现行法律、行政法规没有明确规定。我们认为，应当参照《中共中央办公厅转发〈中央组织部、中央宣传部、中央统战部、人事部、科技部、劳动保障部、解放军总政治部、中国科协关于进一步发挥离退休专业技术

人员作用的意见〉的通知》(中办发〔2005〕9号)的规定办理"。该通知规定,"离退休专业技术人员受聘工作期间,因工作发生职工伤害的,应由聘用单位参照工伤保险的相关待遇妥善处理;因工作发生职业伤害与聘用单位发生争议的,可通过民事诉讼处理"。《人力资源社会保障部关于执行《工伤保险条例》若干问题的意见(二)》(人社部发〔2016〕29号)第二条规定,"达到或超过法定退休年龄,但未办理退休手续或者未依法享受城镇职工基本养老保险待遇,继续在原用人单位工作期间受到事故伤害或患职业病的,用人单位依法承担工伤保险责任"。以上情形规定由用人单位参照工伤保险待遇处理。当然,若用人单位已经为其缴纳了工伤保险费,其在受聘期间因工作受到事故伤害的,适用《工伤保险条例》的有关规定处理;未缴纳工伤保险费的,应当参照其标准由用人单位承担相应责任。对此类情形,既然是参照工伤待遇赔偿,循法处理当然须先进行职业病诊断。

## 四、存在事实劳动关系退休人员劳动关系认定不影响职业病诊断

根据《劳动合同法》等相关规定,对于已经依法享受基本养老保险待遇的人员劳动合同终止。《最高人民法院关于审理劳动争议案件适用法律若干问题的解释(三)》(法释〔2010〕12号)第七条规定,"用人单位与其招用的已经依法享受养老保险待遇或领取退休金的人员发生用工争议,向人民法院提起诉讼的,人民法院应当按劳务关系处理"。在实务中,一些地区对已经达到法定退休年龄但尚未享受基本养老保险待遇或领取退休金的劳动者,形成的用工关系同样按劳务关系处理。比如2012年6月广东省高级人民法院、广东省劳动人事争议仲裁委员会《关于审理劳动人事争议案件若干问题的座谈会纪要》第十一条规定,"用人单位招用已达到法定退休年龄但尚未享受基本养老保险待遇或领取退休金的劳动者,双方形成的用工关系按劳务关系处理"。虽然,用人单位招用已经达到或超过法定退休年龄或已经领取城镇职工基本养老保险待遇的人员不按劳动关系处理,但其在用工期间因工作原因受到事故伤害或患职业病的,如用人单位已按项目参保等方式为其缴纳工伤保险费的,应适用《工伤保险条例》;未缴纳工伤保险费用的,

根据本节第三条分析，也是由用人单位参照工伤保险待遇处理。

职业病诊断是认定职业病工伤的前置程序，综上规定，对于离退休人员提请进行职业病诊断的问题，只要认定存在劳动用工事实，应当予以职业病诊断。

而对于退休人员在退休后才怀疑自身健康损害为在岗期间接触危害因素所致，虽然已经离职退休，同样可以要求进行职业病诊断。这在《人力资源社会保障部关于执行〈工伤保险条例〉若干问题的意见》（人社部发〔2013〕34号）第八条中有明确规定，"曾经从事接触职业病危害作业、当时没有发现罹患职业病、离开工作岗位后被诊断或鉴定为职业病的符合下列条件的人员，可以自诊断、鉴定为职业病之日起一年内申请工伤认定，社会保险行政部门应当受理：（一）办理退休手续后，未再从事接触职业病危害作业的退休人员；（二）劳动或聘用合同期满后或者本人提出而解除劳动或聘用合同后，未再从事接触职业病危害作业的人员"；第九条规定，"按照本意见第八条规定被认定为工伤的职业病人员，职业病诊断证明书（或职业病诊断鉴定书）中明确的用人单位，在该职工从业期间依法为其缴纳工伤保险费的，按《条例》的规定，分别由工伤保险基金和用人单位支付工伤保险待遇；未依法为该职工缴纳工伤保险费的，由用人单位按照《条例》规定的相关项目和标准支付待遇"。

## 附录：退休人员工伤保障有关规定

### （一）
### 最高人民法院行政审判庭《关于超过法定退休年龄的进城务工农民在工作时间内因工伤亡的，能否认定工伤的答复》
### （〔2012〕行他字第13号）

**江苏省高级人民法院：**

你院〔2012〕苏行他字第0902号《关于杨通诉南京市人力资源和社会保障局终止工伤行政确认一案的请示》收悉。经研究，答复如下：

同意你院倾向性意见。相同问题我庭2010年3月17日在给山东省高级人民法院的《关于超过法定退休年龄的进城务工农民因工伤亡的，应否适用〈工伤保险条例〉请示的答复》（〔2010〕行他字第10号）中已经明确。即，用人单位聘用的超过法定退休年龄的务工农民，在工作时间内、因工作原因伤亡的，应当适用《工伤保险条例》的有关规定进行工伤认定。

此复。

二〇一二年十一月二十五日

（二）
最高人民法院行政审判庭《关于超过法定退休年龄的进城务工农民因工伤亡的，应否适用〈工伤保险条例〉请示的答复》
（〔2010〕行他字第10号）

山东省高级人民法院：

你院报送的《关于超过法定退休年龄的进城务工农民工作时间内受伤是否适用〈工伤保险条例〉的请示》收悉。经研究，原则同意你院的倾向性意见。即：用人单位聘用的超过法定退休年龄的务工农民，在工作时间内、因工作原因伤亡的，应当适用《工伤保险条例》的有关规定进行工伤认定。

此复。

二〇一〇年三月十七日

职业病诊断法律制度研究

（三）
最高人民法院行政审判庭《关于离退休人员与现工作单位之间
是否构成劳动关系以及工作时间内受伤是否适用
〈工伤保险条例〉问题的答复》
（〔2007〕行他字第6号）

**重庆市高级人民法院：**
你院〔2006〕渝高法行示字第14号《关于离退休人员与现在工作单位之间是否构成劳动关系以及工作时间内受伤是否适用〈工伤保险条例〉一案的请示》收悉。经研究，原则同意你院第二种意见，即：根据《工伤保险条例》第二条、第六十一条等有关规定，离退休人员受聘于现工作单位，现工作单位已经为其缴纳了工伤保险费，其在受聘期间因工作受到事故伤害的，应当适用《工伤保险条例》的有关规定处理。
此复。

二○○七年七月五日

（四）
国务院法制办公室对《关于重新进入劳动生产领域的离休人员
能否享受工伤保险待遇的请示》的复函
（国法秘函〔2005〕310号）

**福建省人民政府法制办公室转福建省人民代表大会常务委员会法制工作委员会：**
福建省人民代表大会常务委员会法制工作委员会《关于重新进入劳动生产领域的离休人员能否享受工伤保险待遇的请示》（闽常法涵〔2005〕6号）收悉。经研究，并征得劳动保障部同意，答复如下：
关于离退休人员重新就业后发生工伤如何处理的问题，现行法律、行政法规没有明确规定。我们认为，应当参照《中共中央办公厅国务院办公厅转发〈中央组织部、中央宣传部、中央统战部、人事部、科技部、劳动保障部、解放军总政治部、中国科协关于进一步发挥离退休专业技术人员作用的意见〉的通知》（中办发〔2005〕9号）的规定办理。该通知规定："离退休专业技术人员受聘工作期间，因工作发生职业伤害的，应由聘用单位参照工伤保险的相关待遇标准妥善处理；因工作发生职业伤害与聘用单位发生争议的，可通过民事诉讼处理；与聘用单位之间因履行聘用合同发生争议的，可通过人事或劳动争议仲裁渠道解决。有条件的聘用单位在符合有关规定的情况下，可为聘请的离退休专业技术人员购买聘期内的人身意外伤害保险。"

二〇〇五年八月十七日

（五）

中共中央办公厅、国务院办公厅《转发〈中央组织部、中央宣传部、中央统战部、人事部、科技部、劳动保障部、解放军总政部、中国科协关于进一步发挥离退休专业技术人员作用的意见〉的通知》

（中办发〔2005〕9号）

四、……离退休专业技术人员受聘工作期间，因工作发生职业伤害的，应由聘用单位参照工伤保险的相关标准妥善处理；因工作发生职业伤害与聘用单位发生争议的，可通过民事诉讼处理。有条件的聘用单位在符合有关规定的情况下，可为聘请的离退休专业技术人员购买聘期内人身意外伤害保险……

二〇〇五年二月二十三日

（资料来源：北大法宝网）

职业病诊断法律制度研究

## 第四节 职业病民事赔偿探讨

劳动者在获得工伤待遇给付之后,是否还有权向用人单位再额外主张民事侵权赔偿,理论界和实务界对此问题均存在不同看法,这无论是对劳动者,还是对用人单位,甚至对裁判机构都造成不少困惑。本节就此梳理相关法律规定,并据法理对相关案例进行分析,提出个人浅见陋识。

### 一、工伤保险与人身损害侵权责任差别

工伤保险是指劳动者因工作原因受伤、患病、致残或死亡,暂时或永久丧失劳动能力时,从社会保险制度中获得法定的医疗、生活保障和必要的经济赔偿,以及对职工因工死亡后无生活来源的遗属提供物质帮助的制度。人身权受到侵害,其损害分为财产损害和精神损害。财产上的损害包括具体损失和抽象损失。具体损失包括根据受害人的收入水平、医疗费等可以量化计算的损失,以及误工费、医疗费、护理费、交通费等;抽象损失只能抽象评价未来的损失,针对人的生命健康损失而言,包括死亡赔偿金、残疾赔偿金、被抚养人生活费等。《工伤保险条例》和《人损赔偿解释》对于如何确定工伤保险补偿和民事赔偿的数额,其计算原则基本相同,都是根据实际损失数量来确定赔偿标准,抽象损失则根据固定的标准来赔偿。具体损失中,《工伤保险条例》中的医疗费、停工留薪期工资与《人损赔偿解释》中的医疗费、误工费大体一致。在这两项制度中,具体损失赔偿的计算方法虽然有差异,但差额并不明显,大致相同。但抽象损失计算的确有所不同。

首先,计算方法不同。2003年《工伤保险条例》规定的是,根据受害人的具体受害情况,一次性地补偿伤残津贴、伤残补助金,或一次性地补偿工伤医疗补助金和伤残就业补助金,按照本人工资的一定系数加以计算。这种方法是建立在生活来源丧失的理论基础上,采用这一学说的补偿标准较低。2010年12月20日公布的《工伤保险条例》,仅对各等级伤残职工的一次性伤残补助金标准做了适当增加,分别增加了1~3个月的受害人工资,并没有改变补偿标准的理论基础。而《人损

赔偿解释》采用的主要是劳动能力丧失说，也吸收了收入丧失说的合理成分。根据劳动能力丧失说，受害人收入损失的赔偿被分解为两个部分——残疾赔偿金与被抚养人生活费。残疾赔偿金与被抚养人生活费的计算，则以城镇或农村居民的人均可支配收入、人均消费性支出为标准计算。这就与工伤保险待遇的计算结果形成较为明显的差异。

其次，受害人因工致死的工伤赔（补）偿与民事赔偿采用的计算方法不同。受害人死亡的，获得赔（补）偿的权利人是死者的近亲属即间接受害人。对因直接受害人死亡所蒙受的财产损失有两种学说：第一种为抚养丧失说，认为应以被抚养人丧失的生活来源作为计算的依据，赔偿的范围为被抚养人生活费；第二种为继承丧失说，认为应以受害人死亡导致的家庭整体减少的收入作为计算的依据，赔偿的范围为死亡赔偿金和被抚养人生活费。《人损赔偿解释》采用了继承丧失说，将间接受害人收入损失的赔偿分解为两个部分——死亡赔偿金和被抚养人生活费。其中，死亡赔偿金以城镇居民人均可支配收入或者农村居民人均纯收入为基数计算。2003年的《工伤保险条例》采用了抚养丧失说，补偿范围包括供养亲属抚恤金、一次性工亡补助金两项。供养亲属抚恤金的发放以职工本人工资一定比例为标准，工亡补助金则以该地区上一年度职工平均工资为标准，发放48～60个月的工资。2010年的《工伤保险条例》对此做了调整，即以上一年度全国城镇居民人均可支配收入为标准，以该收入的20倍来计算一次性工亡补助金数额。修改后的《工伤保险条例》对于工亡职工的补偿采取了继承丧失说，实际比侵权赔偿标准更高。

由于两者赔偿依据不同、赔偿数额也有差别，若再加上精神损害赔偿，劳动者工伤赔偿后与民事侵权赔偿兼得，或者补充，或者选择其一，结果大相径庭。"天下熙熙皆为利来，天下攘攘皆为利往"，由此产生争议也是理所当然之事。

## 二、判例与困惑

某集装箱有限公司员工袁某某，职业性轻度哮喘，伤残评定六级，在其提出的民事诉讼案中，市中级人民法院作出的民事判决书（〔2013〕江中法民再字第6号）除支持了袁某某的各项工伤保险待遇之外，更明确支持其提出的民事赔偿请求。但该案赔偿一波三折。

判决书显示：袁某某，公司电焊工，2010年6月16日，被广东省职业病防治院诊断为职业性轻度哮喘，同年7月9日被认定为工伤，12月8日被鉴定为伤残八级。袁某某对鉴定结论不服，申请重新鉴定。因原劳动合同于2011年3月底到期，2011年3月25日，公司向袁某某发出《不续签劳动合同通知》。2011年3月29日，袁某某经重新鉴定为伤残六级。2011年5月25日，袁某某向区劳动争议仲裁委员会申请劳动仲裁，仲裁委逾期并未作出裁决。袁某某遂于同年7月29日直接向区人民法院起诉。

一审判决未支持袁某某恢复劳动关系及民事赔偿的请求，仅支持解除劳动关系的经济补偿金及工伤保险待遇部分。袁某某上诉后，市中级人民法院判决维持原判。袁某某不服，向省高级人民法院申请再审，省高院裁定指令市中级人民法院再审。市中级人民法院再审后认为，职业病乃特殊工伤，普通工伤保险难以完全补偿其所受损害，故应实行工伤保险与民事赔偿双重保障。对于具体的民事赔偿项目，该院认为：工伤保险待遇有该项目而侵权损害赔偿没有的，应计赔；工伤保险待遇没有该项目而侵权损害赔偿有的，应依侵权损害赔偿计赔；工伤保险待遇有该项目而侵权损害赔偿也有的，应按计算多的计赔。

由此，判决确认袁某某应得的民事赔偿项目包括：残疾赔偿金168575元（一审起诉时未足额请求）、被抚养人生活费320292.69元（一审起诉时未足额请求）、精神抚慰金15000元，加上新增工伤待遇差额部分，扣除公司依据原一审判决已支付的175955.78元，公司还需向袁某某支付509382.19元。

在陈某某诉某纺织机械（深圳）有限公司职业病赔偿纠纷案中，法院另有不同判决。陈某某，2011年2月起入住广东省职业病防治院，半年后，被诊断为职业性重度哮喘，同年9月被认定为工伤，2012年4月被鉴定为五级伤残。深圳市中级人民法院民事判决书（〔2013〕深中法劳终字第131号）显示，法院认为，"上诉人陈某某依照《职业病防治法》第五十九条的规定，要求被上诉人（公司）在承担工伤保险待遇之外另行承担侵权赔偿责任。但根据《中华人民共和国侵权责任法》第六条第一款的规定，被上诉人（公司）承担侵权赔偿责任的前提是被上诉人（公司）存在侵权行为，且在主观上存在过错。但上诉人陈某某并没有提供相应的证据，因此，其要求被上诉人公司支付精神损害抚慰金和残疾赔偿金，没有事实依据，本院不予支持"。

二审判决对一审未予支持的疑似职业病观察期间和职业病治疗期间工资待遇差额予以支持，对一次性工伤待遇所依据的生病前12个月的平均工资进行了部分调整，但对上诉人所请求的解除劳动合同经济补偿金及职业病病人民事赔偿请求均未予支持。

再看何某某与肇庆市某金属实业有限公司工伤事故损害赔偿案判决处理。广东省高级人民法院关于何某某与肇庆市某金属实业有限公司工伤事故损害赔偿纠纷再审民事判决书（〔2014〕粤高法审监民提字第61号）显示，何某某因与金属公司工伤事故损害赔偿纠纷一案，不服市中级人民法院〔2010〕肇中法民终字第748号民事判决书。经抗诉，省高级人民法院于2014年5月4日作出〔2014〕粤高法审监民抗字第98号民事裁定，提审该案。

何某某于2000年12月入职金属公司工作，工种是抛光工，月均工资为1418.38元。2006年12月31日，何某某经广东省职业病防治院诊断为"二期尘肺"，2007年11月5日被认定四级伤残。除依法享受四级伤残的工伤保险待遇外，何某某要求其公司按照人身损害赔偿的标准支付四级伤残的残疾者生活补助费和被扶养人生活费。

肇庆市中级人民法院二审认为，《人损赔偿解释》（2003年）第十二条规定，"依法应当参加工伤保险统筹的用人单位的劳动者，因工伤事故遭受人身损害，劳动者或者其近亲属向人民法院起诉请求用人单位承担民事赔偿责任的，告知其按《工伤保险条例》的规定处理。因用人单位以外的第三人侵权造成劳动者人身损害，赔偿权利人请求第三人承担民事赔偿责任的，人民法院应予支持"。该司法解释已明确工伤索赔与民事赔偿的处理原则，即劳动者因工伤遭受人身损害只能按《工伤保险条例》向用人单位索赔；因用人单位以外的第三人造成劳动者人身损害，劳动者是向该第三人请求民事赔偿，而不能向用人单位提起民事赔偿；只有工伤事故系第三人责任所致，劳动者才可以获得工伤保险待遇和民事赔偿的双重补偿，除此以外，目前法律并无明文规定工伤保险待遇和普通民事赔偿两者可以同时兼得。虽然当时的《职业病防治法》（2001年）第五十二条规定"职业病病人除依法享有工伤社会保险外，依照有关民事法律，尚有获得赔偿的权利的，有权向用人单位

职业病诊断法律制度研究

提出赔偿要求",但人身损害的司法解释后于《职业病防治法》的颁布和实施,故应适用人身损害的司法解释。

广东省人民检察院抗诉认为,二审判决适用法律错误,理由如下:《人损赔偿解释》(2003年)第十二条规定,"依法应当参加工伤保险统筹的用人单位劳动者,因工伤事故遭受人身损害,劳动者或者其近亲属向人民法院起诉请求用人单位承担民事赔偿责任的,告知其按《工伤保险条例》的规定处理"。该条款明确职工认定为工伤的,只能获得工伤保险赔偿。全国人大常委会制定的《职业病防治法》与上述司法解释相矛盾。《职业病防治法》(2001年)第五十二条规定,"职业病病人除依法享有工伤保险外,依照有关民事法律,尚有获得赔偿的权利的,有权向用人单位提出赔偿要求"。根据此条款的规定,职业病病人拥有工伤保险赔偿和民事侵权赔偿两项请求权。司法解释不得超越法律,其适用效力低于法律。

广东省高级人民法院再审认为,依据《职业病防治法》(2001年)第五十二条规定,并依照《民法通则》(2009年)第一百一十九条规定,"侵害公民身体造成伤害的,应当赔偿医疗费、因误工减少的收入、残疾者生活补助费等费用",职业病病人除享受工伤保险待遇外,还享有人身损害的民事赔偿请求权。民事赔偿应以工伤保险赔偿未覆盖为宜。原二审判决认为劳动者因工伤遭受人身损害只能按《工伤保险条例》向用人单位索赔不当,省高级人民法院再审予以纠正。

再审认为,何某某所主张的残疾者生活补助费即残疾赔偿金,与工伤保险待遇中的一次性伤残补助金、伤残津贴性质相同,都是对工伤人员因伤致残、丧失部分劳动能力导致收入减少所给予的生活补助费用,故不应再重复赔偿。因此,对申诉人何某某要求被申诉人金属公司赔偿残疾者生活补助费的诉讼请求,省高级人民法院再审不予支持。

再审认为,原二审判决认定事实清楚,适用法律方面虽有瑕疵,但裁判结果正确,省高级人民法院纠正上述瑕疵后予以维持,并作出维持市中级人民法院〔2010〕肇中法民终字第748号民事判决的决定。

再看最高人民法院相关判例。据最高人民法院关于刘某某与新疆某工厂破产清算组生命权、健康权、身体权纠纷申请再审民事判决书(〔2014〕民提字第204号)所载,谷某某的继承人刘某某,因与新疆某工厂破产清算组(简称化工厂清算组)生命权、健康权纠纷一案,不服新疆维吾尔自治区高级人民法院〔2013〕新民一终字第13号民事判决而申请再审。

刘某某的妻子谷某某于1989年进入新疆某工厂，2002年3月被确诊为慢性中毒性肝病。2003年9月26日，乌鲁木齐市劳动局鉴定谷某某为"丧失劳动能力二级，部分护理依赖"。2003年9月30日，谷某某因肝病死亡。刘某某请求法院判令工厂清算组赔偿其妻谷某某工伤死亡赔偿金582240元。

乌鲁木齐中院（〔2008〕乌中立初字第6号）民事裁定认为：谷某某已享受工伤保险待遇，依照2002年5月1日施行的《职业病防治法》第五十二条规定，并依照《人损赔偿解释》第十二条第一款规定，对刘某某起诉化工厂清算组请求支付工伤死亡赔偿金582240元，不予受理。

刘某某不服裁定结果，上诉至新疆维吾尔自治区高级人民法院。新疆维吾尔自治区高级人民法院（〔2008〕新立终字第68号）民事裁定：驳回上诉，维持原裁定。

刘某某不服裁定结果，再向最高人民法院申请再审。最高人民法院指令自治区高级人民法院再审。自治区高级人民法院再审后裁定由市中级人民法院受理。

乌鲁木齐市中级人民法院受理后，刘某某变更诉讼请求为：判令工厂清算组支付其妻工伤死亡赔偿金787920元；支付其6年误工费26264元；支付交通费合计3670元。其提出的事实和理由与前述内容没有变化。

经查明，谷某某生前属应当由用人单位参加工伤保险统筹的职工，在工伤期间以及病逝后，其应享受的工伤及工亡待遇均已按照相应规定并在法院的主持下，达成调解协议，由相应社会保险机构及用人单位向刘某某予以了发放。

在刘某某已享受到相应的工亡待遇后，再次因工伤事故遭受人身损害提起死亡赔偿金、误工费损失及交通费损失的民事赔偿诉讼，不符合劳动者在工作期间遭受工伤及因工伤亡后，主张相应权利保护时所涉及法律关系的救济及处理原则。本案非第三人原因导致的工伤及工亡事故，不属于普通民事侵权法律关系所调整范畴。刘某某已经享受了相应的工伤及工亡待遇。因此，主张民事赔偿请求，没有相应的事实及相关依据。

新疆维吾尔自治区高级人民法院二审查明的事实与一审相同。自治区高级人民法院二审认为，如欲按《职业病防治法》主张赔偿，刘某某应在原诉讼（工伤赔偿）时一并提出。但其并未提出且双方就涉案纠纷达成了调解协议。现刘某某又以同一事实另案主张权利不妥，应不予支持。新疆维吾尔自治区高级人民法院判决：驳回上诉，维持原判。

刘某某不服二审判决，再向最高人民法院申请再审。

最高人民法院在审理中查明，2003年11月，社保部门发给谷某某工亡补助金和丧葬费，工亡补助金按照当时工伤保险条例的标准是48个月工资。最高人民法院认为，刘某某依据《职业病防治法》（2011年）第五十九条规定提起诉讼，人民法院应当受理，职业病病人在工伤保险待遇之外是有权通过诉讼获得更多赔偿的。但是该项赔偿请求权需要"有关民事法律"作出具体规定。

但《人损赔偿解释》（2003年）第二十九条中"死亡赔偿金按照受诉法院所在地上一年度城镇居民人均可支配收入或者农村居民人均纯收入标准，按二十年计算"的规定并不符合《职业病防治法》（2011年）第五十九条中"有关民事法律"的规定。因为用人单位与工伤人员包括职业病病人之间是因劳动关系形成工伤保险法律关系，与《人损赔偿解释》（2003年）调整的侵权者与被侵权人的侵权赔偿法律关系并不等同，《人损赔偿解释》（2003年）第十二条亦明确规定不适用"因工伤事故遭受的人身损害"。故刘某某请求按照《人损赔偿解释》（2003年）关于"死亡赔偿金"的标准予以赔偿的请求权不能成立。再者，谷某某住院期间产生的相关费用均已获得赔偿。在没有新的相关民事法律规定的情况下，刘某某的赔偿请求不应再得到支持。最终，最高人民法院维持自治区高级人民法院（2013）新民一终字第13号民事判决，驳回刘某某的再审申请。

以上四个案例，有法院（一审）依照《人损赔偿解释》不支持民事赔偿的，也有作为普通侵权案例处理（深圳中院）；有广东省高级人民法院按项目补充计算，也有市中级人民法院实质上把两者相互补充计算，工伤保险与民事赔偿均计，同一项目赔多不赔少。但最高人民法院对此类案件的审理思路却是明确区分工伤保险法律关系与一般侵权法律关系。

## 三、相关法律规定

### （一）国家层面规则分析

《职业病防治法》（2018年）第五十八条规定，"职业病病人除依法享有工伤保险外，依照有关民事法律，尚有获得赔偿的权利的，有权向用人单位提出赔偿要求"，与此规定相同的还有《安全生产法》（2021年）第五十六条，"因生产安全事故受到损害的从业人员，除依法享有工伤社会保险外，依照有关民事法律尚有获得赔偿的权利的，有权向本单位提出赔偿要求"。

《职业病防治法》（2018年）第五十八条也是职业病病人是否有民事赔偿权利的主要依据。但就此条文来说，似乎是很直观简单的问题，但大家的理解却存有极大的分歧。有人认为本条即规定职业病病人享有民事赔偿权利。但分析该规则，"依照有关民事法律，尚有获得赔偿的权利的，有权向用人单位提出赔偿要求"这一表述，究竟是陈述句还是假设句？究竟是可直接认为职业病病人有权向用人单位提出赔偿，还是认为依照民事法律假若还有获得赔偿权利的当事人，才有权提出赔偿？从最高人民法院的判决书可以看出，应该是后者，"但是该项赔偿请求权需要'有关民事法律'作出具体规定"。

法律规定根据其内容的确定性程度可分为确定性规则、委任性规则和准用性规则。所谓确定性规则，是指内容本已明确肯定，无须再援引或参照其他规则来确定其内容的法律规则，大多数法条均属于确定性规则。所谓委任性规则，是指内容尚未确定，而只规定某种概括性指示，由相应国家机关通过相应途径或程序加以确定的法律规则，如《职业病防治法》中"中国人民解放军参照执行本法的办法，由国务院、中央军事委员会制定"。所谓准用性规则，是指内容本身没有规定具体的行为模式，而是可以援引或参照其他相应内容规定的规则。《职业病防治法》（2018年）第五十八条规定属于准用性规则，即该规则不能作为赔偿权利的直接依据，权利的获得和实现需要援引民事法律中的其他规则作为直接依据，尚须考虑民法的其他规定。当然，在实体法上，《民法典》（2020年）对侵权责任有相关规定，如第一千一百六十五条规定,"行为人因过错侵害他人民事权益造成损害的,应当承担侵权责任。依照法律规定推定行为人有过错,其不能证明自己没有过错的,应当承担侵权责任"。

但在程序法上,却依然有障碍。依照《工伤保险条例》(2010年)第十四条第四项规定,"患职业病的""应当认定为工伤",患职业病属于工伤的其中一种。既然是工伤,依据《人损赔偿解释》(2022年)第三条规定,"依法应当参加工伤保险统筹的用人单位的劳动者,因工伤事故遭受人身损害,劳动者或者其近亲属向人民法院起诉请求用人单位承担民事赔偿责任的,告知其按《工伤保险条例》的规定处理"。如果对该规定可以如此理解,那职业病病人的民事赔偿权利在程序上就难找到可行的保障途径。

2006年,《最高人民法院关于审理劳动争议案件适用法律若干问题的解释(二)》(法释〔2006〕6号,简称《劳动法解释二》)第六条规定,"劳动者因工伤、职业病,请求用人单位依法承担给予工伤保险待遇的争议,经劳动争议仲裁委员会仲裁后,当事人依法起诉的,人民法院应予受理"。该条规定与《赔偿解释》并无不同之处,依然仅指工伤保险待遇,似乎还是不能作为受理民事赔偿请求的依据。

当然,也有一些文章提到,"最高人民法院在起草《人损赔偿解释》和《劳动法解释(二)》时,对《职业病防治法》(2001年)第五十二条和《安全生产法》(2002年)第四十八条的规定应如何理解的讨论过程中,多数人认为,这两部法律的特别规定就是为了预防和减少职业病和生产安全事故的发生,加大对漠视和故意违反安全生产规定、职业病防护规定的用人单位的制裁力度,结合立法本意和司法实践,应当理解为职工在上述两种情形下,可以获得的其他民事赔偿就是精神损害赔偿,如果职工提出精神损害赔偿,人民法院应予准许。少数同志认为,对前述法律规定不能狭义地理解为精神损害赔偿,也可以包括工伤保险赔偿以外其他可得赔偿,只是职工不能获得双重赔偿。这两种意见实际上都将工伤保险与民事侵权赔偿之间的关系界定为补充模式,仅仅在补充的范围问题上存在一定的分歧"①。但这正如张明楷所

---

① 邓舒:《论工伤保险与侵权损害赔偿责任关系》,载《天津法学》2016年第1期,第26-30页。

说"罪刑法定,不是立法者定",立法者本意,应该是通过文字法条来表述。法律颁布后,它就有了自己的生命,立法者的本意如果不能通过表述让人明白,甚至导致错误理解,我们也不可能再死扣它的本意了。而从最高院的判决书来看,似乎不存在该本意。

(二) 地方有关规则

地方层面对此也有规定,如《关于审理劳动人事争议案件若干问题的座谈会纪要》(粤高法〔2012〕284号,简称《劳动争议座谈会纪要》)第五条规定,"劳动者因生产安全事故发生工伤或被诊断患有职业病,劳动者或者其近亲属已享受工伤保险待遇,又依据《最高人民法院关于确定民事侵权精神损害赔偿责任若干问题的解释》的规定向人民法院请求用人单位承担精神损害赔偿责任的,应予支持"。该条款较易理解,最高院有精神损害赔偿解释,但规定依然较为原则性,省高院在其框架要点下出台细化指导意见,至少在程序上既具有可操作性也不相矛盾。

此外,《民法通则》(2009年)第一百一十九条规定,"侵害公民身体造成伤害的,应当赔偿医疗费、因误工减少的收入、残废者生活补助费等费用;造成死亡的,并应当支付丧葬费、死者生前扶养的人必要的生活费等费用"。《劳动争议座谈会纪要》第二十八条规定,"劳动者被诊断患有职业病的,除依法享有工伤社会保险外,还可依照《民法通则》第一百一十九条的规定向用人单位请求损害赔偿,但该损害赔偿应扣除劳动者因职业病享有的工伤社会保险利益"。该规定中的"损害赔偿应扣除劳动者因职业病享有的工伤社会保险利益",也是江门中院判决的思维与依据。而该规定与《人损赔偿解释》相矛盾之处,也可能正是一审、二审结果大相径庭的原因。

在具体如何扣除工伤社会保险利益方面,广东省高级人民法院有更进一步的规定。2017年7月19日,广东省高级人民法院在《关于审理劳动争议案件疑难问题的解答》"15. 因生产安全事故受到伤害的从业人员及职业病患者主张工伤保险待遇后,又请求人身损害赔偿的,如何处理"中如此表述:"劳动者因安全生产事故或患职业病获得工伤保险待遇后,以人身损害赔偿为由请求用人单位承担赔偿责任的,如人身损害赔偿项目与劳动者已获得的工伤保险待遇项目本质上相同,应当在人身损害赔偿项目中扣除相应项目的工伤保险待遇数额,若相应项目的工伤保险待遇数额高于人身损害赔偿项目数额,则不再支持劳动者相应人身损害赔偿项目请求。"工伤保险待遇与人身损害赔偿本质上相同的项目见表6-1。

表6-1 工伤保险待遇与人身损害赔偿本质上相同的项目表

| 工伤保险待遇项目 | 人身损害赔偿项目 |
| --- | --- |
| 住院治疗的伙食补助费 | 住院伙食补助费 |
| 停工留薪期工资 | 误工费 |
| 一次性伤残补助金、伤残津贴 | 残疾赔偿金 |
| 丧葬补助金 | 丧葬费 |
| 供养亲属抚恤金 | 被扶养人生活费 |
| 一次性工亡补助金 | 死亡赔偿金 |
| 安装假肢等辅助器具费 | 残疾辅助器具费 |

## 四、法理探讨分析

### (一)工伤保险制度意义

工伤保险制度是一项社会化的救济制度,通过了解工伤保险制度发展历程可以看出,"劳灾赔偿制度之创设,主要在于侵权行为法不足保护劳工之利益"①,弥补了商业保险缺乏强制性、赔偿不可靠等缺点。相对于民事侵权赔偿,工伤保险制度具有四个方面的优点。

(1)有利于保护受害人。①实行无过错责任,补偿基于事实,而非行为。只要发生工伤,经办机构按标准补偿。②工伤基金由社会统筹,并有国家财政支持,资金有保障,受害人能获得确定的保障。

---

① 王泽鉴:《劳灾赔偿与侵权行为损害赔偿》,载《民法学说与判例研究》(第3册),北京大学出版社2009年版,第216页。

(2) 求偿程序简易迅速，救济及时。同时由于诉讼等环节减少，也有利于节省社会运行成本。

(3) 有利于企业的免责，减少了企业经营风险。

(4) 有利于劳资关系和谐，避免在发生工伤事故时引发劳资冲突和纠纷。

从工伤保险制度角度分析，制度产生起源就是一种代替模式。如德国《国家保险条例》第六百三十六条规定，因劳动灾害（即工伤事故）而受到损害者，仅得请领伤害保险给付，不得向雇主依侵权行为法之规定请求损害赔偿。[①] 工伤保险的目的之一为分散企业风险，再由企业承担民事责任，加重了雇主的负担，有悖制度创制设立的目的与意义。如果把民事责任视为对用人单位的惩罚措施，那更是对职业病工伤的误解，职业病的发生多数为用人单位的违法行为造成，但有些职业病的发生实质上可能与用人单位的行为根本无关。完全守法的用人单位也可能存在职业病的诱因，如职业性三氯乙烯药疹样皮炎、职业性苯中毒，以及职业性苯所致白血病等。

（二）适用民事赔偿规则的其他思考

1. 侵权构成要件分析

一般侵权行为的构成要件包括：违法的行为、损害事实与后果、行为与事实后果有因果关系、行为人主观过错。职业病造成的工伤与一般的工伤不同，一般情形上的工伤因果关系明确，而职业病工伤的因果关系是推定因果关系［《职业病防治法》（2018年）第四十六条规定，"没有证据否定职业病危害因素与病人临床表现之间的必然联系的，应当诊断为职业病"］。职业病工伤属于特殊侵权，实行无过错责任，只要有行为、后果，两者存在因果关系，即便行为不违法、无主观故意，也要赔偿或补偿。职业性苯中毒即可能属于此类，用人单位工作场所的苯浓度虽然不超过标准，但仍可能诱发职业病。但此种补偿或赔偿是工伤保险范围内容，若作为一般侵权赔偿，则不能满足其构成要件。《民

---

① 参见王泽鉴《劳灾赔偿与侵权行为损害赔偿》，载《民法学说与判例研究》（第3册），北京大学出版社2009年版，第209页。

法典》(2020年)第一千一百六十五条规定,"行为人因过错侵害他人民事权益造成损害的,应当承担侵权责任",这里要求行为要有过错,"依照法律规定推定行为人有过错,其不能证明自己没有过错的,应当承担侵权责任",职业病的诊断只是推定后果、推定赔偿补偿上的责任,而不是推定过错。即如果劳动者提出民事赔偿诉求,须对构成要素的事件进行举证。但相关规定忽略了该问题,主要原因也在于未能区分其建立的究竟是工伤保险法律关系还是一般侵权法律关系。

2. 请求权基础分析

请求权指法律关系的一方主体请求另一方主体为或不为一定行为的权利。而可供支持一方当事人得向他方当事人有所主张的法律规范,即为请求权基础。同一事实具备不同法律规范的要件时,得发生数个请求权,可归为四类:法条竞合、选择性竞合、请求权聚合、请求权竞合。法条竞合,是指某项请求权因具有特别性,而排除其他请求权的适用。选择性竞合,是指就两个以上的请求权,当事人得选择其一行使之,倘若已行使其一时,就不得再主张其他的请求权。请求权聚合,是指当事人对于数种以不同的给付为内容的请求权,得同时并为主张。而请求权竞合,是指以同一给付目的的数个请权求并存,当事人得选择行使之。①

在人身侵权财产损害赔偿中,需要赔偿的各个不同项目,一般认为并不能分别构成独立的请求权。在工伤保险待遇中,已由用人单位和工伤保险基金按法定的标准支付的具体的赔偿项目有医药费、停工留薪期的工资、护理费、一次性伤残补助金、残疾器具费、丧葬费、一次性工亡补助金,若依据请求权基础分析,此与民事赔偿存在请求权竞合。《人损赔偿解释》(2020年)第十二条第一款规定属此解决规范。而即使把两者视为请求权聚合,对于当事人所主张的一般人员损害侵权请求权,其举证责任的分配也是根据法律要件来进行的,即须符合如上第一点所述侵权构成四要件。

而对于因人身损害引起的精神损害赔偿,是否构成独立的请求权则存有争议。从有关立法和司法解释的规定来看,精神损害赔偿请求权是

---

① 参见王泽鉴《民法思维:请求权基础理论体系》,北京大学出版社2009年版,第130-131页。

相对独立的请求权。依据《人损赔偿解释》（2020年）第十七条和第十八条规定，实际上是把财产损害赔偿请求权和精神损害赔偿请求权分列独立处理。《民法典》（2020年）第一千一百七十九条规定，"侵害他人造成人身损害的，应当赔偿医疗费、护理费、交通费、营养费、住院伙食补助费等为治疗和康复支出的合理费用，以及因误工减少的收入。造成残疾的，还应当赔偿辅助器具费和残疾赔偿金；造成死亡的，还应当赔偿丧葬费和死亡赔偿金"。第一千一百八十三条规定，"侵害自然人人身权益造成严重精神损害的，被侵权人有权请求精神损害赔偿"。这些条款表述表明，精神损害赔偿请求权是一项独立的请求权。因而，精神损害赔偿请求权与其他赔偿权可看作请求权聚合。

但作为独立的请求权可能带来的问题是，能否就精神损害赔偿单独提出法院诉讼。《最高人民法院关于确定民事侵权精神损害赔偿责任若干问题的解释》（法释〔2001〕7号）第六条"当事人在侵权诉讼中没有提出赔偿精神损害的诉讼请求，诉讼终结后又基于同一侵权事实另行起诉请求赔偿精神损害的，人民法院不予受理"，实际确立了一定条件下的强制性诉的合并制度，这从反面要求赔偿权利人在其提起的物质性损害赔偿的侵权诉讼中，必须同时提起精神损害赔偿的诉讼请求，否则视为放弃精神损害赔偿请求权。

## 五、结语

侵权行为法旨在合理分配事故所生的各种损失，以弥补被害人所受的损害，并具有预防危害发生的功能。健康无价，生命更无价。若因职业性原因，职业病工伤获得赔偿比一般人身损害获得赔偿更低，则不具有合理性。当前，与人身损害赔偿相比，工伤保险待遇未能覆盖全部项目与额度，省高级人民法院的指导意见和解答实际上也是实现法律公平正义的修正和补充。修正后的补充模式中的补充不是赔偿（补偿）项目的补充，而是总额差额的补充。采用补充模式避免了工伤和职业病获得双份利益，一定程度上也减轻了用人单位工伤责任，具有一定合理性，但相关规定在法理上仍存在一定缺陷。若提高工伤保险待遇标准，工伤保险待遇与民事赔偿的数额相当，工伤人员可直接从社保基金管理机构获得全部与民事赔偿等同的工伤保险待遇，问题即可解决。而对于精神损害赔偿,应以用人单位是否有违法行为和主观过错为构成要件。

**参考文献**

[1] 王泽鉴. 劳灾赔偿与侵权行为损害赔偿 [M] //王泽鉴. 民法学说与判例研究:第3册. 北京:北京大学出版社,2009.

[2] 王泽鉴. 民法思维:请求权基础理论体系 [M]. 北京:北京大学出版社,2009.

# 第七章　职业病诊断法律制度评析

《职业病防治法》自颁布以来，已历经四次修正。四次法律修正的内容主要在于部门职能调整、行政审批制度改革，以及职业病诊断制度的不断完善。根据《职业病防治法》的修正，《职业病诊断与鉴定管理办法》至今也经过了两次修改，制度不断得以完善。对职业病诊断法律制度的修改进行总结分析，有助于我们准确掌握法律精神，在实践工作中更好地适用法律。对法律修改问题的分析探讨并提出相关建议，有助于我们结合实际，理顺思路，更好地推动法律制度的完善进步，更好地发挥职业病法律保护劳动者健康及其相关权益，促进经济社会发展的立法目的。

## 第一节　《职业病防治法》（2011年）诊断制度修正评析[①]

2011年12月31日，第十一届全国人民代表大会常委会审议通过了《关于修改〈中华人民共和国职业病防治法〉的决定》，该次修法除了明确职业卫生监管职责以外，修改的重点内容在于职业病诊断制度，而该次修法对职业病诊断制度的修改至为重要，之后虽然也对法律规定的诊断制度进行了少许修改，但并未涉及根本，没有较大改动，除部门职责之后进行了新调整以外，该次修正的内容也一直沿用至今。在该次修法中，通过明确职业病诊断与鉴定过程中用人单位的举证责任、争议的解决途径，并通过强化相关部门的职责，增强了法律制度的可操作性，这对保护劳动者的健康及其相关权益，促进经济社会发展有着深刻的社会意义。但是，法律的实现受多方面因素制约。法律实效与法律的预期作用往往存在一定差距，立法者的意图转化为法律实效并非应然的

---

① 根据胡世杰《新〈中华人民共和国职业病防治法〉职业病诊断制度评析》改编，原载《中国职业医学》2012年第6期，第525－527页。

职业病诊断法律制度研究

过程。在影响法律实效的众多因素制约中,法律制度内容的合理性是重要前提。① 因而,以该次修法作为背景,对职业病诊断制度的合理性进行分析,有助于人们在施法过程中避免法律实效偏离,更好地实现保护劳动者健康及其相关权益的立法目的。

## 一、2011 年修法背景:劳动者职业病诊断权利履行受阻

2001 年 10 月 27 日,《职业病防治法》颁布并自 2002 年 5 月 1 日起施行。2002 年,为配合《职业病防治法》的实施,原卫生部发布了《职业病目录》和《职业病诊断与鉴定管理办法》等规章,职业病诊断与鉴定工作步入法制化、规范化管理轨道。但是,随着经济体制多样化、用工制度复杂化、经济全球化、人口城市化的快速发展,职业病诊断与鉴定的管理体制、机制也面临极大的挑战。② 特别是 2009 年张海超尘肺病事件等职业病事件的接连发生更引发了一系列的争论。当时,社会舆论及专家学者对职业病诊断制度提出质疑,一些社会舆论认为,"张海超的无奈与痛苦向我们呈现了这样两个可怕的制度'黑洞':一是当事企业自证'有罪',二是独家垄断的职业病鉴定机制"③。一些诊断个案,由于不能提供明确的职业史或劳动关系,进而导致不能进入职业病诊断法律程序,最终上升发展为群体性事件或医疗信访案件。④ 考究当时职业病诊断与鉴定制度,在举证责任方面,法律规定并不明确。而原卫生部颁布的《职业病诊断与鉴定管理办法》(2002 年)第十一条规定,申请职业病诊断时应当提供职业健康监护档案复印件、职业健康检查结果、工作场所历年职业病危害因素检测和评价资料等五类材

---

① 参见李怡《法律实效与相关概念及影响因素》,载《合作经济与科技》2009 年第 2 期,第 126 - 127 页。
② 参见李涛《关于我国职业病诊断与鉴定制度的思考》,载《工业卫生与职业病》2010 年第 1 期,第 1 - 6 页。
③ 万晓艳:《"开胸验肺"公民健康权之殇》,载《贵州都市报》2009 年 7 月 31 日周刊·专栏·专刊。
④ 参见李涛《关于我国职业病诊断与鉴定制度的思考》,载《工业卫生与职业病》2010 年第 1 期,第 1 - 6 页。

料,这使得劳动者在行使职业病诊断权利时受到极大阻碍。虽然,2003年原卫生部补充规定了"用人单位不提供或者不如实提供诊断所需资料的,职业病诊断与鉴定机构应当根据当事人提供的自述材料、相关人员证明材料,卫生监督机构或取得资质的职业卫生技术业务机构提供的有关材料,按照《职业病防治法》第四十二条的规定作出诊断或鉴定结论"①,但由于该规定的法律位阶低,不被广为知晓,相关规定被置之高阁;也可能由于诊断医生对职业病诊断工作追求法律真实的性质把握不准,在诊断资料(证据)的采信上较为被动,不敢利用举证责任倒置规则,致使实际工作中劳动者职业病诊断申请难、诊断难等问题在个别地方普遍发生。法律规定不符合社会需要或社会不具备接受法律的必要环境,就会形成实现法律实效的阻力。② 张海超等系列事件的发生,显示了法律规定的职业病诊断制度实际上并未发挥预期作用,表明这一法律制度缺乏实效。故而,有必要进一步完善法律制度自身,使法律规范内容符合客观规律,具有可行性,从而使法律充分获得实效。

## 二、新职业病诊断制度:原有制度的改进与完善

针对存在问题,在《职业病防治法》修订时提出新诊断制度的总体思路有三点:一是进一步强化用人单位在职业病诊断中的责任,通过具体的制度设计倒逼用人单位自觉履行提供职业病诊断所需资料,进而落实预防措施的义务;二是按照方便劳动者、简化程序的总体要求,区别情况,运用劳动仲裁、行政判定等方式解决职业病诊断所需资料的争议问题;三是通过制度设置向保护劳动者权益倾斜,有针对性地解决劳动者在职业病诊断中可能遇到的困难。③ 主要修改内容有三个方面。

---

① 食品安全综合协调与卫生监督局:《卫生部关于进一步加强职业病诊断鉴定管理工作的通知》,见中华人民共和国国家卫生健康委员会门户网站(http://www.nhc.gov.cn/cms-search/xxgk/getManuscriptXxgk.htm?id=37586)。
② 参见赵震江、周旺生、张骐等《论法律实效》,载《中外法学》1989年第2期,第1-7、29页。
③ 参见全国人大常委会法制工作委员会社会法室、国家安全生产监督管理总局职业安全健康监督管理司、卫生部食品安全综合协调与卫生监督局《中华人民共和国职业病防治法学习读本》,中国民主法制出版社2012年版,第195-196页。

## （一）强化用人单位举证责任

针对旧法对用人单位举证责任规定不明确的缺陷，新诊断制度的亮点在于强化用人单位在职业病诊断与鉴定过程中的举证责任。一是严格规定用人单位举证的行为责任。修正后的《职业病防治法》（2011 年）第四十八条规定，"用人单位应当如实提供职业病诊断、鉴定所需的劳动者职业史和职业病危害接触史、工作场所职业病危害因素检测结果等资料"；第七十三条增加了用人单位拒不提供职业病诊断、鉴定所需资料的处罚情形。二是明确规定举证的后果责任。如第四十九条规定，"用人单位不提供工作场所职业病危害因素检测结果等资料的，诊断、鉴定机构应当结合劳动者的临床表现、辅助检查结果和劳动者的职业史、职业病危害接触史，并参考劳动者的自述、安全生产监督管理部门提供的日常监督检查信息等，作出职业病诊断、鉴定结论"。特别是第四十七条规定，"没有证据否定职业病危害因素与病人临床表现之间的必然联系的，应当诊断为职业病"，以企业必须"自证无罪"作为动力，促使用人单位在事实上主动履行举证责任。

## （二）消除职业病诊断的申请门槛

修正后的《职业病防治法》（2011 年）第四十五条规定，"劳动者可以在用人单位所在地、本人户籍所在地或者经常居住地依法承担职业病诊断的医疗卫生机构进行职业病诊断"。这较之前诊断制度的规定增加了户籍所在地，消除了申请职业病诊断的地域门槛，避免劳动者辞工回乡却因家乡不属于经常居住地而不能申请职业病诊断的尴尬与无奈。修正后的诊断制度通过第四十四条诊断机构不得拒绝劳动者职业病诊断要求的规定、第四十八条用人单位配合举证的行为要求、第四十九条用人单位举证不能等情形处理方法，以及第四十七条职业病综合分析、归因诊断的诊断思维方式，在工作程序、举证责任、诊断思维等角度全方位消除了劳动者职业病诊断申请的门槛。

## （三）明确并简化发生争议时的解决途径

针对诊断与鉴定过程中可能存在争议的情形，修正后的《职业病防治法》（2011年）对争议进行分类并明确规定解决模式。一是第五十条明确规定，劳动关系、工种、工作岗位或者在岗时间存在争议时提交劳动人事争议仲裁委员会仲裁模式，并在时效上作出特别规定，要求仲裁机构三十日内作出裁决。二是第四十九条第二款规定，劳动者对用人单位提供的工作场所职业病危害因素检测结果等资料有异议，或者因用人单位解散、破产，无用人单位提供上述资料时，提交安全生产监督管理部门进行调查，安监部门三十日内作出判定。相关程序明确，时效性强，避免诊断与鉴定过程中相关部门相互推诿，确保了诊断与鉴定工作顺利、便捷进行。

## （四）加强劳动者的权利保障

有关职业病诊断与鉴定过程中劳动者权利保障的规定体现在如下三个方面：一是第五十四条用人单位承担职业病诊断、鉴定费用，以及第七十三条相应情形的处罚条款。二是治疗权利的保障。第五十条规定，"诉讼期间，劳动者的治疗费用按照职业病待遇规定的途径支付"。三是基本生活与医疗保障。第六十二条规定，"用人单位已经不存在或者无法确认劳动关系的职业病病人，可以向地方人民政府民政部门申请医疗救助和生活等方面的救助"。用法律明确规定对劳动者的社会保障责任，充分体现了社会法的价值与功能。

## 三、新职业病诊断制度的作用与意义

职业病诊断制度是职业病防治工作的重要组成部分，在职业病防治工作中承前启后，对于促进用人单位落实职业病防治责任、保障职工工伤待遇发挥着关键作用。对职业病诊断制度进行改进和完善，是我国社会主义市场经济发展的必然要求，也是构建我国社会主义和谐社会必要的法律保障。

## （一）劳动者权利得到进一步加强和保障

对弱势群体的保障是社会法产生之初就已确立的目标，又是社会法重点需要涵盖的内容。① 在职业病防治工作中，劳动者处于从属位置，健康和相关权益极易受侵害，行使权利时也往往处于不利的位置，因而，劳动者权益的保障和维护，需要国家和社会给予支持和帮助，需要国家在法律的制定上予以明确，甚至予以必要倾斜。新职业病诊断制度消除了申请门槛，实行举证责任倒置，并加强了职业病和诊断过程中的社会保障，法律程序明确，可操作性强，切实加强和保障了劳动者的职业病诊断权利，充分体现了社会法扶助社会弱势群体的法律功能。当前职业病诊断相关制度的修订，也是对前期存在主要问题的纠正和完善，对于切实保障劳动者健康、实现社会实质公平、缓解社会矛盾冲突、维护社会稳定、促进社会和谐发展有重要意义。

## （二）促进用人单位主动加强职业病防治工作

职业病诊断是职业病防治工作的重要环节，也是用人单位承担法律责任最为直接和直观的环节。用人单位要避免职业病诊断过程中的纠纷，减轻对职业病病人的保障责任，势必需加强前期的职业病防治工作，这对用人单位整体职业病防治工作能起到很好的预测、评价和指引作用，有利于促进社会经济的健康发展。

## 四、存在问题评析

合理是指合乎情理、公理、道理。法律制度合理性可以分为实质合理性和形式合理性两类。法的形式合理性决定了法律的效力及效力范围；法的实质合理性则与法的实效有关。② 修正后的《职业病防治法》

---

① 参见姜登峰《"社会法"概念的基本分析》，载《佳木斯大学社会科学学报》2007年第4期，第27–32页。

② 参见张文显《法理学》，高等教育出版社2003年版，第230页。

（2011年）中的职业病诊断法律制度较前有了很大的改善与进步，但个别环节的实质合理性仍有值得商榷的地方。

## （一）完全消除职业病诊断申请门槛易致权力滥用

所谓门槛，也就是条件。对疑似或者可能患有职业病的劳动者来说，申请职业病诊断不应被附加任何条件，否则便难以体现制度的实质公平。但是，没有任何限制条件，即健康检查没有发现异常的劳动者同样享有了相同的权利。权利的享有和行使均有其合适对应的主体。诊断权是工伤赔偿权的基础和不可或缺的组成部分，实质上是一种救济权利，一种次生的请求权，基于健康权受到侵害而产生。因而，诊断权不应是所有劳动者所有时间段的永久性权利，而应当仅在劳动者身体健康受到侵害时产生。为避免权利救济的障碍，诊断权可扩大到健康发生异常的多数情形，但也应排除不存在健康异常和根据常规即可排除因果关系的情形。现时，人们常常会希望要求法律保护社会弱势群体，这种要求的实质是对社会弱势群体给予特殊的保护。而社会弱势群体的法学解释，是指由于社会条件和个人能力等方面存在障碍而无法实现其基本权利，需要国家帮助和社会支持以实现其基本权利的群体。可以说，社会弱势群体的最为重要的特征是其基本权利得不到实现。[1] 从这一角度来说，合理享有诊断权的主体其前提也应是身体健康遭受或可能已遭受损害的劳动者。未发现健康损害或经检查确无健康损害者，不应当享有此基本权利，不应当列入此需特殊保护的弱势群体之列。权利主体的无限制扩大必将导致权力的滥用。制度的建立不能寄希望于人们的循规蹈矩，还应当考虑"经济人"、有限理性和机会主义等问题。在缺乏约束的前提下，任何人都可能成为"经济人"，以追求自身利益为动机，强调个体以实现自我利益最大化为中心，在面临选择时倾向于选择能给自己带来最大收益的机会，用最有利于自己的方式进行活动。[2] 一旦如

---

[1] 参见钱大军、王哲《法学意义上的社会弱势群体概念》，载《当代法学》2004年第3期，第46–53页。

[2] 参见黄新华、于正伟《新制度主义的制度分析范式：一个归纳性述评》，载《财经问题研究》2010年第3期，第17–25页。

此，便可能出现健康的劳动者以职业病诊断权利对抗用人单位劳动合同终止或解除等权利。

(二) 仲裁程序效率仍显不足

正当程序具有说服和证明的力量，其不仅有助于实现实体结果，而且可以使经由程序作出的决定或选择正当化，具有权威性、有效性和可接受性，获得普遍的确信和承认。① 在解决争议的程序设计上，为了避免部门推诿，提高效率，更好地保障劳动者相关权利，修正后的《职业病防治法》(2011 年) 第五十条规定了当事人向劳动人事争议仲裁委员会申请仲裁的权利，并明确裁决时限为三十日。但在规定用人单位的异议权利时仍存在效率性问题。用人单位"可以在职业病诊断、鉴定程序结束之日起十五日内依法向人民法院提起诉讼"，从字义上理解，用人单位异议期间的起点时间只能是诊断或鉴定结束之日，这可能是劳动者申请诊断后的一年甚至更长时间的事情。诉讼或争议时间的延长，对当事人双方均存在障碍，时间越长，越容易忘记有关细节，越不利于诉讼。在诊断结束后，甚至还存在用人单位异议胜诉而推翻原诊断或鉴定结论的可能性，导致同一疾病的第二次诊断、鉴定、再鉴定。这种可能性将使劳动者处于长时间的心理状态不稳定，并带来生产、生活的不稳定等一系列问题。

(三) 以民政救助职业病病人缺乏实现的条件和基础

修正后的《职业病防治法》(2011 年) 第六十二条规定，"用人单位已经不存在或者无法确认劳动关系的职业病病人，可以向地方人民政府民政部门申请医疗救助和生活等方面的救助"。对该规定的合理性，可从如下两方面分析。其一，用人单位已经不存在的情形。"用人单位已经不存在"即为用人单位曾经存在。工伤保险乃强制性社会保险，对用人单位征收工伤保险属于社会保险行政部门的行政职能。故而，理论上，工伤赔付的责任应当在社保部门，而不能由劳动者承担监管部门

---

① 参见张文显《法理学》，北京大学出版社 2011 年版，第 142 页。

监管缺失的工伤保障责任。举轻以明重,《中华人民共和国社会保险法》(2018年)第四十一条规定,"职工所在用人单位未依法缴纳工伤保险费,发生工伤事故的,由用人单位支付工伤保险待遇。用人单位不支付的,从工伤保险基金中先行支付"。比照该规定,原用人单位已经不存在的当事人,由社会工伤保险基金进行工伤赔付更为合理。而且,救助与工伤赔付的标准差别也甚大。其二,无法确认劳动关系的情形。无法确认劳动关系有两种情形,第一类情形是存在事实劳动用工关系,但由于特殊情况未能认定为劳动关系,比如达到退休年龄、见工实习等情形。此类情形依然可循特殊工伤保障法律规定处理。第二类情形是不存在用工主体而无法进行劳动关系确认,包括不能认定为事实劳动用工关系。此类情形不应该有职业病的诊断。职业病诊断的逻辑起点为"劳动者",不能证明身份为"劳动者"便无从谈起职业病问题。这类情形的"无法确认劳动关系"与"用人单位不能提供诊断所需资料"虽然表现形式相同,但性质却完全不同。对"用人单位不能提供诊断所需资料"者可以适用举证责任倒置的规则推论得出法律事实;而对"无法确认劳动关系"者,由于一切均建立在假设的基础之上,"职业病"结论无从证出。

法律的内容越合理,法律就越具有实效。相反,如果法律缺乏合理性,甚至内容上严重背离社会需求,与人们的普遍价值取向相对立,那么,不仅公众不会自觉遵守它,而且有关国家机关和执法人员也会不同程度地抵制它。在此情况下,法律的实效会大打折扣。① 也只有通过法律的实施,才能确切地清楚法律的内容和法律的实效。对于职业病诊断制度合理性问题,同样有待于法律的实施,以观其效。

**参考文献**

[1] 李怡. 法律实效与相关概念及影响因素 [J]. 合作经济与科技, 2009 (2): 126 - 127.

[2] 李涛. 关于我国职业病诊断与鉴定制度的思考 [J]. 工业卫生与职业病, 2010, 36 (1): 1 - 6.

[3] "开胸验肺"公民健康权之殇 [N]. 贵州都市报, 2009 - 07 - 31 (周刊·

---

① 参见张文显《法理学》,高等教育出版社2003年版,第230页。

专栏·专刊).

[4] 食品安全综合协调与卫生监督局. 卫生部关于进一步加强职业病诊断鉴定管理工作的通知 [EB/OL]. (2003 – 12 – 23) [2012 – 05 – 07]. http://www.nhc.gov.cn/cms-search/xxgk/getManuscriptXxgk.htm?id = 37586.

[5] 胡世杰. 我国职业病诊断与鉴定制度性质试析 [J]. 中国职业医学, 2008, 35 (1): 49 – 50.

[6] 赵震江, 周旺生, 张骐, 等. 论法律实效 [J]. 中外法学, 1989 (2): 1 – 7, 29.

[7] 全国人大常委会法制工作委员会社会法室, 国家安全生产监督管理总局职业安全健康监督管理司, 卫生部食品安全综合协调与卫生监督局. 中华人民共和国职业病防治法学习读本 [M]. 北京: 中国民主法制出版社, 2012: 195 – 196.

[8] 姜登峰. "社会法" 概念的基本分析 [J]. 佳木斯大学社会科学学报, 2007, 25 (4): 27 – 32.

[9] 张文显. 法理学 [M]. 北京: 高等教育出版社, 2003: 230.

[10] 钱大军, 王哲. 法学意义上的社会弱势群体概念 [J]. 当代法学, 2004, 18 (3): 46 – 53.

[11] 黄新华, 于正伟. 新制度主义的制度分析范式: 一个归纳性述评 [J]. 财经问题研究, 2010 (3): 17 – 25.

[12] 张文显. 法理学 [M]. 北京: 北京大学出版社, 2011: 142.

## 第二节 职业病诊断制度修订漫谈

### 一、规章修订原则

部门规章的修订需要遵循一些原则和要求，这些原则和要求至少应当包含合法性、可行性，并应吸取施行以来既往的经验和教训。否则，修订的工作就不是成功的。

合法性是法律的要求。《立法法》（2015 年）第八十条第二款规定，"部门规章规定的事项应当属于执行法律或者国务院的行政法规、决定、命令的事项。没有法律或者国务院的行政法规、决定、命令的依据，部门规章不得设定减损公民、法人和其他组织权利或者增加其义务的规范，不得增加本部门的权力或者减少本部门的法定职责"。行政部门权由法定，没有法律的授权，部门不得自创权力，不得增加相对人的义务负担，包括不得增加没有法律依据的处罚规则；特别是不得减损、扣减法律已明确规定给予相对人的权利和权益。这些，需要参与者能准确理解与把握法律规定的精神，这也是规章修订的前提与基础。若规章修订时还在讨论法律规定的利与弊，则已偏离了具体工作的目的，超出应有的工作范畴。

如果有与上位法相矛盾或违反《立法法》规定的规则的出台，将置立法者自身或执行部门于不仁不义的境地，一旦有了诉讼纠纷，执行部门的尊严与颜面多少也会有损。法院行政诉讼审判依照法律法规的规定，而对于部门规章，仅是参照而已。

可行性是生命力的要求。没有可操作性、不具可行性的规章只能是摆设，只能是社会法制建设的装饰品和门面罢了。要有可行性，则要求接地气、熟悉专业要求，能把专业与法律有机结合起来，既能符合专业自身特点，又能满足法律相关要求。规章要有可行性，规则就不能太过于原则化，规则应该写细、写实。否则，也就失去规章制定的实际意义，倒不如仅执行法律法规罢了。

说到规则的写细、写实，或许有认为"法律宜粗不宜细"。这一原则其实是20世纪80年代流行的观点。在当时这是有意义的，是由全国各地发展不平衡、各地现状差别大、全国信息收集不全面、立法技术落后的现状所决定的。当时若规定得太细，既不利于改革开放"摸着石头过河"的做法，结果也可能阻碍社会的快速发展。但现在情况已与当年大不相同，而且，涉及健康的立法，本来就应该全国一盘棋，不应该有地区执行的差异。在今天，即便是大法，哪怕是基本法，规定内容也是非常详细。不要说《民法典》有1260条，即便《民事诉讼法》都有291条。

总结吸纳施行以来的经验和教训是法律发展的必然要求。法制的完善不可能一蹴而就，社会在不断发展变化，规则实施的目的也在于解决实际问题，只有把既往的经验教训总结融入新修订的规则中，制度才能发展和完善。职业病诊断部门规章实施这么多年，随后发出的实施性规定有十七八个；法律也都做了多次修改，之前的实施性规定哪些与上位法相矛盾，哪些依然是补充性规定，哪些须结合新法得再进行逻辑推理方能使用？甚至，最基本的，上位法修订后，如何辨别之前下发的实施性规定是否有效，在实际操作中可能都是问题。对于这些，本来就有必要进行梳理，放入新修订的规则里面。虽然相关的判定规则本来是有

职业病诊断法律制度研究

的,但行政部门毕竟不是法制部门,知道的、能理解运用的人员并不多。这里所说的相关规定可见《最高人民法院关于印发〈关于审理行政案件适用法律规范问题的座谈会纪要〉的通知》(法〔2004〕96号)规定,"法律、行政法规或者地方性法规修改后,其实施性规定未被明文废止的,人民法院在适用时应当区分下列情形:实施性规定与修改后的法律、行政法规或者地方性法规相抵触的,不予适用;因法律、行政法规或者地方性法规的修改,相应的实施性规定丧失依据而不能单独施行的,不予适用;实施性规定与修改后的法律、行政法规或者地方性法规不相抵触的,可以适用"。

规章修订的过程也是各类人员共同参与的过程,参与各方的能力素质也直接关乎修订的质量。专家主要应就制度的总体框架,规则的合法性、合理性、科学性提出专业意见,不必要针对细枝末节,甚至可有可无,或者官方的套话提出太多的意见,那会冲淡主题。对于一些容易引起歧义的表述,应提出质疑,避免施行时存在太多的不确定性。但对于组织者、执笔者却应该有非常严格的要求。修订和征求意见的过程不但是统一思想的过程,也是新规宣传的过程、解惑释疑的过程,这就要求牵头者、具体承担者应当具备相应的、综合的、全面的知识和能力。

参与者包括参加征求意见的专家,是否具备了相应的、最基本的能力?对于新法优于旧法、法律不溯及既往原则是否明白?上位法规定的过错推定原则(不能否定的就应肯定)是否真正理解?基层执行的难点和问题在哪里是否知晓?法律中的"当事人"是一方还是双方?"应当"与"可以"哪个是强行性规则是否清楚?

## 二、职业病诊断的分与合

社会在进步,制度也在不断完善,事物总是向好的一面发展,这是历史发展的总规律,就如岁月滔滔江河勇奔海洋般不可阻挡。但时光有日夜,河流会回旋,发展不见得总是一帆风顺,所以历史的发展总体呈现的是螺旋式上升,这是客观规律。河流回旋是在克服路上的障碍,也是前进路上的栖息,经历了,再回头审视也精彩,也有些更明白。历史总在不断重复,正如河流回旋总在不断发生一样。法律制度是社会发展的产物,也影响社会的发展,也是社会文化、社会精英们智慧的结晶,因此，也同样具有这样的特征。

聪明的君主制定法律时会衡量社会的习俗良善，只有两者相互适应，法和社会良善的一面方能得以更好的呈现，邪恶的一面方能受到制约。

话讲长了，常常会跑了主题；路走多了，常常会忘记了目标。法律实施的时间长了，有时可能会忘了最初立法的目的。对于立法者而言，对法律的修订千万不能将其与立法目的分开。举个小例子，职业病诊断制度设计是否应拆分为临床诊断与职业病认定。法律规定，防治职业病就是为了保护劳动者健康及其相关权益，这是立法目的。现行的职业病诊断就是从保护劳动者权益出发，综合利用职业卫生与职业医学等专业知识，合二为一，在诊断临床疾病的同时进行工作场所归因诊断，专业相益得彰，也较为符合劳动者权益保障。

但若把临床诊断与职业病归因认定分开，对劳动者来说，实质上只是朝三暮四还是朝四暮三的区别。现行的职业病诊断，抑或临床诊断与职业病认定的分设模式，无论哪一款，劳动者均需进行临床诊断与归因认定。若有不同，区别的只是由一家部门完成，还是两家部门完成的问题。

分设的结果当然包括诊断为职业病的数量是增多还是减少了。分设模式下，必定只要是医院就可以进行临床诊断，但一般综合医院对于一些少见的疾病，误诊的概率可能会更高些。在之前的案例中，有的将二甲基甲酰胺中毒诊断为食物中毒，有的将三甲基氯化锡中毒诊断为精神病，有的将正己烷中毒诊断为风湿病、肌萎缩侧索硬化症。未能怀疑为职业病，也就不可能进行职业病认定。如果说有意义，用这样的手段降低职业病的发病率倒有可能。

法律的制定不应与社会情形分开，不应与社会基础分开。在论述这一点时，《论法的精神》提到，罗马法规定，医生可因疏忽或不能胜任而被处以刑罚：地位较高的医生处以流放，地位较低的医生可能处以死刑。法国的法律与此不同，因为罗马法与法国的法律不是在相同的情况下制定的。在罗马，谁想当医生都可以，滥竽充数不在少数；而在法国，任何人都必须经过学习，并且取得资格后方可行医，所以，医生是精通医术的人。

工伤认定可以分开，因为对于工伤临床诊断，综合医院可以完成，工伤的归因也比较直观,甚至具备正常社会知识就可鉴别;职业病则不同,临床上易误诊,归因更需要职业卫生与职业医学知识,需有专业队伍来进行。

职业病诊断拆分的结果也必定会影响专业的发展。不需要专业机构,专业人才需求就会减少;归因认定时如果糊里糊涂,工作的专业性也就不重要了,结果恶性循环,专业萎缩,人才流失,最后的结果也就是"皮之不存,毛将焉附"。看似相似的法律未必就有相同的效果。

先进国家似乎可以采用分设模式,这与职业病危害因素的复杂程度有关。发达资本主义国家,其职业病病谱与尚处于社会主义初级阶段的中国不同。复杂程度不同,采用的模式当然也应不同,这不难理解。

相同的法律未必出自相同的动机。发达国家的拆分模式、我国工伤的认定模式,设立的动机是高效便民。若将现阶段职业病诊断进行拆分的话,利处在哪?显而易见的只是部门责任重新分配,影响的只是专业的弱化和劳动者权益能否得到保障。

我们这一领域内的领导和专业者都是献身职业的可敬可爱的人,所以我们虽曾讨论过是否分设的问题,但理不辩不明,辩明了,最后维持、选择了今天这种符合客观实际、符合专业要求、符合劳动者权益保护的综合诊断模式。

法律的制定要宽和适中。孟德斯鸠的《论法的精神》如是说,法律程序对于自由与权利保障是不可或缺的。程序过于简单,一方的财产就会不加审查判给了对方。但是,程序也不能过于繁杂,以至损及立法的目的。程序过于繁杂,案子就会一拖再拖,以至于难以审结;财产的所有权就会无法确定,或因一再审查而使控辩双方双双破产。

职业病诊断既要考虑效率问题,又要从立法目的的角度加以考虑。处理诊断事务不仅要考虑是否完成了任务,还要想到劳动者在等着诊断结果。对专业人员来说,职业病诊断只是无数工作中的一件;但对劳动者来说,那几乎是他和他家庭生活的全部,早一天与晚一天获得结果的情形大不相同。

职业病诊断的确是一件麻烦的事,包括诊断过程对专业的要求。但无麻烦事,还需要专业人员做什么?专业人员也就没有存在的必要了。

## 第三节　规章的公布与生效

《职业病诊断与鉴定管理办法》（2021年）终于公布实施了。说点有意思的、很实在也很严肃的问题，《职业病诊断与鉴定管理办法》（2021年）何时生效？

这个问题很重要，因为新、旧《职业病诊断与鉴定管理办法》对工作要求有不少不同的规定。比如根据《职业病诊断与鉴定管理办法》（2013年），职业病诊断鉴定时，若参加鉴定专家为5人，必须有4人持相同意见才能作出鉴定结论（第四十七条第二款规定，"鉴定结论应当经专家组2/3以上成员通过"），但按照《职业病诊断与鉴定管理办法》（2021年），过半数即可（第四十六条第二款规定，"鉴定结论应当经鉴定委员会半数以上成员通过"）。又比如《职业病诊断与鉴定管理办法》（2013年）对《职业病诊断证明书》送达没有明确规定，但《职业病诊断与鉴定管理办法》（2021年）则规定明确（第三十条第五款规定，"职业病诊断证明书应当于出具之日起十五日内由职业病诊断机构送达劳动者、用人单位及用人单位所在地县级卫生健康主管部门"）。凡此种种，不一而论。所以，《职业病诊断与鉴定管理办法》（2021年）何时开始生效很重要。

法律规范开始生效的时间本来规定是很明确的。通常，法律规范生效时间有三种：第一种，法律本身规定了生效的具体时间；第二种，取决于其他法律的生效施行，其他相关法律对其作了规定；此外，尚有第三种，也是《职业病诊断与鉴定管理办法》（2021年）采用的生效时间——从法律公布之日起生效。

这个问题看起来很简单，但具体分析又似乎不那么简单。《职业病诊断与鉴定管理办法》（2021年）公布的时间是何时？是部门规章发布时文件中部长令中出现的落款时间2021年1月4日？不是，这只是部门规章通过后部委首长签发文件的时间。"公布"是指"把法律或命令向大众宣示"（见《辞海》）。规范性文件在部长签发后可能还在印制，只有把它以一定形式、一定载体向公众宣示了，才是"公布"。这就只能看公布载体中载明的时间。国家卫生健康委门户网站对《职业病诊断与鉴定管理办法》（2021年）"发布"的时间有明确表述，即

"2021-01-26"（如图7-1所示）。"发布"了，当然就是向大众宣示，可以认为是"公布"。

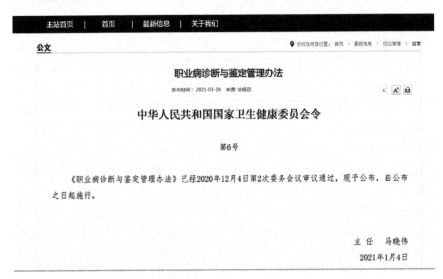

图7-1 《职业病诊断与鉴定管理办法》发布的页面

但依然还有问题。公布时间以哪个网站为准？再进一步讨论，是以网页页面记载的为准，还是以什么为准？查了北大法宝，页面记录"公布时间"为"2021.01.04"，这个时间比国家卫生健康委网站"发布"的时间还早。倘若北大法宝公布时间为真，那么既然公之于众了，就应当自2021年1月4日起生效，而这之后发出的《职业病诊断证明书》就存有问题了，诊断的程序有了变动，文书送达有了不同要求，即便是鉴定也有了不同的规定。但这个发布的时间在道理上说不通。国家卫生健康委的部门规章不可能先提供给北大法宝网站发布，22天后再在自己官网上挂出。而且这22天也没见传闻《职业病诊断与鉴定管理办法》（2021年）已公布，甚至22天后司法部官网未见相应文本，这也有违常理。所以，宁可信主管部门的官网及其表述的公布时间——"2021-01-26"。

问题还没全部解决。2021年1月26日公布,"公布之日起施行"。那是从26日0时开始施行,还是从真正公布之时刻开始施行?从当天0时开始生效不合理,如果当时法律并未公布,对大家来说,太勉为其难了。只有在法律文本公布之时,才有生效的物质基础。那又得看官网具体是几时发布此信息的。好在,网站后台代码对这一内容有记载——"页面生成时间:15:37:21"(如图7-2所示,用此办法也可以看到北大法宝发布该文本的时间在这之后)。

图7-2 《职业病诊断与鉴定管理办法》发布的页面后台代码

至此,问题才算基本解决了。倘若2021年1月26日上午召开职业病诊断鉴定讨论会,只有3位专家同意诊断,2位不同意,那就无法下结论了。会议继续开下去,一直讨论,到了下午15:37:22,还是只有3位专家同意,2位不同意。没问题,新办法出来了,可以依法作出鉴定结论了。

这是一个很有意思的问题,但这不是《职业病诊断与鉴定管理办法》(2021年)本身的问题。不过,也有的法律是先予公布,公布一段时间后再生效的,如《民法典》。另一个问题是,《职业病诊断与鉴定管理办法》(2021年)生效后,已经受理鉴定或登记诊断的工作,有哪些需要修改。本书在此不做探讨。

最后补充一句,国务院《规章制定程序条例》(2017年修订)第三十二条规定,"规章应当自公布之日起30日后施行;但是,涉及国家安全、外汇汇率、货币政策的确定以及公布后不立即施行将有碍规章施行的，可以自公布之日起施行"。

## 第四节 部门规章修订的是与非

不断提高立法质量和品格是立法活动的永恒主题。随着法治国家、法治政府和法治社会的一体推进，我国立法质量的提高逐步由宏观走向微观，从抽象原则走向具体设计，从事前审批走向事后管理，具体设计更是直接考虑各方法律主体精细化和个性化的需求。从这几方面分析讨论，新修订的《职业病诊断与鉴定管理办法》（2021年）有着不少亮点和进步，对其进行梳理和归纳，将有利于《诊断管理办法》的学习和适用。

《职业病诊断与鉴定管理办法》体现了《职业病防治法》在社会法方面的价值功能。《职业病防治法》作为社会法部门的组成内容，最能体现该特征的就是职业病诊断与鉴定工作。因与劳动者职业健康权益保障直接相关，《诊断管理办法》的修订和出台也颇受关注。而《职业病诊断与鉴定管理办法》有关提高效率、程序便捷的修订也倍受社会肯定和赞赏。

《职业病诊断与鉴定管理办法》（2021年）新增明确了职业病诊断时限，并缩减了鉴定时限，这是一大特色。第二十条新增规定，"材料齐全的情况下，职业病诊断机构应当在收齐材料之日起三十日内作出诊断结论"。规定诊断工作所有时限不具科学性，也不具可操作性，但对材料齐全后工作时间作出规定具有相当合理性。而新增"职业病诊断证明书出具之日起十五日内送达劳动者、用人单位及用人单位所在地县级卫生健康主管部门"的规定，保证了双方当事人享有的异议与救济权利。

在鉴定环节，第四十四条新增规定，受理鉴定资料不全的，办事机构应当当场或者在五个工作日内一次性告知当事人补充；在向原诊断或鉴定机构调阅材料方面，提交材料时间也由原十五日缩短为十日内；组织鉴定时限由原自受理之日起六十日内形成鉴定结论更改为四十日内形成鉴定结论，并出具职业病诊断鉴定书；原在形成鉴定结论后十五日内出具文书、二十日内送达规定变更为十日内送达；即便在第四十五条鉴定环节增加的医学检查，也规定了应当在三十日内完成。

"迟来的正义非正义"，程序上明确规定时限，体现了便捷为民的诊断原则；时限的明确与缩减，既提高了工作效率，也增添了正义的价值，同时为社会及时恢复正常生产和生活秩序提供了法律保障。

劳动者健康权益的实现，需要明确相应义务主体责任的履行与承担，这包括明确用人单位配合诊断义务，细化或强调诊断与鉴定工作要求等规定。《职业病诊断与鉴定管理办法》（2021年）为了强调法律规定的用人单位应妥善安排职业病病人和疑似职业病病人进行诊治、承担诊断与鉴定费用，以及按照规定报告职业病和疑似职业病的法律义务，在法律责任章节增加重申了法律规定的相应法律责任内容，并细化明确"拒不提供职业病诊断、鉴定所需资料"的法律责任，明确用人单位在职业病诊断与鉴定中的举证行为责任。在第四十六条将原"鉴定结论应当经专家组三分之二以上成员通过"变更为"半数以上成员通过"，在技术层面上提高了鉴定的工作效率。特别是第二十条重申了《职业病防治法》"没有证据否定，应当诊断为职业病"的规定，并在第六十二条对"证据"进行定义，看似平淡，实则强调了推定归因诊断的逻辑思维，体现了保护劳动者健康权益的法律定位和价值取向。

根据上位法规定，《职业病诊断与鉴定管理办法》（2021年）对操作制度的具体设计作了调整。针对法律取消集体诊断规定，《职业病诊断与鉴定管理办法》（2021年）取消了原第二十九条"三名以上单数职业病诊断医师进行集体诊断"的医师人数规定。同时，为强调并保证诊断工作质量，在第三十条增加诊断机构对文书进行审核的工作要求。为加强内部质量管理，在第三十二条增加诊断机构自诊断结束之日起十五日内进行信息系统报告的规定，在第四十八条新增规定明确鉴定书送达原诊断或鉴定机构时限（十日），以及在诊断与鉴定或再鉴定结论不一致情况下，将向相关行政部门报告由"及时"变更为明确时限（十日），增加了实际工作的可操作性。

《职业病诊断与鉴定管理办法》（2021年）的另一特点是体现持续深化"放管服"改革，坚持放管结合，加强事中、事后监管的管理和立法思维。根据法律取消诊断机构资质审批的规定，《职业病诊断与鉴定管理办法》（2021年）第二章将诊断机构资质管理变更为备案管理，并在第六章"法律责任"中，根据《职业病防治法》或部门立法权限，增加机构违反备案管理规定（第五十四条和第五十五条第一点），以及要求诊断机构工作过程加强质量管理、配合监管等法律义务（第五十一条第四点、第五点），体现加强事后管理，对机构管理实现完整闭环管理的制度设计。实行机构备案管理，同时明确省级卫生健康主管部门根据工作需要，指定医疗卫生机构承担职业病诊断工作的规定（第十一条），也保证了职业病诊断服务的社会可及性。

此外，相对于原《诊断管理办法》，新规定用语规范、表述准确、逻辑清晰，体现了更高的立法质量。比如将原"职业病鉴定"依法变更为"职业病诊断鉴定"，避免与法律规定的法院"职业病鉴定"相混淆；将原"鉴定专家组"依法变更为"诊断鉴定委员会"，体现了法律概念表述的严肃性和规范性。在第二十八条删除了原第二十一条"与诊断有关的其他资料"的兜底条款，体现了法律规定的可操作性。在第四十条将原办法规定"由申请鉴定的当事人抽取专家"变更为"当事人抽取鉴定专家"，将原保护"被鉴定人的个人隐私"扩大到保护"当事人的个人隐私、商业秘密"；在第五十五条明确无效诊断的情形，既明确了诊断机构违法诊断的法律后果，也为无效诊断造成的社会纠纷提供了明确的判断依据，充分体现了《职业病诊断与鉴定管理办法》（2021年）保护合法权益、遵循合法性的立法原则。

若说遗憾，有两个方面。其一是对原第二十八条设置的"经卫生健康主管部门督促"的推论归因诊断前置条件予以保留未做修改。相关规定影响了诊断机构工作的独立性，也可能影响诊断工作效率。但诊断机构可以在接受登记诊断，要求用人单位补充材料的同时，提请当地卫生健康主管部门予以督促跟进，并要求其将相关监督文书抄送诊断机构予以破解。其二是对"新证据"未能进行明确规定。新证据是进行再诊断的必要依据，在实践当中也是较难把握的问题。

但瑕不掩瑜，《职业病诊断与鉴定管理办法》（2021年）在劳动健康权益保障、机构质量管理、用人单位责任落实、制度的可操作性规定等方面，已较前迈出了很大的步伐。"徒法不足以自行"，法律的生命在于实施，法律的权威也在于实施，期待责任部门加强对法律制度的宣传，让社会知法、懂法。期待社会各界切实依法履责，监管部门加强执法，确保令出必行。这样才能更好地推动诊断工作有效和高效运行，更好地实现劳动者健康权益保障，更好地发挥诊断制度应有的作用，凸显职防立法的社会意义。

## 第五节　程序的优化与现实的选择
### ——评《职业病诊断与鉴定管理办法》（2021年）在效率上的提升

"保护劳动者健康及其相关权益"是《职业病防治法》的立法目的，"科学、公正、及时、便捷"是职业病诊断工作的原则，而"及时、便捷"更为社会所直观感受，是职业病诊断工作的堵点、难点，更是《职业病防治法》与《职业病诊断与鉴定管理办法》的修订要点。

《职业病诊断与鉴定管理办法》历经两次修订，制度得到不断完善，诊断效率得到较大提高。两次修订，工作程序有了较大调整与优化，包括取消职业病诊断受理门槛、扩大劳动者就诊地域、简化就诊手续、明确或缩短诊断与鉴定时效。但受各种条件限制，现实中，诊断效率的提高仍有一定空间，一些根本性问题难以得到解决。笔者通过对《职业病诊断与鉴定管理办法》（2021年）诊断效率程序优化问题进行分析、总结，提出进一步完善制度的建议与对策。

### 一、职业病诊断效率的社会定位

正如《职业病诊断与鉴定管理办法》（2021年）第二条规定，"职业病诊断与鉴定工作应当……遵循科学、公正、及时、便捷的原则"。公正与效率是社会发展的基本价值目标，同样也是职业病诊断工作的永恒主题。

公正即公平、正义、公道，通过一套完善、合理、高效的工作机制，对社会关系进行保护和调整。在职业病诊断工作中，这表现为通过一套完善的制度，科学、客观地进行职业病诊断。

效率，也称为效益，是指从一个给定的投入量中获得最大的产出，即以最小的资源消耗取得同样多的效果，或以同样的资源消耗取得最大的效果。在职业病诊断工作中，不应只从诊断机构利益的角度考虑，即以最低的成本、更少的人手完成更多的工作；而应理解为，以尽可能短的时限，及时完成职业病诊断工作，避免久拖不决。

职业病诊断法律制度研究

表面上，公正与效率有时似乎是矛盾的对立面。职业病诊断工作中，追求客观、科学地进行职业病诊断，就必须收集完整的职业病诊断所需资料。但实践工作中，工作场所职业病危害因素检测资料、劳动者职业健康监护档案残缺不全是常态，甚至有些工作场所客观上历年未经危害检测，场所也无法复原。若为追求科学、客观，追求事实上的公正成唯一目的，势必经历多次现场调查，甚至调查无果。或者由于用人单位对法律的规避，消耗过多的医疗与社会资源不说，对劳动者而言，势必增加更多的时间成本，甚至因为材料不足，无法得出诊断结果。

若职业病诊断与鉴定耗时过长，劳动者疾病治疗与工伤赔偿便难以落实到位，健康权益得不到落实，社会纠纷得不到确实解决，社会关系也将长期处于不稳定状态。若这样追求科学、客观的公正，公正也可能无法实现。即便实现，也贻失良机，"迟来的正义非正义"。因而，包括职业病诊断在内的所有工作，公正是核心价值，效率则是公正的条件和保障。效率是公正的应有之义，这正如美国理查德·艾伦·波斯纳（Richard Allen Posner）所讲，"公正在法律中的第二种含义是效率"。

只有提高职业病诊断与鉴定工作效率，才能更好地保障劳动者权益，更好地实现《职业病防治法》立法价值追求，真正彰显法律公平正义精神。

## 二、《职业病诊断与鉴定管理办法》（2021年）对效率的追求

提高职业病诊断与鉴定工作效率是修订《职业病诊断与鉴定管理办法》的主要目的之一。新《职业病诊断与鉴定管理办法》除体现"放管服"精神，将职业病诊断机构资质管理修订为备案管理，规范"职业病诊断鉴定""职业病诊断鉴定委员会"等法律概念术语，并强化用人单位在保障、配合诊断的主体责任外，更为主要的是在提高职业病诊断效率上下功夫，这也是本次修订的一大特色。相应内容主要表现在四个方面。

## （一）明确规定缩短工作时效

原《职业病诊断与鉴定管理办法》对机构诊断环节工作未作出时限规定，因而缩短工作时限的修改体现在原作出时限规定的鉴定环节。在向原诊断机构或鉴定组织调阅资料方面，提交时限由原来的十五日缩短为十日（第四十四条第二款）；鉴定时限由原来的六十日内组织鉴定、形成鉴定结论，十五日内出具职业病鉴定书，修订为四十日内组织鉴定、形成鉴定结论、出具职业病诊断鉴定书（第四十四条第三款）；送达当事人的时限由原来的二十日内修订为十日内（第四十八条）。工作时限的缩短可直接提高鉴定的工作效率。

## （二）新增规定明确工作时限

新增工作时限规定是本次修订的亮点之一。在诊断环节，新增明确职业病诊断机构在材料齐全的情况下作出职业病诊断结论的时限为三十日（第二十条）。当然，这里的收齐材料应当理解为在程序上完成材料的收集，若有必要进行现场调查的则需要等调查工作完毕，而非追求客观意义上的诊断材料收集齐备。

新增明确"卫生健康主管部门应当在接到申请之日起三十日内完成现场调查"（第二十六条），进一步提高诊断效率。新增规定职业病诊断证明书自出具之日起十五日内送达劳动者、用人单位及用人单位所在地县级卫生健康主管部门（第三十条第五款）。增加诊断证明书送达的时限规定，既有利于行政部门及时掌握本地区的职业病诊断情况，又保证了用人单位和劳动者双方当事人享有异议与获得救济的权利，避免因送达延误，诊断文书长期处于效力待定状态。

在鉴定环节，新增规定资料不全的情形下告知当事人补充的具体时限（五个工作日，第四十四条）；针对医学检查问题，新增规定应当在三十日内完成（第四十五条）。鉴定时限的大幅缩减，不但提高了鉴定的工作效率，而且对职业病鉴定办事机构工作提出更严格、更规范的程序和管理要求。

### （三）优化工作模式提高工作效率

为进一步提高职业病鉴定效率，鉴定委员会通过鉴定结论的程序条件由"经鉴定委员会三分之二以上成员通过"修订为"经鉴定委员会半数以上成员通过"（第四十六条），使之更具可操作性，实质也是提高工作效率。

根据《职业病防治法》规定，《职业病诊断与鉴定管理办法》（2021年）对集体诊断的制度设计作了调整，取消了三名以上单数职业病诊断医师进行集体诊断的规定，这在实质上为诊断效率的提高提供了制度基础。但科学客观与及时效率也是矛盾的一体两面，为了加强质量管理，《职业病诊断与鉴定管理办法》（2021年）规定诊断机构应当对职业病诊断证明书进行审核，确认诊断依据与结论符合法律法规和标准要求（第三十条第二款）。

### （四）强调理念提高工作效率

《职业病诊断与鉴定管理办法》（2021年）重申《职业病防治法》中"没有证据否定职业病危害因素与病人临床表现之间的必然联系的，应当诊断为职业病"的规定（第二十条），强调职业病归因诊断适用推定因果关系，实行举证责任倒置的逻辑思维。这也是职业病诊断的关键性规则，相关规则的适用说明，职业病诊断所依据的和其结论只能是法律事实而非客观事实，这也为诊断材料缺乏时及时作出诊断提供了法律依据。

## 三、现实的制约与选择

《职业病诊断与鉴定管理办法》（2021年）在原有基础上，加强对诊断机构与鉴定组织工作的规范管理，通过系统缩短时效或明确时限，提高工作效率，避免诊断与鉴定工作久拖不决，这比之前效率有了较大的提高。但限于部门职能或上位法的规定制约，诊断工作效率依然未能在质上有较大的突破，工作难点问题依然难以触及。

## （一）劳动关系确认难，抬高诊断门槛

受部门职能限制，卫生部门包括诊断机构与卫生监督部门，均无权限对用人单位与劳动者劳动用工关系争议进行判定。一些用人单位利用法律规则，消极对待职业病诊断，不回应诊断机构要求确认劳动关系的诉求，导致劳动者不得不采用劳动人事仲裁方式，甚至进入耗时更长的诉讼程序以解决劳动用工关系问题。无法确认用人（用工）单位，便无法确认劳动者职业史与职业病危害接触史；劳动者的"用人单位的劳动者"身份无法确认，适用法律的基本法律关系不存在，就无法适用《职业病防治法》的诊断制度进行职业病诊断，在实质上抬高了劳动者进行职业病诊断的门槛，最终降低了职业病诊断的工作效率，影响了劳动者职业健康与相关权益的及时保护。

## （二）行政现场调查虚设，诊断环节繁杂

卫生健康主管部门在作出调查结论或者判定前应当中止职业病诊断，这也是与工作效率相关的一项重要环节。诊断与鉴定过程均规定有行政调查环节，包括劳动者对用人单位提供的检测结果有异议的，或因解散、破产，无用人单位提供资料的，应当提请卫生健康主管部门进行调查的强行性规则（第二十五条）；诊断机构需要了解工作场所职业病危害因素情况时，可以对工作场所进行现场调查，也可以依法提请卫生健康主管部门组织现场调查（第二十六条）；需要了解被鉴定人的工作场所职业病危害因素情况时，职业病鉴定办事机构可以根据鉴定委员会的意见组织对工作场所进行现场调查，或者依法提请卫生健康主管部门组织现场调查（第四十五条第三款）的任意性规则。

第二十五条规定有其特定历史背景，本质是卫生与安监部门职能分工的产物。在诊断与鉴定过程中，行政部门的调查并无实质意义。理论上，行政部门并非技术部门本身，调查需要委托技术机构进行。在程序上，诊断机构调查并不存在履行不能或存在障碍情形。因为在诊断与鉴定材料收集过程中，行政部门能推动的仅是举证的行为责任，而举证责任倒置制度的存在，让举证的后果责任发挥意义，也让用人单位有了配

职业病诊断法律制度研究

合举证与现场调查的动机。否则，没有证据否定劳动者健康损伤与工作场所之间因果关系的，应当诊断为职业病，用人单位也将承担举证不力的责任后果。

（三）诊断前置程序多，制约诊断效率

《职业病诊断与鉴定管理办法》（2021 年）第二十八条规定，"经卫生健康主管部门督促，用人单位仍不提供……或提供资料不全的，职业病诊断机构应当结合……作出职业病诊断结论"。相关规定增加了诊断机构适用《职业病防治法》（2018 年）"没有证据否定职业病危害因素与病人临床表现之间的必然联系的，应当诊断为职业病"（第四十六条第二款）灵魂规则的前置条件。在实际工作中，按此规则，职业病诊断机构多数的诊断工作若无卫生健康主管部门的监督管理配合，将不能顺利开展，这既影响了诊断机构工作的独立性，也增加了基层卫生健康主管部门的负担。将行政与技术捆绑，增加了工作程序，耗费了工作时间，与职业病诊断"及时、便民"的原则和提高职业病诊断效率的改革方向相违背，实质上也给法律价值的实现设置了障碍。

## 四、制度的发展完善

党的第十九届中央委员会第四次全体会议提出，"不断提高立法质量和效率"。提高立法质量是立法活动的永恒主题。随着法治国家、法治政府和法治社会的一体推进，我国立法方向逐渐从宏观走向微观，立法方式从抽象原则走向具体设计，立法内容从事前审批向加强事中、事后管理转变，顶层制度设计直接考虑各方法律主体精细化和个性化的需求。法律法规的制定、修订属于时代产物，受现实综合因素制约，也是综合全部条件之后的必然选择。《职业病诊断与鉴定管理办法》的修订同样不能例外，现行规则的修订选择，受制于部门职责分工，受制于上位法制约，同时也受到法律与认识水平的影响。而解决存在的问题，需要提高立法水平，提高社会公正效率，提高社会法治水平。

## （一）提高认识，推动诊断机构独立开展工作

"应当提请卫生健康主管部门进行职业病诊断现场调查"的制度设计，既是特定的时代产物，也是对举证后果责任不能准确把握所致。此外，一方面，从现有的行政人力资源配置看，行政机关尚不具备参与职业病诊断现场调查的时间和精力；另一方面，在技术上，行政部门在调查阶段也只能起到督促、协助作用，难以有效地主导调查工作。因此，现有"应当提请"调查的模式因环节繁多、能力不适而易造成效率低下。但由于相关规定出自《职业病防治法》，破解这一难题，还需要从提高认识、修改法律相关规定入手。而提请异地行政部门组织现场调查有一定现实意义，可以考虑优化规定。

新《职业病诊断与鉴定管理办法》（2021年）第二十八条增加行政部门督促前置规定，则仅是部门立法问题。2013年修订办法时，增设相关规则似乎不能理解举证的行为责任与后果，不能准确理解法律规定的后果，结果增添无必要程序，影响诊断与鉴定工作效率。遗憾本次《职业病诊断与鉴定管理办法》修订未能予以纠正，建议今后在《职业病诊断与鉴定管理办法》修订时，按照上位法《职业病防治法》规定执行，删除第二十八条中的"经卫生健康主管部门督促"。

## （二）赋予部门职能，降低职业病诊断实质门槛

对于相关问题，笔者在《修改〈职业病防治法〉的基本遵循》中也有谈到。由于部门职能分工，卫生部门包括诊断机构与卫生监督部门，均无权限对用人单位与劳动者劳动用工关系争议进行判定。一些用人单位利用法律规则，消极对待职业病诊断，不回应诊断机构要求确认劳动关系的诉求，导致劳动者不得不采用劳动人事仲裁方式，甚至进入耗时更长的诉讼程序以解决劳动用工关系问题，最终降低职业病诊断的工作效率，影响劳动者职业健康与相关权益的及时保护。而在一些纠纷案例中，有些劳动者已持有证据优势明显的劳动关系证明材料，包括用人单位自认（曾出具可体现劳动用工关系的证明）、劳动合同等，但因诊断机构不具备确认劳动关系的职能，影响了劳动者健康权益保护的

效率。

要解决部分问题，可在《职业病防治法》修订时授予职业病诊断机构在诊断工作中对劳动者持有证据优势明显的劳动关系证明材料时予以初步确定劳动关系的职能。规定用人单位对诊断机构初步确定的劳动关系有异议的，可在诊断与鉴定过程或诊断与鉴定工作结束后十五日提请劳动人事仲裁。在诊断与鉴定过程中，劳动人事仲裁和诉讼不影响诊断与鉴定工作的进行。仲裁裁决或诉讼判断可能影响原诊断与鉴定结论的，当事人可以向原诊断机构提请再次进行职业病诊断。

诚然，现行规则依然存在一定的问题，但新《职业病诊断与鉴定管理办法》在劳动者健康权益保障、机构质量管理、用人单位责任落实、制度的可操作性，特别是工作效率提高等方面，已较前迈出了很大的步伐。法的生命在于实施，法的权威也在于实施。我们期待法制的进一步完善，同样更期待法律制度的准确施行。"徒法不足以自行"，期待社会各界特别是专业人员，准确学法、知法、用法、守法，不断完善立法，积极推动职业病诊断与鉴定工作的有效和高效运行，更好地发挥制度应有的作用，最大效率地实现劳动者健康权益保障，凸显职业病防治立法的社会意义，更好地推进健康中国建设。

## 第六节 漫谈《职业病防治法》修法

同一部法律七年四次修正，《职业病防治法》的不时修订或在年底修订已成惯例。法律的属性之一是稳定性，修法修出了法的灵活性和及时性。

### 一、职业病诊断机构

与七年前相较，本次修改内容较少，基本可概括为：取消职业病诊断机构须经省级卫生行政批准的规定，并根据机构改革部门职能调整对法律作出相应的修改。

修正后的《职业病防治法》规定，职业病诊断由取得医疗机构执业许可证的医疗卫生机构承担。是否真的只要取得医疗机构执业许可证，任一医疗卫生机构就可以承担职业病诊断工作？笔者认为未必。

《医疗机构管理条例》（2016 年）第二十七条（2022 年修订后为第二十六条）规定，"医疗机构必须按照核准登记的诊疗科目开展诊疗活动"。据此，修法只是取消了诊断机构的特殊许可、额外规定。现在额外规定取消了，但原来的规定还在。

《医疗机构管理条例》（2016 年）第三十五条（2022 年修订后为第三十四条）规定，"医疗机构对传染病、精神病、职业病等患者的特殊诊治和处理，应当按照国家有关法律、法规的规定办理"，现在不就是国家法律的规定取消了吗？这是法律规则一般性和特殊性的关系，特殊优于一般。《医疗机构管理条例》给特殊规定留出了空间，有特殊规定的，按特殊规定处理；没有特殊规定的，按一般规定办理。正如《职业病防治法》（2018 年）第十九条规定，"国家对从事放射性、高毒、高危粉尘等作业实行特殊管理。具体管理办法由国务院制定"，倘若取消了《使用有毒物品作业场所劳动保护条例》《尘肺病防治条例》等相关法规，对这些危害的管理依据还得依照《职业病防治法》的一般规定进行。

这次修法的内容，除取消诊断机构的特殊许可外，有关职业病的特殊诊治和处理，法律修改案根本就没有谈及。也就是说，相关工作依然是，"职业病诊断证明书应当由参与诊断的取得职业病诊断资格的执业医师签署，并经承担职业病诊断的医疗卫生机构审核盖章"；也就是说，职业病诊断还是归因诊断，而不是临床诊断。至少当前是这样。

修法前后会有不同，也会有相同。不同的是机构的资质管理。原法律规定，职业病诊断机构由省级卫生行政部门审批；修改后则得根据国家卫生健康委新制定的具体管理办法来执行。但无论如何规定，取消额外的许可是大势所趋、大局所定。

相同的是，实施的社会效果不会有太大的变化。相信新规章不会规定只要是取得医疗机构执业许可证便可进行职业病诊断，而无论其核准登记的诊疗科目仅是精神科还是妇女保健。即便新规定作出如此规定，医疗卫生机构也无进入的动力。

## 二、取消职业病诊断机构许可的意义

法律的制定修改有其历史背景与时代特征，具体做法也包含话语方的具体考量、价值判断，或者体现其能力水平。有时，冠冕堂皇之下还可能夹杂着个别小团体的私利选择。改革就是利益的再分配，法律就是所代表利益的载体和行动的宣言书。

降低门槛、激化市场活力是当前的主旋律，落实到立法修法，就要与立法的初心和目的相结合。《职业病防治法》的首要目的，就是要保护劳动者的健康及其相关权益。具体操作，那就要看能否为更好地保护劳动者职业健康及相关权益提供便利。这也是最实在的操作标准和判断标准。

审批是束缚，但利润才是动力；没有动力，就是死水一潭。职业病诊断可以说只有付出，没有利润或者说利润低，"麻烦"却很实在。对医院来说，利润源于检查治疗，但职业病门诊可能连诊金都不收取（有些地方已取消职业病诊断费），治疗时间长，用药有限制，特别是纠纷难处理，一般医院耗不起。

修法是很有意义的。虽说取消省级行政许能激发多少市场活力还待放眼将来，但估计也不会有其他负面影响。至少在降低门槛激发市场活力的行动上，这也算是为时代作出的一个附加贡献。

## 三、职业病诊断的核心规则

从修法的趋势看，先是淡化集体诊断，再淡化机构的特殊性。以后是否还会继续淡化职业病诊断的归因特征和职业病的社会性，不得而知。当其成为一种趋势，归因特征与深层社会属性能坚守多久，也不得而知。

职业病临床诊断与归因诊断的优缺点，前文内容已有讨论，这里不再赘述。只是，职业病诊断是《职业病防治法》的根基，包括"没有证据否定职业病危害因素与病人临床表现之间的必然联系的，应当诊断为职业病"已成为该法的"灵魂"。职业病诊断不考量社会性，修订只能称之为重立。

我们的目标、我们的初心相信是一致的。只是在将来前进的路上，我们还要警惕，有时相似的法律其实并不相同，相似的法律未必就有相同的效果，相似的法律未必出自相同的动机。法律的制定与修改，应综合考量历史沿革，还应综合考虑与具体的社会背景和社会情形相结合。

## 第七节　修改《职业病防治法》的基本遵循原则

《职业病防治法》已经颁布施行 20 余年。其间，该法经历 4 次修改，但修正内容均局限于行政部门职能调整，以及根据"放管服"顶层设计，取消职业健康检查机构与职业病诊断机构审批、建设项目行政审批等。20 余年过去了，社会经济已有更深层次的发展，如何抓住机遇，使其成为加速健康中国建设，成为缩减社会差距、提供社会保障的治国良法，这是需要考虑的问题。

修法意义重大：不仅关系劳动者职业健康与相关权益保护，而且关系劳动者不致因病返贫，事关脱贫与社会和谐发展；不仅关系用人单位的合法经营，而且关系经济主体之间平等对待，为用人单位发展提供公平的良好竞争环境；不仅关系管理相对人工作的合法规范，而且关系行政部门监管行为的合法性与正当性，关系法治政府和服务型政府建设，关系国家治理体系和治理能力现代化建设。因此，有必要做好顶层设计，明确修法的基本遵循和指导思想。笔者认为，站在两个百年历史交汇点，修法需要遵循五个方面的原则。

### 一、着力回应新形势下人民群众对健康的高层次要求，增加预防性职业病目录，并规定用人单位的相应义务

与国际劳工组织、国际先进发达国家相比，我国现行职业病目录分类名单保障范围偏窄，主要局限于病因明确、直接造成器质性病变的传统职业病危害。随着社会经济快速发展，社会生产方式以及与此相关的疾病谱在不断发生变化；即便排除生产方式变化，百姓对健康也不断提出新的合理需求。因此，扩大职业病目录名单，直接回应社会需求，势在必行。

但无论是从技术，还是从社会经济基础、工伤保险基金赔付能力方面考虑，扩大职业病目录名单的步子迈得太大并不现实，因而，增加设定预防性职业病目录制度可以作为一项考虑条款。现行职业病目录名单既是预防性目录名单，也是赔偿性目录名单，用人单位不但需要有针对

性地做好预防工作,也要对损害后果承担无过错责任赔偿。增加设定预防性职业病目录,其法律定位不作为劳动者工伤赔偿依据,但可作为用人单位落实相关防护责任目标要求。这既体现新时期职业病防治的工作特点,把防治对象从职业病逐步转向职业健康;又保持工作连贯性,在实质上扩大职业健康保障范围,为下一步扩大职业病赔偿目录名单奠定坚实基础。

当然,预防性目录同样有考究,既然目录名单用于指导、监督用人单位采取相应的防护措施,以避免或减少相关疾病的发生,那么,首先,目录名单中列入的疾病预防措施要有科学性、针对性和可操作性,这样才能利于监督执行;其次,目录要有必要性,即有一定的人群发病率。这样才能与社会期待、与社会经济发展状况、与用人单位可承受范围相适应。

## 二、着力回应解决法律施行过程中存在的主要问题,进一步设计优化职业病诊断制度流程

近些年,《职业病防治法》修改目标也关注职业病诊断制度,扩大了劳动者诊断地域,消除了诊断门槛,简化了手续。但受部门职能限制,卫生部门包括诊断机构与卫生监督部门无权对用人单位与劳动者劳动用工关系争议进行判定。一些用人单位利用法律规则,消极对待职业病诊断,不回应诊断机构要求确认劳动关系的诉求,导致劳动者不得不采用劳动人事仲裁方式,甚至进入耗时更长的诉讼程序,以解决劳动用工关系问题,最终降低职业病诊断工作效率,影响劳动者职业健康与相关权益的及时保护。

无法确认用人(用工)单位,也便无法确认劳动者职业史与职业病危害接触史;劳动者"用人单位的劳动者"身份无法确认,适用法律的基本法律关系不存在,也即无法适用《职业病防治法》诊断制度进行职业病诊断。在实践中,涉及劳动关系争议的职业病诊断案例约占提请诊断总量的10%,最终因劳动关系问题未能解决(或当事人在争议过程中协议解决)而无法进行诊断的占1%~2%。而在这些纠纷案例中,有些劳动者已持有证据优势明显的劳动关系证明材料,包括用人单位自认(曾出具可体现劳动用工关系的证明)、劳动合同等,但因诊

断机构不具备确认劳动关系的职能,影响了劳动者健康权益保护的效率。

要解决部分问题,可授予职业病诊断机构在诊断工作中对劳动者持有证据优势明显的劳动关系证明材料时予以初步确定劳动关系的职能。规定用人单位对诊断机构初步确定的劳动关系有异议的,可在诊断与鉴定过程或诊断与鉴定工作结束后十五日内提请劳动人事仲裁。诊断与鉴定过程中,劳动人事仲裁和诉讼不影响诊断与鉴定工作进行。仲裁裁决或诉讼判断可能影响原诊断与鉴定结论的,当事人可以向原诊断机构提请再次进行职业病诊断。

## 三、着力体现《职业病防治法》社会法部门的价值功能,加大职业病病人健康权益保障力度

明确疑似职业病病人保障的范围与责任主体、保障的起止时间。社会法的目的在于保障劳动者、丧失劳动能力的人和其他需要扶助的人的权益保障,并采取有效措施为相关主体权益提供必要的、确实的法律保障。当前相关问题在于疑似职业病病人在疑似期间待遇落实问题、职业病病人赔偿主体确认问题。

《工伤保险条例》(2010年)第三十条规定,"治疗工伤所需费用符合工伤保险诊疗项目目录、工伤保险药品目录、工伤保险住院服务标准的,从工伤保险基金支付","职工住院治疗工伤的伙食补助费,以及经医疗机构出具证明,报经办机构同意,工伤职工到统筹地区以外就医所需的交通、食宿费用从工伤保险基金支付",即只要属于工伤,上列费用均由工伤基金支付。但《职业病防治法》(2018年)第五十五条第三款却规定,"诊断医学观察期间的费用由用人单位承担"。如若该劳动者最终诊断为职业病,医学观察包括期间治疗的费用实质上属于工伤医疗处理。据此,相关费用由工伤基金承担更为合理,可免除劳动者后顾之忧。在具体保障期间,可从劳动者确认为疑似职业病时计。此外,由于"疑似职业病"对劳动者、对用人单位的权益影响较大,建议尽快制定出台疑似职业病确认标准。

进一步明确职业病病人的责任用人单位。《职业病防治法》(2001年)第五十三条规定,职业病病人"其医疗和生活保障由最后的用人

单位承担；最后的用人单位有证据证明该职业病是先前用人单位的职业病危害造成的，由先前的用人单位承担"。该规定虽存在一定的不合理性，但具有可操作性。而现行《职业病防治法》（2018 年）第五十九条规定，"其医疗和生活保障由该用人单位承担"，从实体上，诊断机构能准确明确用人单位的，具有实体正义。但由于法条意思表述不明确，在实践中诊断医师受其法律掌握能力与水平所限，该规定并不具可操作性，在实际操作中，更是把既往用人单位之间的诉讼转移至现在的劳动者与用人单位的诉讼，增加了劳动者的诉累。

### 四、着力处理法制统一关系，使法律部门之间协调一致，相辅相成，以保持法律体系内部和谐统一

把工作场所"现状评价"写进法律。现行《职业病防治法》（2018 年）与"现状评价"相接近的法律规定见第二十六条第二款"定期对工作场所进行职业病危害因素检测、评价"。但这里的"评价"与"现状评价"并非同一法律概念或专业概念，这两者依据的基础材料不同（"现状评价"至少需要职业健康检查材料），工作对象与工作内容不同。在实践中，实施"现状评价"有其必要性，但现行规则缺乏法律依据，根据《立法法》（2015 年）第八十条第二款规定，"部门规章不得设定减损公民、法人和其他组织权利或者增加其义务的规范"，建议修法时增加相应的法律规定。

对个别与科学原理相左、与标准科学规定相违背的条款进行了修改，以避免歧义，增强了可操作性。举例说明，如《职业病防治法》（2018 年）第三十五条第二款离岗体检要求，"对未进行离岗前职业健康检查的劳动者不得解除或者终止与其订立的劳动合同"。但在《职业健康监护技术规范》（GBZ 188）中，以"5.37 一氧化碳"和"5.38 硫化氢"为例，仅见其规定有上岗前、在岗期间和应急健康检查，而对离岗体检未做任何表述。执法者若机械执行法律规定，则职业健康检查机构将因相应毒物无离岗职业健康检查标准，无法进行职业健康检查，出现用人单位无法履行法律义务而受处罚的情形。

修订个别逻辑错误条款。例如《职业病防治法》（2018 年）第六十一条规定，"用人单位已经不存在或者无法确认劳动关系的职业病病

人，可以向地方人民政府医疗保障、民政部门申请医疗救助和生活等方面的救助"，该条款至少存在两个问题。

其一，降低了职业病病人的保障待遇。人社部2017年《劳动人事争议仲裁办案规则》第六条规定，"发生争议的用人单位未办理营业执照、被吊销营业执照、营业执照到期继续经营、被责令关闭、被撤销以及用人单位解散、歇业，不能承担相关责任的，应当将用人单位和其出资人、开办单位或者主管部门作为共同当事人"。由此可见，"用人单位已经不存在"的情形，在劳动关系确认方面并不存在法律障碍。用人单位已经不存在的，同样可以进行劳动仲裁，确定劳动关系，进而进行职业病诊断。《社会保险法》（2018年）第四十一条规定，"职工所在用人单位未依法缴纳工伤保险费，发生工伤事故的，由用人单位支付工伤保险待遇。用人单位不支付的，从工伤保险基金中先行支付"，只要用好《社会保险法》，即便用人单位不存在（属客观不支付情形），同样可以由工伤保险基金支付，而工伤保险待遇远高于医疗保障和民政部门的医疗与生活方面的救助。

其二，无法确认劳动关系，因其不存在接触职业病危害的法律事实，更不属于法律意义上的"用人单位的劳动者"，不属于《职业病防治法》调整范围，也就不可能诊断为职业病。"无法确定劳动关系的职业病病人"的表述本身在逻辑上有问题。

## 五、着力研究发挥市场主体作用问题，有效利用市场主体在技术服务中的补充作用

市场机制是由市场双方（买方和卖方）共同决定产品的价格和质量的一种机制。如同我们购买衣服，价格便宜、质量上乘总是我们追求的目标，买方的正当要求能推动卖方以降低成本、提高产品质量为目标，推动市场良性发展。而一旦市场出现道德滑坡或者逆向选择，市场机制就不可能发挥作用。职业卫生技术服务市场就存在这样的天然缺陷，部分用人单位希望获得价格便宜，结果可用于应付监管部门（而非真实）的检测报告。在实践中，一些市场机构造假也常有发生。回避市场失灵，充分利用市场补充力量，也是一个重要的研究课题。

《职业病防治法》的修正必须立足于维护劳动者的健康权益，跳出

职业病诊断法律制度研究

原有"病"的限制,让每一个劳动者在实施健康中国战略的时期,对健康能有更充分的保障。法律的修改,要有国情意识,既要认真研究和吸收借鉴国外先进经验,也要考虑国内实际,正确处理好法律规定超前、滞后和同步的关系,考虑与社会经济协同发展的关系,并按照客观规律要求,正确合理设定主体权利与义务、职权与职责,尽量做到宽严适度,这样法律才能更具可行性、可操作性和生命力。

## 第八节 科学修订《职业病防治法》的技术路径

立法的意义显而易见,"法者,治之端也"[①],"疏法胜于密心,宽令胜于严主"[②]。职业病防治工作也不例外,自2001年《职业病防治法》颁布以来,我国职业病防治工作纳入了法制轨道,相关工作得到了进一步的规范与发展。

高质量的立法与修法更是一项关乎社会长治久安的重要政治活动,"法分明,则贤不得夺不肖,强不得侵弱,众不得暴寡"[③],十八届四中全会通过的《中共中央关于全面推进依法治国若干重大问题的决定》明确指出,"法律是治国之重器,良法是善治之前提"。依靠良法,包括对嗣后良法的不断完善发展,社会才可能得以长足发展和高质量发展。

但良法的出台,需要有高水准和科学合理的立法与修法技术;反过来,立法与修法技术科学合理与否,直接影响法律良善与否,关乎社会是否得以善治。科学的立法和修法自有其专业特殊的逻辑规则,但在实践工作中,部分人员易把立法与修法的思维逻辑与一般生活逻辑相混淆。特别是在专业领域,法律的立法与修订方面,更容易受专业影响,受个人工作习惯与局部利益的影响,盲目自信或过于理想化,良法出台也就成了空谈。

结合当前社会对修订《职业病防治法》认识、理解与期待的一些观点,笔者从科学修法的视角进行探讨和分析,对科学修订《职业病

---

① 出自《荀子·君道》。
② 出自吕坤《呻吟语·治道》。
③ 出自《韩非子·守道》。

防治法》提出以下技术路径。

## 一、要正确处理与改革发展稳定的关系

"当时而立法，因事而制礼。"① 科学修法首先应从实际出发，立足基本国情，既不因循守旧，墨守成规，也不罔顾国情，超越现阶段实际。马克思认为，立法者"在任何时候都不得不服从经济条件，并且从来不能向经济条件发号施令。无论政治的立法或市民的立法，都只是表明和记载经济关系的要求而已"②。

"因事而制礼"，法律需要及时调整，要主动与社会发展相适应。党的十八届三中全会公报提出，"坚持正确处理改革、发展、稳定关系"。习近平总书记在党的十九大报告中指出，"经过长期努力，中国特色社会主义进入了新时代，这是我国发展新的历史方位"③。报告强调指出，"我国社会主要矛盾已经转化为人民日益增长的美好生活需要和不平衡不充分的发展之间的矛盾。全面深化改革，解决社会发展中面临的一系列突出矛盾和挑战问题，是当前的重要任务"④，这也是时代赋予法律的使命，要求应当正确地处理好法律与改革发展的关系，要求法律不断完善，并与社会的需求相适应。可见，在法律的修订完善过程中，妥善处理好改革、发展、稳定的关系，是一项重要的立法策略与途径，更是一条检验法律成功与否的金标准。

《职业病防治法》的前几次修订，持续体现深化"放管服"改革，坚持放管结合，加强事中事后监管的管理和立法思维。但在加强职业病防治技术支撑机构的建设，有效地发挥其作用等方面，并未得到应有的重视和体现。

"只有构建起强大的公共卫生体系，健全预警响应机制，全面提升防控和救治能力，织密防护网、筑牢筑实隔离墙，才能切实为维护人民

---

① 出自《商君书·更法》。
② 马克思：《哲学的贫困》，人民出版社1962年版，第64–65页。
③ 新华社：《习近平指出，中国特色社会主义进入新时代是我国发展新的历史方位》，见中国政府网（http://www.gov.cn/zhuanti/2017–10/18/content_5232625.htm）。
④ 新华社：《习近平指出，中国特色社会主义进入新时代是我国发展新的历史方位》，见中国政府网（http://www.gov.cn/zhuanti/2017–10/18/content_5232625.htm）。

健康提供有力保障"①。职业病防治是公共卫生体系的重要组成部分,卫生健康行政部门"开展重点职业病监测和专项调查,对职业健康风险进行评估"已作为一项法律制度在《职业病防治法》中予以明确规定,但法律对于技术支撑机构的职能、建设、保障实施等方面的规定则远远落后于现行的《传染病防治法》,影响政府职业病防治职责的有效履行。《传染病防治法》(2013年)对类似问题的规定可作借鉴参考,"各级疾病预防控制机构承担传染病监测、预测、流行病学调查、疫情报告以及其他预防、控制工作"(第七条),"各级疾病预防控制机构在传染病预防控制中履行下列职责"(第十八条)。建议《职业病防治法》增加相关规定,明确职业病防治技术支撑机构的职责定位,以推动职业病防治技术能力建设,构建起职业健康预防、危害预警和应急救援处理技术体系,协助政府主管部门切实履职,更好地保障劳动者职业健康。

2020年6月2日,习近平总书记在专家学者座谈会上的讲话指出,"强调预防为主,加强公共卫生防疫和重大传染病防控,稳步发展公共卫生服务体系"②。职业病可防不可治,但在加大预防力度方面,职业健康工作依然任重道远。《职业病防治法》建立了"坚持预防为主、防治结合"的工作方针,但实施过程仍显"重职业病诊断治疗和赔偿,轻为劳动者提供便捷可及的基本职业卫生服务(basic occupational health service)和健康教育促进"。我国早在2006年就启动了基本职业卫生服务试点项目,包括广东新会、宝安在内的试点单位积累了丰富的宝贵经验。但由于上述经验并未上升为国家法律规定,在后续工作过程中,也就难以得到持续推广和加强,工作力度有所反复。

《"健康中国2030"规划纲要》中提出,"推进健康中国建设""把健康融入所有政策,加快转变健康领域发展方式,全方位、全周期维护和保障人民健康"。相对于"全方位、全周期维护和保障人民健康"目标,《职业病防治法》略显"重工业企业等第二产业,轻农业事业单位和政府部门等第一和第三产业",未能较好完成向职业健康方向的转

---

① 习近平:《构建起强大的公共卫生体系 为维护人民健康提供有力保障》,见中国政府网(http://www.gov.cn/xinwen/2020-09/15/content_5543609.htm)。
② 习近平:《构建起强大的公共卫生体系 为维护人民健康提供有力保障》,见中国政府网(http://www.gov.cn/xinwen/2020-09/15/content_5543609.htm)。

变。在修法的同时,扩大职业病目录名单,或者在新修法时设立职业病预防目录名单是可行的技术路径。

## 二、要正确处理与法律体系的关系

《职业病防治法》归属社会法部门,是一部专业法,也具有行政法的特征。作为法律,有其专有的显著特征。比如,《职业病防治法》是对职业病防治专门问题进行特别规定的单行法律,但不是法典;由于其涉及范围与其他相当数量的法律存在一定交叉内容,也不可能将《职业病防治法》法典化。反过来说,《职业病防治法》的修订,要把握其在整个法律体系中所处地位,根据已有法律内部之间的效力关系,使其与其他各种法律部门、法律尽可能相互协调、相辅相成,使其在法律体系内部中与其他法律前后一致、上下贯通,整体和部分配套协调。除职业病领域的特定问题,以及拟进行特殊规定的内容以外,多回避其他法律已作出的规定,使法律与法律之间尽量不做无必要的重复,最大限度减少法律之间的矛盾,保持法律体系内部的和谐一致,以实现法制的统一。

个别执法人员期待把法律修订成一定程度的相关制度汇编,便于查阅、适用法律规范,这是不可取的。如有专家认为《职业病防治法》赋予有关部门监督管理职责,但在监督管理章节中没有明确监督检查权,法律责任章节中没有明确行政处罚权,缺乏前后对应的法律逻辑。这并无必要。除专业范畴内直接相关的职业卫生监督管理权外,其他实体性监督管理权限可见于劳动、工伤、工商行政管理,程序性问题可见于行政处罚法以及其他行政部门相关的法律法规。各部门只要依法行政,就不存在监管真空问题。例如在体系中监管内容存在空白,可以在相应部门或专业法中予以相应补充,而不是在《职业病防治法》中对此进行规定。否则,既不能发挥特殊法的作用,也容易增加法律之间的矛盾冲突。

但是,对于一些不利于合理保障劳动者健康权益的其他法律规定,则可以在修法时对其作出特殊规定。比如,《中华人民共和国劳动争议调解仲裁法》(2007年)第二条第一点把"确认劳动关系发生的争议"作为劳动争议内容,同时在第二十七条规定"劳动争议申请仲裁的时

职业病诊断法律制度研究

效期间为一年",这就限制了劳动者在职业病诊断与鉴定过程中对劳动争议问题的合理诉求。与请求权不同,确认之诉一般情况下本来就不应适用诉讼时效。为合理保障劳动者健康权益,提高劳动关系争议的处理效率,修法可考虑进行特殊规定,明确与职业病诊断相关的劳动关系,确认不受《劳动争议调解仲裁法》限制。

## 三、要正确处理立法与法律施行的关系

"天下之事,不难于立法,而难于法之必行。"① 法律得不到有效实施,立法修法也就失去了意义。所以,科学立法与修法,就须重视法的可执行性。这里对较为常见的两个问题进行分析。

一是要在法律的合理精细化问题上下功夫。邓小平在《解放思想,实事求是,团结一致向前看》中讲到,"现在立法的工作量很大,人力很不够,因此法律条文开始可以粗一点,逐步完善"。这种"法律宜粗不宜细"的立法思维是与当时立法技术水平、对社会现状把握不准、大量法律制度空白、立法准备不足等社会现实相适应的。但随着社会变革的不断深入,社会生活关系发生了前所未有的变化,社会对立法提出向具体化、精细化方向发展的要求。张德江在常委会工作报告中提出,"要科学严密地设计法律规范,能具体就尽量具体,能明确就尽量明确,努力使制定和修改的法律立得住、行得通、切实管用"②。这是立法策略的一个重大转变,符合立法活动的基本规律。《职业病防治法》的修订同样需要遵循这一策略。对于全国性问题、全局性问题,规定做到尽量具体细化;对于地方性局部性问题,应给地方留有一定的发挥空间。职业健康问题,哪些是全局性、全国性问题,哪些是局部性问题,在修法时需要加以认真思考,职业病诊断标准、工作场所标准并不适宜认作地方规定;反而,对于技术服务问题,地方可以高于国家标准,提出更高的管理要求。

二是要综合考虑法律实施的成本与效益关系。这也是法律经济学问

---

① 出自〔明〕张居正《请稽查章奏随事考成以修完政疏》。
② 新华社:《张德江:过去一年积极推进科学立法、民主立法》,见人民网(http://politics.people.com.cn/n/2014/0310/c70731-24581785.html)。

题，法律的执行，需要考虑付出的成本与收益问题。一般情况下，成本的付出是确定的，但收益则可能存在概率问题。对收益大小及概率与成本付出进行综合考量，就是法律的价值问题。付出的成本越低，收到的效益越高，这样的立法就越经济，也只有这样，立法才更有价值。

这里要考虑的问题，一是执法成本问题，二是守法成本问题。口号式、倡导式、过度干预的规定只能增加执法的成本。而在另一种程度上，执法成本也与守法成本相关联。法律不强人所难，普遍难以执行的规定同样会增加执法难度。比如《使用有毒物品作业场所劳动保护条例》（2002年）第二十六条第二款规定，"从事使用高毒物品作业的用人单位应当至少每一个月对高毒作业场所进行一次职业中毒危害因素检测"，即便不考虑成本投入，社会也缺乏并无法提供相应的技术服务能力，这种遍地违法现状必然增加执法难度，破坏法律的严肃性。

此外，科学立法修法，在考虑法律的可行性问题上，还应考虑执法主体、执法环境、守法者社会现状等问题，科学合理地规定权利和义务，包括职权与职责。《韩非子·内储说上·重轻罪》中有这么一段话，在楚国南部的丽水，政府为了禁止民间采金，颁布了最残酷的分尸刑罚。虽被抓到的偷采之人很多，但偷采之风仍然没有被止住。韩非子对此的评论是：因为偷采之人并不见得都会被抓到。真正的天网恢恢疏而不漏，法律才能发挥最大效果。这就需要在这几方面着力了。事实上，检验立法是否科学的实质标准，是立法是否科学合理地规定了权利与义务、权力与责任。合理设置权利与责任才有助于法律的普遍执行。

科学立法修法，当然不能完全等同并理解为法律内容的科学化，否则法律与科学也就不存在区别，并非全社会都具备应有的科学素养。法律是一门社会科学，在适应科学进步与发展的同时，科学立法修法需要综合考虑社会改革、发展与稳定，综合考虑社会的公平正义，兼顾考虑社会历史沿革、社会习惯与社会接受程度，这样的法律才能立得住、行得通、真管用。

# 结 束 篇

职业病诊断与鉴定是一门综合学科，需要职业病临床、职业卫生等专业知识，需要法律知识与法律思维。需要注意的细节性问题还有很多，有些甚至与医学专业思维有较大差别，这就需要我们在实践工作中加强相关学科学习，提高综合能力，深入思考，不断分析与总结。

比如说，我们不习惯，也较难理解"没有证据否定职业病危害因素与病人临床表现之间的必然联系的，应当诊断为职业病"的规则。因为规则追求的结果是法律事实，不同于医学追求客观事实的思维方式。得出的结论不是事实推定，而是法律推定。

但《职业病防治法》归类于社会法部门，着重解决的是社会问题，其以医学专业为基础，重点解决特殊弱势群体的保护问题。在现实情况下，假若一味追求客观事实，而事实又无法重现，问题就会陷入僵局，对劳动者的健康保护也便无从谈起。

现行制度设计有其优势，其优点在于：其一，弥补了职业病诊断所需资料客观上无法取得的缺陷。疾病是客观的，除死亡病例外，其他多数可以获得健康现况材料；但历年的工作场所职业病危害因素检测评价资料、历年的同工种劳动者职业健康检查资料，若当年未予检测或检查，历史不能重现，也就无法获得。其二，制度的实施有利于实现职业病诊断及时便民原则。举证责任主要由用人单位承担，证据材料不齐时同样应当作出诊断，才可以提高诊断效率。其三，及时作出职业病诊断，体现社会法救济功能。"迟来的正义非正义"，应提高社会保障的及时性和高效性。其四，有利于强化用人单位举证责任。以举证后果责任推动用人单位举证，用人单位若不举证，须承担举证不力的后果，这也直接推动了诊断工作的高效完成。其五，有利于在日常工作中推动用人单位职业病防治主体责任的落实。

科学立法，严格执法，是法治社会的基本要求；公平正义是社会的核心价值，也是我们每个人心所向往。程序是看得见的正义，确保程序正确执行，是法治社会的基本要求，这也是诊断与鉴定过程需要重视的一面。

针对上述考虑，本书主要介绍我国职业病诊断制度的发展以及制度设计的主要内容，重点梳理新出台《职业病诊断与鉴定管理办法》修订特点，并以诉讼案例为例，从法理上论述探析职业病诊断与鉴定工作性质，以案为例释明工作程序的规范执行。

今天的职业病诊断法律制度是基本完善的，新出台的《职业病诊断与鉴定管理办法》在劳动者健康权益保障、诊断机构质量管理、用人单位责任落实、制度的可操作性，特别是工作效率提高等方面，更是较前有了很大进步。当然也有些许不足，制度在效率提高、正当化程序保障等方向未能作出较大突破。不断提高立法质量和效率，是走向法治社会的必要保障，职业病诊断法律制度也是其中内容之一，这也就需要社会在立法上迈进一步，以问题为导向，科学立法，优化制度。

"徒法不足以自行"。天下之事不难于立法，而难于法之必行。法律的权威在于实施，法律的生命也在于实施。

法律的实施，需要政府部门加强宣传，让社会知法、懂法；需要监管部门加强监督，确保令出必行。而对《职业病诊断与鉴定管理办法》来说，还需要特殊的执法者——职业病诊断医师与鉴定专家、诊断机构与鉴定组织，准确理解、正确适用法律。

"国无常强，无常弱。奉法者强则国强，奉法者弱则国弱。"作为职业健康工作者、职业病诊断与鉴定专家或管理者，让我们立足岗位，把新发展理念与实践工作相结合，把科学履职与依法履职相结合，推动职业病法律的高效实施，更好地保障劳动者的权益，在促进全民健康、推进全面依法治国进程中贡献自己的力量！

# 附　　录

## 一、中华人民共和国职业病防治法（2018年修正）

中华人民共和国职业病防治法（2018年修正）

中华人民共和国主席令第24号

第一章　总则
第二章　前期预防
第三章　劳动过程中的防护与管理
第四章　职业病诊断与职业病病人保障
第五章　监督检查
第六章　法律责任
第七章　附则

### 第一章　总　则

第一条　为了预防、控制和消除职业病危害，防治职业病，保护劳动者健康及其相关权益，促进经济社会发展，根据宪法，制定本法。

第二条　本法适用于中华人民共和国领域内的职业病防治活动。

本法所称职业病，是指企业、事业单位和个体经济组织等用人单位的劳动者在职业活动中，因接触粉尘、放射性物质和其他有毒、有害因素而引起的疾病。

职业病的分类和目录由国务院卫生行政部门会同国务院劳动保障行政部门制定、调整并公布。

第三条　职业病防治工作坚持预防为主、防治结合的方针，建立用人单位负责、行政机关监管、行业自律、职工参与和社会监督的机制，实行分类管理、综合治理。

**第四条** 劳动者依法享有职业卫生保护的权利。

用人单位应当为劳动者创造符合国家职业卫生标准和卫生要求的工作环境和条件，并采取措施保障劳动者获得职业卫生保护。

工会组织依法对职业病防治工作进行监督，维护劳动者的合法权益。用人单位制定或者修改有关职业病防治的规章制度，应当听取工会组织的意见。

**第五条** 用人单位应当建立、健全职业病防治责任制，加强对职业病防治的管理，提高职业病防治水平，对本单位产生的职业病危害承担责任。

**第六条** 用人单位的主要负责人对本单位的职业病防治工作全面负责。

**第七条** 用人单位必须依法参加工伤保险。

国务院和县级以上地方人民政府劳动保障行政部门应当加强对工伤保险的监督管理，确保劳动者依法享受工伤保险待遇。

**第八条** 国家鼓励和支持研制、开发、推广、应用有利于职业病防治和保护劳动者健康的新技术、新工艺、新设备、新材料，加强对职业病的机理和发生规律的基础研究，提高职业病防治科学技术水平；积极采用有效的职业病防治技术、工艺、设备、材料；限制使用或者淘汰职业病危害严重的技术、工艺、设备、材料。

国家鼓励和支持职业病医疗康复机构的建设。

**第九条** 国家实行职业卫生监督制度。

国务院卫生行政部门、劳动保障行政部门依照本法和国务院确定的职责，负责全国职业病防治的监督管理工作。国务院有关部门在各自的职责范围内负责职业病防治的有关监督管理工作。

县级以上地方人民政府卫生行政部门、劳动保障行政部门依据各自职责，负责本行政区域内职业病防治的监督管理工作。县级以上地方人民政府有关部门在各自的职责范围内负责职业病防治的有关监督管理工作。

县级以上人民政府卫生行政部门、劳动保障行政部门（以下统称职业卫生监督管理部门）应当加强沟通，密切配合，按照各自职责分工，依法行使职权，承担责任。

**第十条** 国务院和县级以上地方人民政府应当制定职业病防治规

划，将其纳入国民经济和社会发展计划，并组织实施。

县级以上地方人民政府统一负责、领导、组织、协调本行政区域的职业病防治工作，建立健全职业病防治工作体制、机制，统一领导、指挥职业卫生突发事件应对工作；加强职业病防治能力建设和服务体系建设，完善、落实职业病防治工作责任制。

乡、民族乡、镇的人民政府应当认真执行本法，支持职业卫生监督管理部门依法履行职责。

第十一条 县级以上人民政府职业卫生监督管理部门应当加强对职业病防治的宣传教育，普及职业病防治的知识，增强用人单位的职业病防治观念，提高劳动者的职业健康意识、自我保护意识和行使职业卫生保护权利的能力。

第十二条 有关防治职业病的国家职业卫生标准，由国务院卫生行政部门组织制定并公布。

国务院卫生行政部门应当组织开展重点职业病监测和专项调查，对职业健康风险进行评估，为制定职业卫生标准和职业病防治政策提供科学依据。

县级以上地方人民政府卫生行政部门应当定期对本行政区域的职业病防治情况进行统计和调查分析。

第十三条 任何单位和个人有权对违反本法的行为进行检举和控告。有关部门收到相关的检举和控告后，应当及时处理。

对防治职业病成绩显著的单位和个人，给予奖励。

## 第二章　前期预防

第十四条 用人单位应当依照法律、法规要求，严格遵守国家职业卫生标准，落实职业病预防措施，从源头上控制和消除职业病危害。

第十五条 产生职业病危害的用人单位的设立除应当符合法律、行政法规规定的设立条件外，其工作场所还应当符合下列职业卫生要求：

（一）职业病危害因素的强度或者浓度符合国家职业卫生标准；

（二）有与职业病危害防护相适应的设施；

（三）生产布局合理，符合有害与无害作业分开的原则；

（四）有配套的更衣间、洗浴间、孕妇休息间等卫生设施；

（五）设备、工具、用具等设施符合保护劳动者生理、心理健康的要求；

（六）法律、行政法规和国务院卫生行政部门关于保护劳动者健康的其他要求。

第十六条　国家建立职业病危害项目申报制度。

用人单位工作场所存在职业病目录所列职业病的危害因素的，应当及时、如实向所在地卫生行政部门申报危害项目，接受监督。

职业病危害因素分类目录由国务院卫生行政部门制定、调整并公布。职业病危害项目申报的具体办法由国务院卫生行政部门制定。

第十七条　新建、扩建、改建建设项目和技术改造、技术引进项目（以下统称建设项目）可能产生职业病危害的，建设单位在可行性论证阶段应当进行职业病危害预评价。

医疗机构建设项目可能产生放射性职业病危害的，建设单位应当向卫生行政部门提交放射性职业病危害预评价报告。卫生行政部门应当自收到预评价报告之日起三十日内，作出审核决定并书面通知建设单位。未提交预评价报告或者预评价报告未经卫生行政部门审核同意的，不得开工建设。

职业病危害预评价报告应当对建设项目可能产生的职业病危害因素及其对工作场所和劳动者健康的影响作出评价，确定危害类别和职业病防护措施。

建设项目职业病危害分类管理办法由国务院卫生行政部门制定。

第十八条　建设项目的职业病防护设施所需费用应当纳入建设项目工程预算，并与主体工程同时设计，同时施工，同时投入生产和使用。

建设项目的职业病防护设施设计应当符合国家职业卫生标准和卫生要求；其中，医疗机构放射性职业病危害严重的建设项目的防护设施设计，应当经卫生行政部门审查同意后，方可施工。

建设项目在竣工验收前，建设单位应当进行职业病危害控制效果评价。

医疗机构可能产生放射性职业病危害的建设项目竣工验收时，其放射性职业病防护设施经卫生行政部门验收合格后，方可投入使用；其他建设项目的职业病防护设施应当由建设单位负责依法组织验收，验收合格后，方可投入生产和使用。卫生行政部门应当加强对建设单位组织的验收活动和验收结果的监督核查。

第十九条　国家对从事放射性、高毒、高危粉尘等作业实行特殊管理。具体管理办法由国务院制定。

### 第三章 劳动过程中的防护与管理

第二十条 用人单位应当采取下列职业病防治管理措施：

（一）设置或者指定职业卫生管理机构或者组织，配备专职或者兼职的职业卫生管理人员，负责本单位的职业病防治工作；

（二）制定职业病防治计划和实施方案；

（三）建立、健全职业卫生管理制度和操作规程；

（四）建立、健全职业卫生档案和劳动者健康监护档案；

（五）建立、健全工作场所职业病危害因素监测及评价制度；

（六）建立、健全职业病危害事故应急救援预案。

第二十一条 用人单位应当保障职业病防治所需的资金投入，不得挤占、挪用，并对因资金投入不足导致的后果承担责任。

第二十二条 用人单位必须采用有效的职业病防护设施，并为劳动者提供个人使用的职业病防护用品。

用人单位为劳动者个人提供的职业病防护用品必须符合防治职业病的要求；不符合要求的，不得使用。

第二十三条 用人单位应当优先采用有利于防治职业病和保护劳动者健康的新技术、新工艺、新设备、新材料，逐步替代职业病危害严重的技术、工艺、设备、材料。

第二十四条 产生职业病危害的用人单位，应当在醒目位置设置公告栏，公布有关职业病防治的规章制度、操作规程、职业病危害事故应急救援措施和工作场所职业病危害因素检测结果。

对产生严重职业病危害的作业岗位，应当在其醒目位置，设置警示标识和中文警示说明。警示说明应当载明产生职业病危害的种类、后果、预防以及应急救治措施等内容。

第二十五条 对可能发生急性职业损伤的有毒、有害工作场所，用人单位应当设置报警装置，配置现场急救用品、冲洗设备、应急撤离通道和必要的泄险区。

对放射工作场所和放射性同位素的运输、贮存，用人单位必须配置防护设备和报警装置，保证接触放射线的工作人员佩戴个人剂量计。

对职业病防护设备、应急救援设施和个人使用的职业病防护用品，用人单位应当进行经常性的维护、检修，定期检测其性能和效果，确保其处于正常状态，不得擅自拆除或者停止使用。

第二十六条　用人单位应当实施由专人负责的职业病危害因素日常监测，并确保监测系统处于正常运行状态。

用人单位应当按照国务院卫生行政部门的规定，定期对工作场所进行职业病危害因素检测、评价。检测、评价结果存入用人单位职业卫生档案，定期向所在地卫生行政部门报告并向劳动者公布。

职业病危害因素检测、评价由依法设立的取得国务院卫生行政部门或者设区的市级以上地方人民政府卫生行政部门按照职责分工给予资质认可的职业卫生技术服务机构进行。职业卫生技术服务机构所作检测、评价应当客观、真实。

发现工作场所职业病危害因素不符合国家职业卫生标准和卫生要求时，用人单位应当立即采取相应治理措施，仍然达不到国家职业卫生标准和卫生要求的，必须停止存在职业病危害因素的作业；职业病危害因素经治理后，符合国家职业卫生标准和卫生要求的，方可重新作业。

第二十七条　职业卫生技术服务机构依法从事职业病危害因素检测、评价工作，接受卫生行政部门的监督检查。卫生行政部门应当依法履行监督职责。

第二十八条　向用人单位提供可能产生职业病危害的设备的，应当提供中文说明书，并在设备的醒目位置设置警示标识和中文警示说明。警示说明应当载明设备性能、可能产生的职业病危害、安全操作和维护注意事项、职业病防护以及应急救治措施等内容。

第二十九条　向用人单位提供可能产生职业病危害的化学品、放射性同位素和含有放射性物质的材料的，应当提供中文说明书。说明书应当载明产品特性、主要成份、存在的有害因素、可能产生的危害后果、安全使用注意事项、职业病防护以及应急救治措施等内容。产品包装应当有醒目的警示标识和中文警示说明。贮存上述材料的场所应当在规定的部位设置危险物品标识或者放射性警示标识。

国内首次使用或者首次进口与职业病危害有关的化学材料，使用单位或者进口单位按照国家规定经国务院有关部门批准后，应当向国务院卫生行政部门报送该化学材料的毒性鉴定以及经有关部门登记注册或者批准进口的文件等资料。

进口放射性同位素、射线装置和含有放射性物质的物品的，按照国家有关规定办理。

第三十条 任何单位和个人不得生产、经营、进口和使用国家明令禁止使用的可能产生职业病危害的设备或者材料。

第三十一条 任何单位和个人不得将产生职业病危害的作业转移给不具备职业病防护条件的单位和个人。不具备职业病防护条件的单位和个人不得接受产生职业病危害的作业。

第三十二条 用人单位对采用的技术、工艺、设备、材料，应当知悉其产生的职业病危害，对有职业病危害的技术、工艺、设备、材料隐瞒其危害而采用的，对所造成的职业病危害后果承担责任。

第三十三条 用人单位与劳动者订立劳动合同（含聘用合同，下同）时，应当将工作过程中可能产生的职业病危害及其后果、职业病防护措施和待遇等如实告知劳动者，并在劳动合同中写明，不得隐瞒或者欺骗。

劳动者在已订立劳动合同期间因工作岗位或者工作内容变更，从事与所订立劳动合同中未告知的存在职业病危害的作业时，用人单位应当依照前款规定，向劳动者履行如实告知的义务，并协商变更原劳动合同相关条款。

用人单位违反前两款规定的，劳动者有权拒绝从事存在职业病危害的作业，用人单位不得因此解除与劳动者所订立的劳动合同。

第三十四条 用人单位的主要负责人和职业卫生管理人员应当接受职业卫生培训，遵守职业病防治法律、法规，依法组织本单位的职业病防治工作。

用人单位应当对劳动者进行上岗前的职业卫生培训和在岗期间的定期职业卫生培训，普及职业卫生知识，督促劳动者遵守职业病防治法律、法规、规章和操作规程，指导劳动者正确使用职业病防护设备和个人使用的职业病防护用品。

劳动者应当学习和掌握相关的职业卫生知识，增强职业病防范意识，遵守职业病防治法律、法规、规章和操作规程，正确使用、维护职业病防护设备和个人使用的职业病防护用品，发现职业病危害事故隐患应当及时报告。

劳动者不履行前款规定义务的，用人单位应当对其进行教育。

第三十五条 对从事接触职业病危害的作业的劳动者，用人单位应当按照国务院卫生行政部门的规定组织上岗前、在岗期间和离岗时的职业健康检查,并将检查结果书面告知劳动者。职业健康检查费用由用人单位承担。

用人单位不得安排未经上岗前职业健康检查的劳动者从事接触职业病危害的作业;不得安排有职业禁忌的劳动者从事其所禁忌的作业;对在职业健康检查中发现有与所从事的职业相关的健康损害的劳动者,应当调离原工作岗位,并妥善安置;对未进行离岗前职业健康检查的劳动者不得解除或者终止与其订立的劳动合同。

职业健康检查应当由取得《医疗机构执业许可证》的医疗卫生机构承担。卫生行政部门应当加强对职业健康检查工作的规范管理,具体管理办法由国务院卫生行政部门制定。

第三十六条　用人单位应当为劳动者建立职业健康监护档案,并按照规定的期限妥善保存。

职业健康监护档案应当包括劳动者的职业史、职业病危害接触史、职业健康检查结果和职业病诊疗等有关个人健康资料。

劳动者离开用人单位时,有权索取本人职业健康监护档案复印件,用人单位应当如实、无偿提供,并在所提供的复印件上签章。

第三十七条　发生或者可能发生急性职业病危害事故时,用人单位应当立即采取应急救援和控制措施,并及时报告所在地卫生行政部门和有关部门。卫生行政部门接到报告后,应当及时会同有关部门组织调查处理;必要时,可以采取临时控制措施。卫生行政部门应当组织做好医疗救治工作。

对遭受或者可能遭受急性职业病危害的劳动者,用人单位应当及时组织救治、进行健康检查和医学观察,所需费用由用人单位承担。

第三十八条　用人单位不得安排未成年工从事接触职业病危害的作业;不得安排孕期、哺乳期的女职工从事对本人和胎儿、婴儿有危害的作业。

第三十九条　劳动者享有下列职业卫生保护权利:

(一)获得职业卫生教育、培训;

(二)获得职业健康检查、职业病诊疗、康复等职业病防治服务;

(三)了解工作场所产生或者可能产生的职业病危害因素、危害后果和应当采取的职业病防护措施;

（四）要求用人单位提供符合防治职业病要求的职业病防护设施和个人使用的职业病防护用品，改善工作条件；

（五）对违反职业病防治法律、法规以及危及生命健康的行为提出批评、检举和控告；

（六）拒绝违章指挥和强令进行没有职业病防护措施的作业；

（七）参与用人单位职业卫生工作的民主管理，对职业病防治工作提出意见和建议。

用人单位应当保障劳动者行使前款所列权利。因劳动者依法行使正当权利而降低其工资、福利等待遇或者解除、终止与其订立的劳动合同的，其行为无效。

第四十条　工会组织应当督促并协助用人单位开展职业卫生宣传教育和培训，有权对用人单位的职业病防治工作提出意见和建议，依法代表劳动者与用人单位签订劳动安全卫生专项集体合同，与用人单位就劳动者反映的有关职业病防治的问题进行协调并督促解决。

工会组织对用人单位违反职业病防治法律、法规，侵犯劳动者合法权益的行为，有权要求纠正；产生严重职业病危害时，有权要求采取防护措施，或者向政府有关部门建议采取强制性措施；发生职业病危害事故时，有权参与事故调查处理；发现危及劳动者生命健康的情形时，有权向用人单位建议组织劳动者撤离危险现场，用人单位应当立即作出处理。

第四十一条　用人单位按照职业病防治要求，用于预防和治理职业病危害、工作场所卫生检测、健康监护和职业卫生培训等费用，按照国家有关规定，在生产成本中据实列支。

第四十二条　职业卫生监督管理部门应当按照职责分工，加强对用人单位落实职业病防护管理措施情况的监督检查，依法行使职权，承担责任。

### 第四章　职业病诊断与职业病病人保障

第四十三条　职业病诊断应当由取得《医疗机构执业许可证》的医疗卫生机构承担。卫生行政部门应当加强对职业病诊断工作的规范管理，具体管理办法由国务院卫生行政部门制定。

承担职业病诊断的医疗卫生机构还应当具备下列条件：

（一）具有与开展职业病诊断相适应的医疗卫生技术人员；

（二）具有与开展职业病诊断相适应的仪器、设备；
（三）具有健全的职业病诊断质量管理制度。

承担职业病诊断的医疗卫生机构不得拒绝劳动者进行职业病诊断的要求。

第四十四条　劳动者可以在用人单位所在地、本人户籍所在地或者经常居住地依法承担职业病诊断的医疗卫生机构进行职业病诊断。

第四十五条　职业病诊断标准和职业病诊断、鉴定办法由国务院卫生行政部门制定。职业病伤残等级的鉴定办法由国务院劳动保障行政部门会同国务院卫生行政部门制定。

第四十六条　职业病诊断，应当综合分析下列因素：
（一）病人的职业史；
（二）职业病危害接触史和工作场所职业病危害因素情况；
（三）临床表现以及辅助检查结果等。

没有证据否定职业病危害因素与病人临床表现之间的必然联系的，应当诊断为职业病。

职业病诊断证明书应当由参与诊断的取得职业病诊断资格的执业医师签署，并经承担职业病诊断的医疗卫生机构审核盖章。

第四十七条　用人单位应当如实提供职业病诊断、鉴定所需的劳动者职业史和职业病危害接触史、工作场所职业病危害因素检测结果等资料；卫生行政部门应当监督检查和督促用人单位提供上述资料；劳动者和有关机构也应当提供与职业病诊断、鉴定有关的资料。

职业病诊断、鉴定机构需要了解工作场所职业病危害因素情况时，可以对工作场所进行现场调查，也可以向卫生行政部门提出，卫生行政部门应当在十日内组织现场调查。用人单位不得拒绝、阻挠。

第四十八条　职业病诊断、鉴定过程中，用人单位不提供工作场所职业病危害因素检测结果等资料的，诊断、鉴定机构应当结合劳动者的临床表现、辅助检查结果和劳动者的职业史、职业病危害接触史，并参考劳动者的自述、卫生行政部门提供的日常监督检查信息等，作出职业病诊断、鉴定结论。

劳动者对用人单位提供的工作场所职业病危害因素检测结果等资料有异议，或者因劳动者的用人单位解散、破产，无用人单位提供上述资料的，诊断、鉴定机构应当提请卫生行政部门进行调查，卫生行政部门应当自接到申请之日起三十日内对存在异议的资料或者工作场所职业病危害因素情况作出判定；有关部门应当配合。

第四十九条 职业病诊断、鉴定过程中，在确认劳动者职业史、职业病危害接触史时，当事人对劳动关系、工种、工作岗位或者在岗时间有争议的，可以向当地的劳动人事争议仲裁委员会申请仲裁；接到申请的劳动人事争议仲裁委员会应当受理，并在三十日内作出裁决。

当事人在仲裁过程中对自己提出的主张，有责任提供证据。劳动者无法提供由用人单位掌握管理的与仲裁主张有关的证据的，仲裁庭应当要求用人单位在指定期限内提供；用人单位在指定期限内不提供的，应当承担不利后果。

劳动者对仲裁裁决不服的，可以依法向人民法院提起诉讼。

用人单位对仲裁裁决不服的，可以在职业病诊断、鉴定程序结束之日起十五日内依法向人民法院提起诉讼；诉讼期间，劳动者的治疗费用按照职业病待遇规定的途径支付。

第五十条 用人单位和医疗卫生机构发现职业病病人或者疑似职业病病人时，应当及时向所在地卫生行政部门报告。确诊为职业病的，用人单位还应当向所在地劳动保障行政部门报告。接到报告的部门应当依法作出处理。

第五十一条 县级以上地方人民政府卫生行政部门负责本行政区域内的职业病统计报告的管理工作，并按照规定上报。

第五十二条 当事人对职业病诊断有异议的，可以向作出诊断的医疗卫生机构所在地地方人民政府卫生行政部门申请鉴定。

职业病诊断争议由设区的市级以上地方人民政府卫生行政部门根据当事人的申请，组织职业病诊断鉴定委员会进行鉴定。

当事人对设区的市级职业病诊断鉴定委员会的鉴定结论不服的，可以向省、自治区、直辖市人民政府卫生行政部门申请再鉴定。

第五十三条 职业病诊断鉴定委员会由相关专业的专家组成。

省、自治区、直辖市人民政府卫生行政部门应当设立相关的专家库，需要对职业病争议作出诊断鉴定时，由当事人或者当事人委托有关卫生行政部门从专家库中以随机抽取的方式确定参加诊断鉴定委员会的专家。

职业病诊断鉴定委员会应当按照国务院卫生行政部门颁布的职业病

诊断标准和职业病诊断、鉴定办法进行职业病诊断鉴定,向当事人出具职业病诊断鉴定书。职业病诊断、鉴定费用由用人单位承担。

第五十四条 职业病诊断鉴定委员会组成人员应当遵守职业道德,客观、公正地进行诊断鉴定,并承担相应的责任。职业病诊断鉴定委员会组成人员不得私下接触当事人,不得收受当事人的财物或者其他好处,与当事人有利害关系的,应当回避。

人民法院受理有关案件需要进行职业病鉴定时,应当从省、自治区、直辖市人民政府卫生行政部门依法设立的相关的专家库中选取参加鉴定的专家。

第五十五条 医疗卫生机构发现疑似职业病病人时,应当告知劳动者本人并及时通知用人单位。

用人单位应当及时安排对疑似职业病病人进行诊断;在疑似职业病病人诊断或者医学观察期间,不得解除或者终止与其订立的劳动合同。

疑似职业病病人在诊断、医学观察期间的费用,由用人单位承担。

第五十六条 用人单位应当保障职业病病人依法享受国家规定的职业病待遇。

用人单位应当按照国家有关规定,安排职业病病人进行治疗、康复和定期检查。

用人单位对不适宜继续从事原工作的职业病病人,应当调离原岗位,并妥善安置。

用人单位对从事接触职业病危害的作业的劳动者,应当给予适当岗位津贴。

第五十七条 职业病病人的诊疗、康复费用,伤残以及丧失劳动能力的职业病病人的社会保障,按照国家有关工伤保险的规定执行。

第五十八条 职业病病人除依法享有工伤保险外,依照有关民事法律,尚有获得赔偿的权利的,有权向用人单位提出赔偿要求。

第五十九条 劳动者被诊断患有职业病,但用人单位没有依法参加工伤保险的,其医疗和生活保障由该用人单位承担。

第六十条 职业病病人变动工作单位,其依法享有的待遇不变。

用人单位在发生分立、合并、解散、破产等情形时,应当对从事接触职业病危害的作业的劳动者进行健康检查,并按照国家有关规定妥善安置职业病病人。

第六十一条　用人单位已经不存在或者无法确认劳动关系的职业病病人，可以向地方人民政府医疗保障、民政部门申请医疗救助和生活等方面的救助。

地方各级人民政府应当根据本地区的实际情况，采取其他措施，使前款规定的职业病病人获得医疗救治。

第五章　监督检查

第六十二条　县级以上人民政府职业卫生监督管理部门依照职业病防治法律、法规、国家职业卫生标准和卫生要求，依据职责划分，对职业病防治工作进行监督检查。

第六十三条　卫生行政部门履行监督检查职责时，有权采取下列措施：

（一）进入被检查单位和职业病危害现场，了解情况，调查取证；

（二）查阅或者复制与违反职业病防治法律、法规的行为有关的资料和采集样品；

（三）责令违反职业病防治法律、法规的单位和个人停止违法行为。

第六十四条　发生职业病危害事故或者有证据证明危害状态可能导致职业病危害事故发生时，卫生行政部门可以采取下列临时控制措施：

（一）责令暂停导致职业病危害事故的作业；

（二）封存造成职业病危害事故或者可能导致职业病危害事故发生的材料和设备；

（三）组织控制职业病危害事故现场。

在职业病危害事故或者危害状态得到有效控制后，卫生行政部门应当及时解除控制措施。

第六十五条　职业卫生监督执法人员依法执行职务时，应当出示监督执法证件。

职业卫生监督执法人员应当忠于职守，秉公执法，严格遵守执法规范；涉及用人单位的秘密的，应当为其保密。

第六十六条　职业卫生监督执法人员依法执行职务时，被检查单位应当接受检查并予以支持配合，不得拒绝和阻碍。

第六十七条　卫生行政部门及其职业卫生监督执法人员履行职责时，不得有下列行为：

（一）对不符合法定条件的，发给建设项目有关证明文件、资质证明文件或者予以批准；

（二）对已经取得有关证明文件的，不履行监督检查职责；

（三）发现用人单位存在职业病危害的，可能造成职业病危害事故，不及时依法采取控制措施；

（四）其他违反本法的行为。

第六十八条　职业卫生监督执法人员应当依法经过资格认定。

职业卫生监督管理部门应当加强队伍建设，提高职业卫生监督执法人员的政治、业务素质，依照本法和其他有关法律、法规的规定，建立、健全内部监督制度，对其工作人员执行法律、法规和遵守纪律的情况，进行监督检查。

## 第六章　法律责任

第六十九条　建设单位违反本法规定，有下列行为之一的，由卫生行政部门给予警告，责令限期改正；逾期不改正的，处十万元以上五十万元以下的罚款；情节严重的，责令停止产生职业病危害的作业，或者提请有关人民政府按照国务院规定的权限责令停建、关闭：

（一）未按照规定进行职业病危害预评价的；

（二）医疗机构可能产生放射性职业病危害的建设项目未按照规定提交放射性职业病危害预评价报告，或者放射性职业病危害预评价报告未经卫生行政部门审核同意，开工建设的；

（三）建设项目的职业病防护设施未按照规定与主体工程同时设计、同时施工、同时投入生产和使用的；

（四）建设项目的职业病防护设施设计不符合国家职业卫生标准和卫生要求，或者医疗机构放射性职业病危害严重的建设项目的防护设施设计未经卫生行政部门审查同意擅自施工的；

（五）未按照规定对职业病防护设施进行职业病危害控制效果评价的；

（六）建设项目竣工投入生产和使用前，职业病防护设施未按照规定验收合格的。

第七十条　违反本法规定，有下列行为之一的，由卫生行政部门给予警告，责令限期改正；逾期不改正的，处十万元以下的罚款：

（一）工作场所职业病危害因素检测、评价结果没有存档、上报、公布的；

（二）未采取本法第二十条规定的职业病防治管理措施的；

（三）未按照规定公布有关职业病防治的规章制度、操作规程、职业病危害事故应急救援措施的；

（四）未按照规定组织劳动者进行职业卫生培训，或者未对劳动者个人职业病防护采取指导、督促措施的；

（五）国内首次使用或者首次进口与职业病危害有关的化学材料，未按照规定报送毒性鉴定资料以及经有关部门登记注册或者批准进口的文件的。

第七十一条　用人单位违反本法规定，有下列行为之一的，由卫生行政部门责令限期改正，给予警告，可以并处五万元以上十万元以下的罚款：

（一）未按照规定及时、如实向卫生行政部门申报产生职业病危害的项目的；

（二）未实施由专人负责的职业病危害因素日常监测，或者监测系统不能正常监测的；

（三）订立或者变更劳动合同时，未告知劳动者职业病危害真实情况的；

（四）未按照规定组织职业健康检查、建立职业健康监护档案或者未将检查结果书面告知劳动者的；

（五）未依照本法规定在劳动者离开用人单位时提供职业健康监护档案复印件的。

第七十二条　用人单位违反本法规定，有下列行为之一的，由卫生行政部门给予警告，责令限期改正，逾期不改正的，处五万元以上二十万元以下的罚款；情节严重的，责令停止产生职业病危害的作业，或者提请有关人民政府按照国务院规定的权限责令关闭：

（一）工作场所职业病危害因素的强度或者浓度超过国家职业卫生标准的；

（二）未提供职业病防护设施和个人使用的职业病防护用品，或者提供的职业病防护设施和个人使用的职业病防护用品不符合国家职业卫生标准和卫生要求的；

（三）对职业病防护设备、应急救援设施和个人使用的职业病防护用品未按照规定进行维护、检修、检测，或者不能保持正常运行、使用状态的；

（四）未按照规定对工作场所职业病危害因素进行检测、评价的；

（五）工作场所职业病危害因素经治理仍然达不到国家职业卫生标准和卫生要求时，未停止存在职业病危害因素的作业的；

（六）未按照规定安排职业病病人、疑似职业病病人进行诊治的；

（七）发生或者可能发生急性职业病危害事故时，未立即采取应急救援和控制措施或者未按照规定及时报告的；

（八）未按照规定在产生严重职业病危害的作业岗位醒目位置设置警示标识和中文警示说明的；

（九）拒绝职业卫生监督管理部门监督检查的；

（十）隐瞒、伪造、篡改、毁损职业健康监护档案、工作场所职业病危害因素检测评价结果等相关资料，或者拒不提供职业病诊断、鉴定所需资料的；

（十一）未按照规定承担职业病诊断、鉴定费用和职业病病人的医疗、生活保障费用的。

第七十三条　向用人单位提供可能产生职业病危害的设备、材料，未按照规定提供中文说明书或者设置警示标识和中文警示说明的，由卫生行政部门责令限期改正，给予警告，并处五万元以上二十万元以下的罚款。

第七十四条　用人单位和医疗卫生机构未按照规定报告职业病、疑似职业病的，由有关主管部门依据职责分工责令限期改正，给予警告，可以并处一万元以下的罚款；弄虚作假的，并处二万元以上五万元以下的罚款；对直接负责的主管人员和其他直接责任人员，可以依法给予降级或者撤职的处分。

第七十五条　违反本法规定，有下列情形之一的，由卫生行政部门责令限期治理，并处五万元以上三十万元以下的罚款；情节严重的，责令停止产生职业病危害的作业，或者提请有关人民政府按照国务院规定的权限责令关闭：

（一）隐瞒技术、工艺、设备、材料所产生的职业病危害而采用的；

（二）隐瞒本单位职业卫生真实情况的；

（三）可能发生急性职业损伤的有毒、有害工作场所、放射工作场所或者放射性同位素的运输、贮存不符合本法第二十五条规定的；

（四）使用国家明令禁止使用的可能产生职业病危害的设备或者材料的；

（五）将产生职业病危害的作业转移给没有职业病防护条件的单位和个人，或者没有职业病防护条件的单位和个人接受产生职业病危害的作业的；

（六）擅自拆除、停止使用职业病防护设备或者应急救援设施的；

（七）安排未经职业健康检查的劳动者、有职业禁忌的劳动者、未成年工或者孕期、哺乳期女职工从事接触职业病危害的作业或者禁忌作业的；

（八）违章指挥和强令劳动者进行没有职业病防护措施的作业的。

第七十六条　生产、经营或者进口国家明令禁止使用的可能产生职业病危害的设备或者材料的，依照有关法律、行政法规的规定给予处罚。

第七十七条　用人单位违反本法规定，已经对劳动者生命健康造成严重损害的，由卫生行政部门责令停止产生职业病危害的作业，或者提请有关人民政府按照国务院规定的权限责令关闭，并处十万元以上五十万元以下的罚款。

第七十八条　用人单位违反本法规定，造成重大职业病危害事故或者其他严重后果，构成犯罪的，对直接负责的主管人员和其他直接责任人员，依法追究刑事责任。

第七十九条　未取得职业卫生技术服务资质认可擅自从事职业卫生技术服务的，由卫生行政部门责令立即停止违法行为，没收违法所得；违法所得五千元以上的，并处违法所得二倍以上十倍以下的罚款；没有违法所得或者违法所得不足五千元的，并处五千元以上五万元以下的罚款；情节严重的，对直接负责的主管人员和其他直接责任人员，依法给予降级、撤职或者开除的处分。

第八十条　从事职业卫生技术服务的机构和承担职业病诊断的医疗卫生机构违反本法规定，有下列行为之一的，由卫生行政部门责令立即停止违法行为，给予警告，没收违法所得；违法所得五千元以上的，并处违法所得二倍以上五倍以下的罚款；没有违法所得或者违法所得不足五千元的，并处五千元以上二万元以下的罚款；情节严重的，由原认可或者登记机关取消其相应的资格；对直接负责的主管人员和其他直接责任人员，依法给予降级、撤职或者开除的处分；构成犯罪的，依法追究刑事责任：

（一）超出资质认可或者诊疗项目登记范围从事职业卫生技术服务或者职业病诊断的；

（二）不按照本法规定履行法定职责的；

（三）出具虚假证明文件的。

第八十一条　职业病诊断鉴定委员会组成人员收受职业病诊断争议当事人的财物或者其他好处的，给予警告，没收收受的财物，可以并处三千元以上五万元以下的罚款，取消其担任职业病诊断鉴定委员会组成人员的资格，并从省、自治区、直辖市人民政府卫生行政部门设立的专家库中予以除名。

第八十二条　卫生行政部门不按照规定报告职业病和职业病危害事故的，由上一级行政部门责令改正，通报批评，给予警告；虚报、瞒报的，对单位负责人、直接负责的主管人员和其他直接责任人员依法给予降级、撤职或者开除的处分。

第八十三条　县级以上地方人民政府在职业病防治工作中未依照本法履行职责，本行政区域出现重大职业病危害事故、造成严重社会影响的，依法对直接负责的主管人员和其他直接责任人员给予记大过直至开除的处分。

县级以上人民政府职业卫生监督管理部门不履行本法规定的职责，滥用职权、玩忽职守、徇私舞弊，依法对直接负责的主管人员和其他直接责任人员给予记大过或者降级的处分；造成职业病危害事故或者其他严重后果的，依法给予撤职或者开除的处分。

第八十四条　违反本法规定，构成犯罪的，依法追究刑事责任。

## 第七章　附　则

第八十五条　本法下列用语的含义：

职业病危害，是指对从事职业活动的劳动者可能导致职业病的各种危害。职业病危害因素包括：职业活动中存在的各种有害的化学、物理、生物因素以及在作业过程中产生的其他职业有害因素。

职业禁忌，是指劳动者从事特定职业或者接触特定职业病危害因素时，比一般职业人群更易于遭受职业病危害和罹患职业病或者可能导致原有自身疾病病情加重，或者在从事作业过程中诱发可能导致对他人生命健康构成危险的疾病的个人特殊生理或者病理状态。

第八十六条 本法第二条规定的用人单位以外的单位，产生职业病危害的，其职业病防治活动可以参照本法执行。

劳务派遣用工单位应当履行本法规定的用人单位的义务。

中国人民解放军参照执行本法的办法，由国务院、中央军事委员会制定。

第八十七条 对医疗机构放射性职业病危害控制的监督管理，由卫生行政部门依照本法的规定实施。

第八十八条 本法自 2002 年 5 月 1 日起施行。

（资料来源：中华人民共和国全国人民代表大会常务委员会网）

## 二、职业病诊断与鉴定管理办法

职业病诊断与鉴定管理办法

(2021年1月4日国家卫生健康委员会令第6号公布,自公布之日起施行)

### 第一章 总 则

第一条 为了规范职业病诊断与鉴定工作,加强职业病诊断与鉴定管理,根据《中华人民共和国职业病防治法》(以下简称《职业病防治法》),制定本办法。

第二条 职业病诊断与鉴定工作应当按照《职业病防治法》、本办法的有关规定及《职业病分类和目录》、国家职业病诊断标准进行,遵循科学、公正、及时、便捷的原则。

第三条 国家卫生健康委负责全国范围内职业病诊断与鉴定的监督管理工作,县级以上地方卫生健康主管部门依据职责负责本行政区域内职业病诊断与鉴定的监督管理工作。

省、自治区、直辖市卫生健康主管部门(以下简称省级卫生健康主管部门)应当结合本行政区域职业病防治工作实际和医疗卫生服务体系规划,充分利用现有医疗卫生资源,实现职业病诊断机构区域覆盖。

第四条 各地要加强职业病诊断机构能力建设,提供必要的保障条件,配备相关的人员、设备和工作经费,以满足职业病诊断工作的需要。

第五条 各地要加强职业病诊断与鉴定信息化建设,建立健全劳动者接触职业病危害、开展职业健康检查、进行职业病诊断与鉴定等全过程的信息化系统,不断提高职业病诊断与鉴定信息报告的准确性、及时性和有效性。

第六条 用人单位应当依法履行职业病诊断、鉴定的相关义务:

(一)及时安排职业病病人、疑似职业病病人进行诊治;

（二）如实提供职业病诊断、鉴定所需的资料；

（三）承担职业病诊断、鉴定的费用和疑似职业病病人在诊断、医学观察期间的费用；

（四）报告职业病和疑似职业病；

（五）《职业病防治法》规定的其他相关义务。

第二章 诊断机构

第七条 医疗卫生机构开展职业病诊断工作，应当在开展之日起十五个工作日内向省级卫生健康主管部门备案。

省级卫生健康主管部门应当自收到完整备案材料之日起十五个工作日内向社会公布备案的医疗卫生机构名单、地址、诊断项目（即《职业病分类和目录》中的职业病类别和病种）等相关信息。

第八条 医疗卫生机构开展职业病诊断工作应当具备下列条件：

（一）持有《医疗机构执业许可证》；

（二）具有相应的诊疗科目及与备案开展的诊断项目相适应的职业病诊断医师及相关医疗卫生技术人员；

（三）具有与备案开展的诊断项目相适应的场所和仪器、设备；

（四）具有健全的职业病诊断质量管理制度。

第九条 医疗卫生机构进行职业病诊断备案时，应当提交以下证明其符合本办法第八条规定条件的有关资料：

（一）《医疗机构执业许可证》原件、副本及复印件；

（二）职业病诊断医师资格等相关资料；

（三）相关的仪器设备清单；

（四）负责职业病信息报告人员名单；

（五）职业病诊断质量管理制度等相关资料。

第十条 职业病诊断机构对备案信息的真实性、准确性、合法性负责。

当备案信息发生变化时，应当自信息发生变化之日起十个工作日内向省级卫生健康主管部门提交变更信息。

第十一条 设区的市没有医疗卫生机构备案开展职业病诊断的，省级卫生健康主管部门应当根据职业病诊断工作的需要，指定符合本办法第八条规定条件的医疗卫生机构承担职业病诊断工作。

第十二条 职业病诊断机构的职责是：

（一）在备案的诊断项目范围内开展职业病诊断；
（二）及时向所在地卫生健康主管部门报告职业病；
（三）按照卫生健康主管部门要求报告职业病诊断工作情况；
（四）承担《职业病防治法》中规定的其他职责。

第十三条　职业病诊断机构依法独立行使诊断权，并对其作出的职业病诊断结论负责。

第十四条　职业病诊断机构应当建立和健全职业病诊断管理制度，加强职业病诊断医师等有关医疗卫生人员技术培训和政策、法律培训，并采取措施改善职业病诊断工作条件，提高职业病诊断服务质量和水平。

第十五条　职业病诊断机构应当公开职业病诊断程序和诊断项目范围，方便劳动者进行职业病诊断。

职业病诊断机构及其相关工作人员应当尊重、关心、爱护劳动者，保护劳动者的隐私。

第十六条　从事职业病诊断的医师应当具备下列条件，并取得省级卫生健康主管部门颁发的职业病诊断资格证书：
（一）具有医师执业证书；
（二）具有中级以上卫生专业技术职务任职资格；
（三）熟悉职业病防治法律法规和职业病诊断标准；
（四）从事职业病诊断、鉴定相关工作三年以上；
（五）按规定参加职业病诊断医师相应专业的培训，并考核合格。

省级卫生健康主管部门应当依据本办法的规定和国家卫生健康委制定的职业病诊断医师培训大纲，制定本行政区域职业病诊断医师培训考核办法并组织实施。

第十七条　职业病诊断医师应当依法在职业病诊断机构备案的诊断项目范围内从事职业病诊断工作，不得从事超出其职业病诊断资格范围的职业病诊断工作；职业病诊断医师应当按照有关规定参加职业卫生、放射卫生、职业医学等领域的继续医学教育。

第十八条　省级卫生健康主管部门应当加强本行政区域内职业病诊断机构的质量控制管理工作，组织开展职业病诊断机构质量控制评估。

职业病诊断质量控制规范和医疗卫生机构职业病报告规范另行制定。

## 第三章 诊 断

**第十九条** 劳动者可以在用人单位所在地、本人户籍所在地或者经常居住地的职业病诊断机构进行职业病诊断。

**第二十条** 职业病诊断应当按照《职业病防治法》、本办法的有关规定及《职业病分类和目录》、国家职业病诊断标准,依据劳动者的职业史、职业病危害接触史和工作场所职业病危害因素情况、临床表现以及辅助检查结果等,进行综合分析。材料齐全的情况下,职业病诊断机构应当在收齐材料之日起三十日内作出诊断结论。

没有证据否定职业病危害因素与病人临床表现之间的必然联系的,应当诊断为职业病。

**第二十一条** 职业病诊断需要以下资料:

(一)劳动者职业史和职业病危害接触史(包括在岗时间、工种、岗位、接触的职业病危害因素名称等);

(二)劳动者职业健康检查结果;

(三)工作场所职业病危害因素检测结果;

(四)职业性放射性疾病诊断还需要个人剂量监测档案等资料。

**第二十二条** 劳动者依法要求进行职业病诊断的,职业病诊断机构不得拒绝劳动者进行职业病诊断的要求,并告知劳动者职业病诊断的程序和所需材料。劳动者应当填写《职业病诊断就诊登记表》,并提供本人掌握的职业病诊断有关资料。

**第二十三条** 职业病诊断机构进行职业病诊断时,应当书面通知劳动者所在的用人单位提供本办法第二十一条规定的职业病诊断资料,用人单位应当在接到通知后的十日内如实提供。

**第二十四条** 用人单位未在规定时间内提供职业病诊断所需要资料的,职业病诊断机构可以依法提请卫生健康主管部门督促用人单位提供。

**第二十五条** 劳动者对用人单位提供的工作场所职业病危害因素检测结果等资料有异议,或者因劳动者的用人单位解散、破产,无用人单位提供上述资料的,职业病诊断机构应当依法提请用人单位所在地卫生健康主管部门进行调查。

卫生健康主管部门应当自接到申请之日起三十日内对存在异议的资料或者工作场所职业病危害因素情况作出判定。

职业病诊断机构在卫生健康主管部门作出调查结论或者判定前应当中止职业病诊断。

第二十六条 职业病诊断机构需要了解工作场所职业病危害因素情况时，可以对工作场所进行现场调查，也可以依法提请卫生健康主管部门组织现场调查。卫生健康主管部门应当在接到申请之日起三十日内完成现场调查。

第二十七条 在确认劳动者职业史、职业病危害接触史时，当事人对劳动关系、工种、工作岗位或者在岗时间有争议的，职业病诊断机构应当告知当事人依法向用人单位所在地的劳动人事争议仲裁委员会申请仲裁。

第二十八条 经卫生健康主管部门督促，用人单位仍不提供工作场所职业病危害因素检测结果、职业健康监护档案等资料或者提供资料不全的，职业病诊断机构应当结合劳动者的临床表现、辅助检查结果和劳动者的职业史、职业病危害接触史，并参考劳动者自述或工友旁证资料、卫生健康等有关部门提供的日常监督检查信息等，作出职业病诊断结论。对于作出无职业病诊断结论的病人，可依据病人的临床表现以及辅助检查结果，作出疾病的诊断，提出相关医学意见或者建议。

第二十九条 职业病诊断机构可以根据诊断需要，聘请其他单位职业病诊断医师参加诊断。必要时，可以邀请相关专业专家提供咨询意见。

第三十条 职业病诊断机构作出职业病诊断结论后，应当出具职业病诊断证明书。职业病诊断证明书应当由参与诊断的取得职业病诊断资格的执业医师签署。

职业病诊断机构应当对职业病诊断医师签署的职业病诊断证明书进行审核，确认诊断的依据与结论符合有关法律法规、标准的要求，并在职业病诊断证明书上盖章。

职业病诊断证明书的书写应当符合相关标准的要求。

职业病诊断证明书一式五份，劳动者一份，用人单位所在地县级卫生健康主管部门一份，用人单位两份，诊断机构存档一份。

职业病诊断证明书应当于出具之日起十五日内由职业病诊断机构送达劳动者、用人单位及用人单位所在地县级卫生健康主管部门。

第三十一条 职业病诊断机构应当建立职业病诊断档案并永久保

存，档案应当包括：

（一）职业病诊断证明书；

（二）职业病诊断记录；

（三）用人单位、劳动者和相关部门、机构提交的有关资料；

（四）临床检查与实验室检验等资料。

职业病诊断机构拟不再开展职业病诊断工作的，应当在拟停止开展职业病诊断工作的十五个工作日之前告知省级卫生健康主管部门和所在地县级卫生健康主管部门，妥善处理职业病诊断档案。

第三十二条　职业病诊断机构发现职业病病人或者疑似职业病病人时，应当及时向所在地县级卫生健康主管部门报告。职业病诊断机构应当在作出职业病诊断之日起十五日内通过职业病及健康危害因素监测信息系统进行信息报告，并确保报告信息的完整、真实和准确。

确诊为职业病的，职业病诊断机构可以根据需要，向卫生健康主管部门、用人单位提出专业建议；告知职业病病人依法享有的职业健康权益。

第三十三条　未承担职业病诊断工作的医疗卫生机构，在诊疗活动中发现劳动者的健康损害可能与其所从事的职业有关时，应及时告知劳动者到职业病诊断机构进行职业病诊断。

## 第四章　鉴　定

第三十四条　当事人对职业病诊断机构作出的职业病诊断有异议的，可以在接到职业病诊断证明书之日起三十日内，向作出诊断的职业病诊断机构所在地设区的市级卫生健康主管部门申请鉴定。

职业病诊断争议由设区的市级以上地方卫生健康主管部门根据当事人的申请组织职业病诊断鉴定委员会进行鉴定。

第三十五条　职业病鉴定实行两级鉴定制，设区的市级职业病诊断鉴定委员会负责职业病诊断争议的首次鉴定。

当事人对设区的市级职业病鉴定结论不服的，可以在接到诊断鉴定书之日起十五日内，向原鉴定组织所在地省级卫生健康主管部门申请再鉴定，省级鉴定为最终鉴定。

第三十六条　设区的市级以上地方卫生健康主管部门可以指定办事机构，具体承担职业病诊断鉴定的组织和日常性工作。职业病鉴定办事机构的职责是：

（一）接受当事人申请；

（二）组织当事人或者接受当事人委托抽取职业病诊断鉴定专家；

（三）组织职业病诊断鉴定会议，负责会议记录、职业病诊断鉴定相关文书的收发及其他事务性工作；

（四）建立并管理职业病诊断鉴定档案；

（五）报告职业病诊断鉴定相关信息；

（六）承担卫生健康主管部门委托的有关职业病诊断鉴定的工作。

职业病诊断机构不能作为职业病鉴定办事机构。

第三十七条　设区的市级以上地方卫生健康主管部门应当向社会公布本行政区域内依法承担职业病诊断鉴定工作的办事机构的名称、工作时间、地点、联系人、联系电话和鉴定工作程序。

第三十八条　省级卫生健康主管部门应当设立职业病诊断鉴定专家库（以下简称专家库），并根据实际工作需要及时调整其成员。专家库可以按照专业类别进行分组。

第三十九条　专家库应当以取得职业病诊断资格的不同专业类别的医师为主要成员，吸收临床相关学科、职业卫生、放射卫生、法律等相关专业的专家组成。专家应当具备下列条件：

（一）具有良好的业务素质和职业道德；

（二）具有相关专业的高级专业技术职务任职资格；

（三）熟悉职业病防治法律法规和职业病诊断标准；

（四）身体健康，能够胜任职业病诊断鉴定工作。

第四十条　参加职业病诊断鉴定的专家，应当由当事人或者由其委托的职业病鉴定办事机构从专家库中按照专业类别以随机抽取的方式确定。抽取的专家组成职业病诊断鉴定委员会（以下简称鉴定委员会）。

经当事人同意，职业病鉴定办事机构可以根据鉴定需要聘请本省、自治区、直辖市以外的相关专业专家作为鉴定委员会成员，并有表决权。

第四十一条　鉴定委员会人数为五人以上单数，其中相关专业职业病诊断医师应当为本次鉴定专家人数的半数以上。疑难病例应当增加鉴定委员会人数，充分听取意见。鉴定委员会设主任委员一名，由鉴定委员会成员推举产生。

职业病诊断鉴定会议由鉴定委员会主任委员主持。

第四十二条　参加职业病诊断鉴定的专家有下列情形之一的，应当回避：

（一）是职业病诊断鉴定当事人或者当事人近亲属的；

（二）已参加当事人职业病诊断或者首次鉴定的；

（三）与职业病诊断鉴定当事人有利害关系的；

（四）与职业病诊断鉴定当事人有其他关系，可能影响鉴定公正的。

第四十三条　当事人申请职业病诊断鉴定时，应当提供以下资料：

（一）职业病诊断鉴定申请书；

（二）职业病诊断证明书；

（三）申请省级鉴定的还应当提交市级职业病诊断鉴定书。

第四十四条　职业病鉴定办事机构应当自收到申请资料之日起五个工作日内完成资料审核，对资料齐全的发给受理通知书；资料不全的，应当当场或者在五个工作日内一次性告知当事人补充。资料补充齐全的，应当受理申请并组织鉴定。

职业病鉴定办事机构收到当事人鉴定申请之后，根据需要可以向原职业病诊断机构或者组织首次鉴定的办事机构调阅有关的诊断、鉴定资料。原职业病诊断机构或者组织首次鉴定的办事机构应当在接到通知之日起十日内提交。

职业病鉴定办事机构应当在受理鉴定申请之日起四十日内组织鉴定、形成鉴定结论，并出具职业病诊断鉴定书。

第四十五条　根据职业病诊断鉴定工作需要，职业病鉴定办事机构可以向有关单位调取与职业病诊断、鉴定有关的资料，有关单位应当如实、及时提供。

鉴定委员会应当听取当事人的陈述和申辩，必要时可以组织进行医学检查，医学检查应当在三十日内完成。

需要了解被鉴定人的工作场所职业病危害因素情况时，职业病鉴定办事机构根据鉴定委员会的意见可以组织对工作场所进行现场调查，或者依法提请卫生健康主管部门组织现场调查。现场调查应当在三十日内完成。

医学检查和现场调查时间不计算在职业病鉴定规定的期限内。

职业病诊断鉴定应当遵循客观、公正的原则，鉴定委员会进行职业病诊断鉴定时，可以邀请有关单位人员旁听职业病诊断鉴定会议。所有参与职业病诊断鉴定的人员应当依法保护当事人的个人隐私、商业秘密。

第四十六条　鉴定委员会应当认真审阅鉴定资料，依照有关规定和职业病诊断标准，经充分合议后，根据专业知识独立进行鉴定。在事实清楚的基础上，进行综合分析，作出鉴定结论，并制作职业病诊断鉴定书。

鉴定结论应当经鉴定委员会半数以上成员通过。

第四十七条　职业病诊断鉴定书应当包括以下内容：

（一）劳动者、用人单位的基本信息及鉴定事由；

（二）鉴定结论及其依据，鉴定为职业病的，应当注明职业病名称、程度（期别）；

（三）鉴定时间。

诊断鉴定书加盖职业病鉴定委员会印章。

首次鉴定的职业病诊断鉴定书一式五份，劳动者、用人单位、用人单位所在地市级卫生健康主管部门、原诊断机构各一份，职业病鉴定办事机构存档一份；省级鉴定的职业病诊断鉴定书一式六份，劳动者、用人单位、用人单位所在地省级卫生健康主管部门、原诊断机构、首次职业病鉴定办事机构各一份，省级职业病鉴定办事机构存档一份。

职业病诊断鉴定书的格式由国家卫生健康委员会统一规定。

第四十八条　职业病鉴定办事机构出具职业病诊断鉴定书后，应当于出具之日起十日内送达当事人，并在出具职业病诊断鉴定书后的十日内将职业病诊断鉴定书等有关信息告知原职业病诊断机构或者首次职业病鉴定办事机构，并通过职业病及健康危害因素监测信息系统报告职业病鉴定相关信息。

第四十九条　职业病鉴定结论与职业病诊断结论或者首次职业病鉴定结论不一致的，职业病鉴定办事机构应当在出具职业病诊断鉴定书后十日内向相关卫生健康主管部门报告。

第五十条　职业病鉴定办事机构应当如实记录职业病诊断鉴定过程，内容应当包括：

（一）鉴定委员会的专家组成；

（二）鉴定时间；

（三）鉴定所用资料；

（四）鉴定专家的发言及其鉴定意见；

（五）表决情况；

（六）经鉴定专家签字的鉴定结论。

有当事人陈述和申辩的，应当如实记录。

鉴定结束后，鉴定记录应当随同职业病诊断鉴定书一并由职业病鉴定办事机构存档，永久保存。

第五章　监督管理

**第五十一条**　县级以上地方卫生健康主管部门应当定期对职业病诊断机构进行监督检查，检查内容包括：

（一）法律法规、标准的执行情况；

（二）规章制度建立情况；

（三）备案的职业病诊断信息真实性情况；

（四）按照备案的诊断项目开展职业病诊断工作情况；

（五）开展职业病诊断质量控制、参加质量控制评估及整改情况；

（六）人员、岗位职责落实和培训情况；

（七）职业病报告情况。

**第五十二条**　设区的市级以上地方卫生健康主管部门应当加强对职业病鉴定办事机构的监督管理，对职业病鉴定工作程序、制度落实情况及职业病报告等相关工作情况进行监督检查。

**第五十三条**　县级以上地方卫生健康主管部门监督检查时，有权查阅或者复制有关资料，职业病诊断机构应当予以配合。

第六章　法律责任

**第五十四条**　医疗卫生机构未按照规定备案开展职业病诊断的，由县级以上地方卫生健康主管部门责令改正，给予警告，可以并处三万元以下罚款。

**第五十五条**　职业病诊断机构有下列行为之一的，其作出的职业病诊断无效，由县级以上地方卫生健康主管部门按照《职业病防治法》的第八十条的规定进行处理：

（一）超出诊疗项目登记范围从事职业病诊断的；

（二）不按照《职业病防治法》规定履行法定职责的；

（三）出具虚假证明文件的。

第五十六条　职业病诊断机构未按照规定报告职业病、疑似职业病的，由县级以上地方卫生健康主管部门按照《职业病防治法》第七十四条的规定进行处理。

第五十七条　职业病诊断机构违反本办法规定，有下列情形之一的，由县级以上地方卫生健康主管部门责令限期改正；逾期不改的，给予警告，并可以根据情节轻重处以三万元以下罚款：

（一）未建立职业病诊断管理制度的；

（二）未按照规定向劳动者公开职业病诊断程序的；

（三）泄露劳动者涉及个人隐私的有关信息、资料的；

（四）未按照规定参加质量控制评估，或者质量控制评估不合格且未按要求整改的；

（五）拒不配合卫生健康主管部门监督检查的。

第五十八条　职业病诊断鉴定委员会组成人员收受职业病诊断争议当事人的财物或者其他好处的，由省级卫生健康主管部门按照《职业病防治法》第八十一条的规定进行处理。

第五十九条　县级以上地方卫生健康主管部门及其工作人员未依法履行职责，按照《职业病防治法》第八十三条第二款规定进行处理。

第六十条　用人单位有下列行为之一的，由县级以上地方卫生健康主管部门按照《职业病防治法》第七十二条规定进行处理：

（一）未按照规定安排职业病病人、疑似职业病病人进行诊治的；

（二）拒不提供职业病诊断、鉴定所需资料的；

（三）未按照规定承担职业病诊断、鉴定费用。

第六十一条　用人单位未按照规定报告职业病、疑似职业病的，由县级以上地方卫生健康主管部门按照《职业病防治法》第七十四条规定进行处理。

## 第六章　附　则

第六十二条　本办法所称"证据"，包括疾病的证据、接触职业病危害因素的证据，以及用于判定疾病与接触职业病危害因素之间因果关系的证据。

第六十三条　本办法自公布之日起施行。原卫生部2013年2月19日公布的《职业病诊断与鉴定管理办法》同时废止。

（资料来源：中华人民共和国国家卫生健康委员会网）

## 三、部分职业病诊断与鉴定相关批复文件

### 国家卫生计生委关于职业性噪声聋诊断鉴定中噪声作业史判定问题的批复

国卫法制函〔2017〕426 号

广东省卫生计生委：

你委《关于职业性噪声聋诊断鉴定中噪声作业史判定问题的请示》（粤卫〔2017〕100 号）收悉。经研究，批复如下：

一、关于噪声作业中断时间多长以内可视同"连续"

建议根据总工龄、连续工作工龄和中断工龄等实际情况来具体分析。

二、关于劳动者在标准工时之外延长工作的时间是否可以折算为作业史时间

《职业性噪声聋的诊断》标准规定连续工龄为 3 年，已充分考虑加班等实际情况，故工龄应当按自然日计算，不应当按每天工作时间进行折算。

为落实《国家职业病防治规划（2016—2020 年）》有关要求，各地要切实简化职业病诊断程序，优化服务流程，提高服务质量，方便患者职业病诊断。

此复。

国家卫生计生委
2017 年 11 月 8 日

（资料来源：北大法宝网）

## 卫生部关于如何确定职业病诊断机构权限范围的批复

卫监督发〔2007〕36号

浙江省卫生厅：

你厅《关于如何确定职业病诊断机构权限范围的请示》（浙卫〔2006〕28号）收悉。经研究，现批复如下：

一、根据《中华人民共和国职业病防治法》和《职业病诊断与鉴定管理办法》等规定，凡经省级卫生行政部门批准承担职业病诊断的医疗卫生机构，在批准的职业病诊断项目范围内依法开展职业病诊断工作。

二、职业病诊断是技术行为，不是行政行为，没有行政级别区分，出具的诊断证明书具有同等效力。

三、劳动者申请职业病诊断时，应当首选本人居住地或用人单位所在地（以下简称本地）的县（区）行政区域内的职业病诊断机构进行诊断；如本地县（区）行政区域内没有职业病诊断机构，可以选择本地市行政区域内的职业病诊断机构进行诊断；如本地市行政区域内没有职业病诊断机构，可以选择本地省级行政区域内的职业病诊断机构进行诊断。

此复。

二〇〇七年一月二十六日

（资料来源：北大法宝网）

职业病诊断法律制度研究

## 卫生部关于职业病防治技术机构资质管理有关问题的批复

卫监督发〔2007〕35号

山西省卫生厅：

你厅《关于〈职业健康监护管理办法〉和〈职业卫生技术服务机构管理办法〉实施中有关问题的请示》（晋卫请〔2006〕202号）收悉。经研究，现批复如下：

一、《职业健康监护管理办法》（卫生部令第23号）第五条规定："职业健康检查由省级卫生行政部门批准从事职业健康检查的医疗卫生机构承担。"凡具备省级卫生行政部门规定条件的医疗卫生机构，不论机构性质、级别、规模大小以及隶属关系等，均可申请从事职业健康检查，省级卫生行政部门可以根据需要批准其承担职业健康检查工作。

职业健康检查机构应当在批准的检查项目范围内从事职业健康检查工作。

二、申请从事职业卫生技术服务的机构，不论机构性质、级别、规模大小以及隶属关系等，只要符合《职业卫生技术服务机构管理办法》（卫生部令第31号）、《卫生部关于印发〈卫生部职业卫生技术服务机构资质审定工作程序〉等文件的通知》（卫监督发〔2005〕318号）等规定的各项资质审定条件和标准，省级以上卫生行政部门都可以根据需要认定其为职业卫生技术服务机构。

此复。

二〇〇七年一月二十六日

（资料来源：北大法宝网）

# 卫生部关于职业病诊断鉴定工作有关问题的批复

## 卫监督发〔2006〕429号

黑龙江省卫生厅：

你厅《关于职业病诊断鉴定工作有关问题的紧急请示》（黑卫监督发〔2006〕542号）收悉。经研究，现就有关问题批复如下：

一、当事人在规定期限内提出职业病诊断鉴定申请，但申请材料不齐全的，职业病诊断鉴定办事机构可以要求当事人补充材料；当事人提交全部补充材料的，职业病诊断鉴定办事机构应当受理申请，并组织鉴定。

二、凡用人单位没有对劳动者进行职业健康监护以及没有开展工作场所职业病危害因素监测、评价，导致当事人在申请职业病诊断、鉴定时无法提供《职业病诊断与鉴定管理办法》第十一条第一款第（二）、（四）项材料的，职业病诊断与鉴定机构可以受理职业病诊断、鉴定申请，并根据当事人提供的自述材料、相关机构（包括卫生监督机构和取得资质的职业卫生技术服务机构等）和人员提供的有关材料，按照《职业病防治法》第四十二条第二款的规定作出诊断或鉴定结论。

此复。

二〇〇六年十月二十七日

（资料来源：北大法宝网）

## 卫生部关于职业病诊断鉴定有关问题的批复

卫监督发〔2005〕344号

北京市卫生局：

你局《关于职业病诊断鉴定有关事宜的请示》（京卫疾控字〔2005〕129号）收悉。经研究，现批复如下：

职业病诊断鉴定应当是依申请进行的，一般应当由当事人启动鉴定程序。

卫生行政部门（卫生监督机构）在执法过程中，发现用人单位违反《职业病防治法》的规定，为调查取证的需要可以委托相关机构（职业病诊断鉴定委员会）对是否构成职业病进行鉴定，提出技术性意见。但这种意见（鉴定）与职业病诊断鉴定结论的法律效力和意义不同，不宜提供给劳动者作为职业病诊断鉴定结论使用。

此复。

二〇〇五年八月二十四日

（资料来源：北大法宝网）

## 卫生部关于尘肺病病理诊断有关问题的批复

卫监督发〔2005〕339号

河北省卫生厅：

你厅两次《关于尘肺病病理诊断有关问题的请示》（冀卫法监函〔2005〕25、34号）均悉。经研究，现批复如下：

一、具有资质的尘肺病病理诊断医师作出的诊断应当作为尘肺病诊断的依据。

二、对已经死亡者的尘肺病例的诊断，应按照《职业病诊断与鉴定管理办法》的规定，由具有资质的职业病诊断机构依据尘肺病病理诊断医师作出的病理诊断和职业病诊断的其他要件进行诊断。

此复。

二〇〇五年八月十七日

（资料来源：北大法宝网）

职业病诊断法律制度研究

## 卫生部关于职业病诊断鉴定有关问题的批复

卫监督发〔2005〕334号

安徽省卫生厅：

你厅《关于职业病诊断鉴定委员会实施的职业病诊断鉴定行为是否属于行政行为的紧急请示》（卫办秘〔2005〕485号）收悉。经研究，现批复如下：

职业病诊断鉴定是当事人对职业病诊断有异议时，由卫生行政部门组织诊断鉴定委员会进行的一项技术性工作，不属行政行为。

此复。

二〇〇五年八月十五日

（资料来源：北大法宝网）

## 卫生部关于职业病诊断机构有关问题的批复

卫监督发〔2005〕298号

河南省卫生厅:

你厅《关于职业病诊断机构资质认定有关问题的请示》(豫卫监〔2005〕84号)收悉,经研究,现批复如下:

《职业病诊断与鉴定管理办法》第三条规定的"职业病诊断应当由省级卫生行政部门批准的医疗卫生机构承担"是指按照《医疗机构管理条例》依法取得《医疗机构执业许可证》的医疗卫生机构,经省级卫生行政部门批准,方可从事职业病诊断鉴定工作。

此复。

二〇〇五年七月二十六日

(资料来源:北大法宝网)

职业病诊断法律制度研究

卫部关于职业病诊断鉴定有关问题的批复

卫监督发〔2005〕293号

湖北省卫生厅:

你厅《关于对申请职业病诊断时诊断机构选择范围界定的请示》(鄂卫生文〔2005〕93号)收悉。经研究,现就有关问题批复如下:

《卫生部关于职业病诊断与鉴定有关问题的批复》(卫法监发〔2002〕200号)第二条中关于"用人单位所在地或本人居住地的本县(区)、本县所在市和省(自治区、直辖市)的任何职业病诊断机构"是指用人单位所在地或劳动者居住地所在县、及其县所在设区的市、自治州、及其市、州所在的省、自治区或者直辖市辖区内依法承担职业病诊断的县级、设区的市级和省级的任何医疗卫生机构。不包括横向跨县(区)、跨设区的市(自治州)或者跨省、自治区、直辖市的职业病诊断机构。

此复。

二〇〇五年七月十八日

(资料来源:北大法宝网)

## 卫部关于职业病诊断鉴定有关问题的批复

卫监督发〔2004〕261号

福建省卫生厅：

你厅《关于职业病诊断鉴定有关问题的请示》（闽卫法监〔2004〕65号）收悉。经研究，现批复如下：

一、根据《中华人民共和国职业病防治法》和《职业病诊断与鉴定管理办法》的规定，当事人申请职业病鉴定，应当向作出诊断的医疗卫生机构所在地设区的市级卫生行政部门申请首次鉴定。

二、《职业病防治法》实施前，经诊断排除职业病的患者提出鉴定申请，卫生行政部门不应受理。

此复。

二〇〇四年八月二日

（资料来源：北大法宝网）

职业病诊断法律制度研究

## 卫生部关于职业病诊断鉴定专家库有关问题的批复

卫监督发〔2004〕215号

浙江省卫生厅：

你厅《关于对职业病诊断鉴定专家库有关问题的请示》（浙卫〔2004〕28号）收悉。经研究，答复如下：

根据《职业病防治法》第四十六条规定，省、自治区、直辖市卫生行政部门设立职业病诊断鉴定专家库。设区的市级卫生行政部门根据当事人申请组织职业病诊断鉴定委员会进行鉴定时，当事人或者当事人委托卫生行政部门应当从该省、自治区、直辖市职业病诊断鉴定专家库中以随机抽取的方式确定参加诊断鉴定委员会的专家，并按照《职业病诊断与鉴定管理办法》的规定组织职业病诊断鉴定工作。设区的市级卫生行政部门不另设立专家库。

此复。

二〇〇四年七月一日

（资料来源：北大法宝网）

## 卫生部关于职业病诊断标准有关问题的批复

卫法监发〔2004〕73号

浙江省卫生厅：

你厅《关于职业病诊断标准适用问题的请示》（浙卫〔2004〕12号）收悉。经研究，我部认为，在《职业病防治法》实施后进行职业病诊断的，应当按照《职业病诊断与鉴定管理办法》规定，依据现行国家标准进行诊断。

此复。

二〇〇四年三月十二日

（资料来源：北大法宝网）

## 卫生部关于对异地职业病诊断有关问题的批复

**卫法监发〔2003〕298号**

广东省卫生厅：

你厅《关于异地职业病诊断有关问题的请示》（粤卫〔2003〕302号）收悉。经研究，现就有关问题批复如下：

一、根据《职业病防治法》的有关规定，劳动者可以选择用人单位所在地或本人居住地的职业病诊断机构申请职业病诊断，在申请诊断时应当提供既往诊断活动资料。某一诊断机构已作出职业病诊断的，在没有新的证据资料时，其他诊断机构不再进行重复诊断。

二、在尘肺病诊断中涉及晋级诊断的，原则上应当在原诊断机构进行诊断。对职业病诊断结论不服的，应当按照《职业病诊断与鉴定管理办法》申请鉴定，而不宜寻求其他机构再次诊断。

三、职业病诊断机构应当严格按照《职业病诊断与鉴定管理办法》的规定进行诊断，凡违反规定作出的诊断结论，应当视为无效诊断。

此复。

二〇〇三年十月十七日

（资料来源：北大法宝网）

## 卫生部关于职业病诊断与鉴定有关问题的批复

卫法监发〔2002〕200号

广东省卫生厅：

你厅《关于〈职业病诊断与鉴定管理办法〉实施中有关问题的请示》（粤卫〔2002〕149号）收悉，现答复如下：

一、当事人对《职业病诊断与鉴定管理办法》实施前各级职业病诊断鉴定委员会作出的鉴定结论不服的，应按照以下原则办理：

（一）如原鉴定结论为省级以上（含省级）职业病诊断鉴定委员会作出，则为最终结论，不再进行再鉴定。

（二）如原鉴定结论为省级以下的职业病诊断鉴定委员会作出，则可在本文下发三个月内，向省级职业病诊断鉴定委员会申请再鉴定。

二、《职业病诊断与鉴定管理办法》第十条规定的"用人单位所在地或本人居住地的职业病诊断机构"，包括用人单位所在地或本人居住地的本县（区）、本县所在市和省（自治区、直辖市）的任何职业病诊断机构。

三、职业病诊断没有级别，任何一个职业病诊断机构出具的职业病诊断证明均具有同等效力。对任何一个职业病诊断结论不服的，当事人都应按照《职业病诊断与鉴定管理办法》第十九条规定的程序申请职业病鉴定。

此复。

二〇〇二年八月十二日

（资料来源：北大法宝网）